Surböck · Management von EDV-Projekten

Erich K. Surböck

Management von EDV-Projekten

W DE G

Walter de Gruyter · Berlin · New York · 1978

Mit 79 Abbildungen im Text

CIP-Kurztitelaufnahme der Deutschen Bibliothek

Surböck, Erich K.
Management von EDV-Projekten. – 1. Aufl. – Berlin, New York: de Gruyter, 1978.
ISBN 3-11-006981-4

Satz: IBM Composer Walter de Gruyter, Berlin. – Druck: Color Druck, Berlin. – Bindearbeiten: Lüderitz & Bauer Buchgewerbe GmbH, Berlin. – Printed in Germany.

Meinen Eltern

Vorwort

EDV-Leiter, Organisatoren, Projekt-Leiter und alle, die maßgeblich an EDV- und Organisations-Projekten arbeiten oder diese Tätigkeit anstreben, finden in diesem Buch einen Überblick über die modernen Hilfsmittel der Projekt-Steuerung und Projekt-Durchführung. Durch den weitgehenden Verzicht auf mathematische und systemtechnische Darstellungen wird auch dem „EDV-Nichtfachmann" das Verständnis für Probleme der Übernahme oder Änderung von Arbeitsabläufen auf EDV-Anlagen erleichtert. Das Buch kann sicherstellen, daß während der Durchführung eines EDV-Projektes keine wichtige Tätigkeit übersehen wird und ist auch als Hilfsmittel für Aufwandsschätzungen verwendbar.

Auf eine detaillierte Beschreibung von bereits allgemein eingesetzten und gut dokumentierten Techniken wurde, nicht zuletzt im Interesse des Umfanges, verzichtet. Ein ausführliches Quellen- und Literaturverzeichnis wird die Beschaffung der nötigen einführenden und weiterführenden Literatur erleichtern.

Die Idee zu diesem Buch entstand während der Entwicklung und Durchführung von Seminaren über Projekt-Steuerung. Erfahrungen in verschiedenen Projektgruppen haben besonders die Bedeutung von Zusammenarbeitsproblemen als praktisch gleichberechtigt neben technischen Problemen erkennen lassen. Daher stellt dieses Buch auch Verbindungen zu anderen Gebieten wie beispielsweise Psychologie und Führungstechniken her, und vermittelt im Rahmen einer Darstellung des Projektzyklus das Wissen, das zur technischen und menschlichen Führung eines Projektes nötig ist.

Für viele wertvolle Hinweise danke ich den Herren Ernst Corel, Wilfried Epstein, Helmuth Krämer, Dipl.-Ing. Wolfgang Schröckenfuchs und Univ. Prof. Dr. Arno Schulz von der Universität Linz.

Herr Ludwig Nachtmann war mir über mehrere Jahre eine fast unentbehrliche Hilfe bei der Beschaffung von Fachliteratur und -zeitschriften aus dem In- und Ausland. Ihnen allen danke ich für die Unterstützung. Nicht zuletzt danke ich meiner Frau für Hilfe und Verständnis bei den Vorbereitungen für dieses Buch.

Wien, im November 1977

Erich K. Surböck

Inhalt

1. Einleitung

Zwei große Veränderungen kennzeichnen die etwa 30 Jahre seit dem ersten kommerziellen Einsatz von elektronischen Datenverarbeitungsanlagen. Der technologische Fortschritt, der diese Veränderungen einerseits ermöglicht hat, andererseits durch sie nötig wurde, soll hier außer Betracht bleiben.

Die erste Veränderung ist die vom punktuellen zum umfassenden Einsatz in einem Arbeitsgebiet. Im Verhältnis zur menschlichen Arbeitskraft ziemlich teuer und über einen längeren Zeitraum stark fehleranfällig, konnte EDV nur für isolierte Aufgaben eingesetzt werden, welche die menschliche Geduld überfordert hätten, z. B. zur Berechnung umfangreicher Tabellen oder für statistische Auswertungen. Die sich daraus ergebende Isolierung von anderen Aufgaben desselben Arbeitsgebietes erleichterte auch die Wiederholbarkeit bei den häufigen Fehlern und Ausfällen.

Mit sinkenden Kosten für Datenverarbeitungs-Leistungen, zunehmender Verläßlichkeit der EDV-Anlagen und allgemein steigenden Personalkosten konnten immer neue Aufgaben automatisiert werden. Damit wurden nicht nur ganze Arbeitsgebiete vom Funktionieren der Datenverarbeitung abhängig, sondern es stieg vor allem die Komplexität des EDV-Einsatzes wegen der Verflechtung mit anderen Arbeitsgebieten. Das beste Beispiel dafür, daß diese Verflechtung nicht beliebig weit vorangetrieben werden kann, ist der gegenwärtig praktisch abgebrochene Versuch, ganze Unternehmen in Management-Informationssystemen (MIS) darzustellen. Konnten früher EDV-Programme einfach in bestehende Arbeitsabläufe eingebaut werden, so stellen heute bekannte und unbekannte Verbindungen zu anderen Arbeitsgebieten ein mindestens ebenso großes Problem dar wie die Übersetzung eines manuellen in einen maschinellen Ablauf.

Die zweite Veränderung geht zweifellos Hand in Hand mit der ersten, sollte aber dennoch gesondert betrachtet werden. Es ist die vom zentralen zum dezentralen Einsatz. Zunehmend werden Datenverarbeitsleistungen an den Entstehungsort von Daten und den Ort, wo Ergebnisse benötigt werden, verlagert, und im steigenden Ausmaß übernehmen „Vorfeld-Rechner“, „Dezentrale Intelligenz“ und ähnliche Konzepte Aufgaben, die früher zentral in großen EDV-Anlagen gelöst wurden.

Diese Dezentralisierung zusammen mit dem zunehmenden Einsatz überhaupt bringt aber die Konfrontation von immer mehr Menschen mit maschinellen Anforderungen mit sich. Im punktuellen Einsatz waren wenige, technisch orientierte Menschen mit Eingabe und Interpretation von Daten beschäftigt, wodurch sich Verarbeitungslogik und Darstellungsform ziemlich widerspruchslos an diesen maschinellen Anforderungen orientieren konnten. Heute sind die meisten Abnehmer von Datenverarbeitungsleistungen berechtigterweise nicht bereit, ohne Widerspruch unmotiviert erscheinende Einschränkungen zu akzeptieren. Für den Benutzer eines Datensichtgerätes ist es unverständlich, warum eine bestimmte Dateiorganisation, viele Verarbeitungsschritte von ihm entfernt, nur bestimmte Abfragen ermöglicht und andere ausschließt. Alle Abfragesprachen („Query Languages“) haben die Aufgabe, Daten benutzergerecht zu erfassen und Ergebnisse in der Sprache des Benutzers zur Verfügung zu stellen. Daß dies nicht in allen EDV-Anwendungen selbstverständlich ist, bezeugt etwa der deutsche Bundeskanzler, wenn er sagt, er könne seine eigene Wasserrechnung nicht mehr lesen. Eine ähnliche Entwicklung in kleinerem Maßstab war vor etwa 15 Jahren in Gang, als mit wachsender Zahl von EDV-Anlagen sich auch Menschen mit der Programmierung befassen mußten, die nicht bereit oder in der Lage waren, hexadezimal und in relativen Speicherstellen zu denken. Daher wurden Programmiersprachen entwickelt.

Wenn Beschränkungen tatsächlich durch Verarbeitungskosten und Programmieraufwand begründet sind, so müssen sie dem Benutzer wenigstens verständlich erklärt werden, um ihm das Unbehagen bei der Benutzung des Systems zu nehmen. Dezentrale Datenverarbeitung muß höchstmögliche Bequemlichkeit und Individualität für den Benutzer mit höchstmöglichem Verständnis und Einverständnis mit dennoch bestehenden Beschränkungen verbinden. Dasselbe Problem, nebenbei derzeit ungelöst, tritt im Gegensatz von Individualverkehr und Massenverkehrsmitteln auf. Zwar ist es relativ einfach, einen Eisenbahnfahrplan als Analogie zur zentralen Lösung zu erstellen, ein allseits befriedigendes Verkehrskonzept zu finden, erweist sich aber ebenfalls als äußerst schwierig.

Neben den technischen Problemen bei der Projektdurchführung treten also auch Probleme der Kommunikation mit dem Benutzer auf. Probleme der Zusammenarbeit ergeben sich wiederum zwischen den Mitarbeitern in einem Projekt. Verschärft wird dieser technisch-menschliche Problem-Komplex durch die steigenden Kosten, die für eine Projekt-Durchführung aufgewendet werden müssen. Zunehmend gewinnt Standard-Software an Bedeutung und damit das Problem, Software, ähnlich wie es bei Hardware schon lange üblich ist, zu bewerten und auszuwählen.

Jedoch wird das Bedürfnis nach individuellen Anwendungen immer die Entwicklung von individueller Software nötig machen, und die Bedeutung dieser Entwicklungsarbeit für Arbeitsaufwand und Budget wird immer mehr zunehmen. Dies in demselben Maße, in dem sich in den letzten Jahren die Bedeutung der Kosten für Hardware einerseits und Personal andererseits fast umgekehrt hat, ein Trend der sich in den nächsten Jahren fortsetzen wird. (Abb. 1-1.).

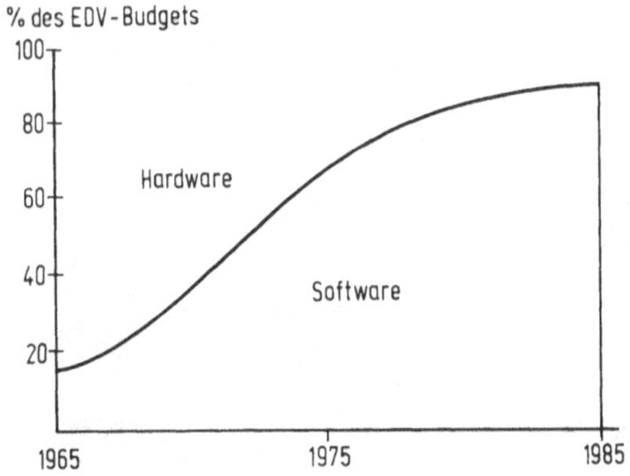

Abb. 1-1. Änderung in den verhältnismäßigen Anteilen von Hardware und Software am Budget einer EDV-Abteilung [34].

Der Anteil der Personalkosten lag im Jahr 1974 in verschiedenen Industriezweigen bei etwa 50% der Gesamtkosten und hat damit alle anderen Aufwandsarten weit überflügelt (Tab. 1-1.).

Tab. 1-1. Ausgabenverteilung in % des EDV-Budgets in verschiedenen Industriezweigen. (Zusammengestellt aus Datamation 3/75)

Anwender	Groß-handel	Banken	Be-hörden	Detail-handel	Service-büros	Papier-erz.	Masch.-bau
Aufwandsart							
Personal	55.4	55.5	54.1	46.4	41.9	52.0	48.1
Hardware, Wartung	32.6	30.8	36.9	42.5	42.9	35.5	43.2
Zubehör	11.3	10.8	5.8	8.3	10.1	11.2	6.9
Anderes	0.7	2.9	3.2	2.8	5.1	1.3	1.8

Natürlich enthalten Personalkosten auch Kosten für das Operating und die Datenerfassung, wobei letztere zu einem guten Teil bereits in die Fachabteilungen verlegt werden konnte. Entsprechend dem Verhältnis der Gehälter von Systembedienern und Programmierern wird aber ein großer Teil der Personalkosten für Softwareentwicklung und -wartung verwendet. Die Ursache für die relativ abnehmende Bedeutung der Hardware im EDV-Budget liegt im immer günstiger werdenden Preis-Leistungs-Verhältnis, das anhand der Kosten für Zentraleinheiten gezeigt werden soll (Abb. 1-2). Das Preis-Leistungs-Verhältnis wurde im Durchschnitt der letzten Jahre um 60–100% je Jahr verbessert.

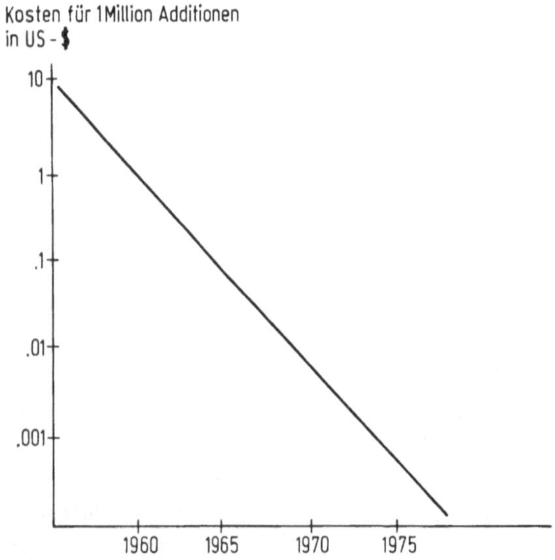

Abb. 1-2. Verbesserung im Preis-Leistungsverhältnis von EDV-Systemen [1].

Bei Großprojekten und Projekten zur Entwicklung von Anwendungen auf völlig neuen Arbeitsgebieten übertreffen die Kosten für Bereitstellung der Software die für die Beschaffung der Hardware bereits heute bei weitem. So gab die amerikanische Weltraumbehörde NASA 1972 für Hardware 100 Millionen Dollar aus, für Software aber 200 Millionen. Die Entwicklungskosten der Software für das Apollo-Projekt betrugen 1 Milliarde Dollar.

Bei einem für die amerikanische Luftwaffe entwickelten Datenfernverarbeitungssystem betrugen die Hardwarekosten etwa 100 Millionen Dollar, für die Software wurde das Siebenfache, nämlich 722 Millionen Dollar ausgegeben.

Welche Bedeutung die Kosten für Softwarebereitstellung auch für Hardware-Hersteller haben, sei am Beispiel des Betriebssystems OS/360 illustriert. Sie werden mit 200 Millionen Dollar angegeben (alle Angaben [10]). Zwar wurden diese Zahlen gelegentlich heftig in Frage gestellt, allerdings als zu niedrig beurteilt [64].

Abgesehen von der steigenden Bedeutung der Software-Bereitstellung als Investitionsentscheidung in einem Unternehmen, ergeben sich während und nach der Software-Entwicklung weitere Probleme.

Software [8]

- tut meist nicht, was sie soll,
- wird stets später fertig als sie soll,
- kann nachher nicht so geändert werden wie man will,
- steckt meist voller Fehler,
- ihre Entwicklung braucht mehr Mitarbeiter als vorhanden.

Zusätzlich zu den direkt entstehenden Kosten für die Software-Entwicklung können auch weitere Kosten durch Gewinnentgang, Kosten für Interimslösungen und ähnliches auftreten. Die Software-Entwicklung liegt meist im „kritischen Weg" des Projekts, im wahrsten Sinne des Wortes, so daß jede Verzögerung sich unmittelbar auf die Rentabilität des neuen Systems auswirkt. Auch die Übernahme unfertiger Software führt zu Kosten für Improvisation und zu nichtquantifizierbaren Kosten bei Arbeitsklima, Image, Prestige usw.

Nicht zuletzt wirkt sich bei anspruchsvollerer Arbeit auch der Einfluß des Arbeitsklimas und der Zusammenarbeit zwischen den einzelnen Mitarbeitern und den beteiligten Abteilungen verstärkt auf den Erfolg aus. Im Stress eines EDV-Projekts sind psychologische und gruppendynamische Vorgänge ebenso wichtig wie betriebliches und organisatorisches Wissen und Können.

Die Antwort auf alle diese Probleme ist Projektsteuerung bzw. Projektmanagement.

Projektmanagement ist einerseits eine Führungs- und Organisationstechnik, in der zahlreiche Regeln, Formeln und Schemata zusammengefaßt sind, andererseits jedoch auch eine Kunst. Denn die Regeln und ihre Einhaltung garantieren den Erfolg nicht, sondern machen ihn lediglich wahrscheinlicher.

2. EDV-Projekt

2.1 Begriffsdefinition

Ein EDV-Projekt ist eine in sich abgeschlossene Entwicklungsaufgabe von begrenzter Dauer und mit begrenztem Rahmen für Hilfsmittel, wobei die geschätzte Dauer im allgemeinen mindestens drei Monate beträgt und die Durchführung innerhalb der bestehenden betrieblichen Organisation nicht möglich oder sinnvoll ist, so daß eine besondere Organisationsform (Projektorganisation) notwendig ist.

2.2 Kriterien für ein EDV-Projekt

- erstmalige Verwirklichung einer Idee
- technologische und methodologische Abgrenzung (das EDV-Projekt unterscheidet sich nach Art und Mitteln der Durchführung von den übrigen betrieblichen Aufgaben)
- von „längerer" Dauer
- von „erheblicher" Bedeutung für das Unternehmen (künftiger Geschäftserfolg, Weiterbestand, Ruf, usw. des Unternehmens müssen in erheblichem Ausmaß vom Projekterfolg abhängig sein)
- es ist das Auftreten von Schwierigkeiten zu erwarten, die durch Improvisation nicht überwunden werden können
- die Entwicklungsaufgabe berührt mehrere organisatorisch getrennte Stellen und bedarf daher einer individuellen Organisation
- Erfüllung einer betrieblichen Aufgabe unter Zuhilfenahme oder in Zusammenhang mit EDV

Sofern diese Kriterien erfüllt sind müssen zusätzliche Voraussetzungen für das Funktionieren der Projektorganisation geschaffen werden

- zeitliche Abgrenzung (das Projekt hat einen definierten Anfangs- und Endtermin)
- organisatorische Abgrenzung (keine Gemeinsamkeit mit den übrigen betrieblichen Aufgaben und anderen Projekten)
- Abgrenzung der Hilfsmittel (für alle Hilfsmittel, insbesondere Geld, existiert ein Rahmen)

2.3 Projektumfang

Dauer

- Mindestdauer etwa 3 Monate.
  Eine Entwicklungsaufgabe, deren Dauer kleiner als 3 Monate ist, wird vermutlich nicht allen vorher erwähnten Kriterien genügen. Weiterhin spielen in der Zusammenarbeit der Projektmitarbeiter gruppendynamische Vorgänge eine große Rolle. Vom ersten Zusammenkommen der Projektgruppe vergeht einige Zeit bis produktive Arbeit möglich ist.
- Höchstdauer etwa 2 Jahre
  Bei längerer Dauer läuft das Projekt Gefahr, von der technischen Entwicklung in der Datenverarbeitung überholt zu werden. Es wird schwierig sein, die Projektmitarbeiter über einen längeren Zeitraum zusammenzuhalten oder immer neue Mitarbeiter anzulernen.

Mitarbeiter

- mindestens drei
  Eine Entwicklungsaufgabe, die von weniger als 3 Mitarbeitern in vernünftiger Dauer durchgeführt werden kann, wird vermutlich nicht allen vorher erwähnten Kriterien genügen. Für eine zweckmäßige Arbeitsteilung (vgl. Abschn. 8.2 CPTO) und entsprechend den Sicherheitsanforderungen zur Funktionstrennung (vgl. Abschn. 5.3.10 Sicherheitsplan) sind mindestens drei Mitarbeiter nötig.
- höchstens 15
  Aus gruppendynamischen und kommunikationstechnischen Überlegungen (vgl. Abschn. 14.1 „Manntag") folgt eine optimale Gruppengröße von 6 bis 10 Mitarbeitern. Mehr als 15 sind jedoch keinesfalls zu führen.

Teilprojekte

Aus den besprochenen Grenzen ergibt sich, unter Berücksichtigung von Verlustzeiten, ein maximal möglicher Arbeitsaufwand von 15 bis 20 Mannjahren für ein

Projekt. Projekte, deren Realisierung einen größeren Aufwand erfordert, müssen in Teilprojekte geteilt werden.

Jedes Teilprojekt muß

- einen quantifizierbaren Nutzen bringen (Stufenkonzept)
- zeitlich, organisatorisch und hinsichtlich der Hilfsmittel klar von den übrigen Teilprojekten abgegrenzt sein.

Nach Rhee [77] lag die Projektdauer bei der Mehrzahl der kommerziellen und industriellen Anwender unter 2 Jahren, hingegen traten im Bereich der staatlichen Verwaltung zwei Schwerpunkte bei 1–2 und bei 3 Jahren auf (Tab. 2-1.).

Tab. 2-1. Dauer von Projektbeginn bis zur Installation eines EDV-Systems. Untersuchung an insgesamt 200 Anwendern.

	Dauer von Projektbeginn bis zur Installation (Jahre)			
Anwender	1	1–2	2–3	3
kommerziell/industriell	28%	42%	17%	13%
Verwaltung	17%	25%	17%	41%

Daß in einigen Fällen die empfohlene Dauer von 2 Jahren in der Praxis überschritten wird, ist kein Widerspruch zum Vorhergesagten, sondern dürfte zu einem großen Teil Verzögerungen bei der tatsächlichen Durchführung widerspiegeln.

2.4 Bestimmungsgrößen eines EDV-Projekts

- Zielumfang
- Zeit
- Hilfsmittel (engl. resources)

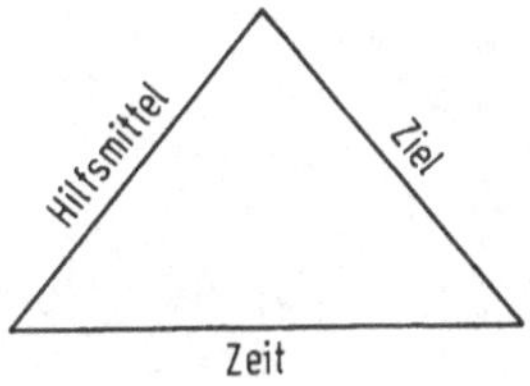

Abb. 2-1. Bestimmungsgrößen eines EDV-Projekts.

Es ist unmöglich, eine dieser Bestimmungsgrößen zu ändern, ohne mindestens eine weitere zu beeinflussen.

2.5 Projektzyklus und Projektphasen

Die im Laufe eines Projekts durchzuführenden Tätigkeiten werden zweckmäßigerweise zu *Projektphasen* zusammengefaßt. Die Aufeinanderfolge dieser Projektphasen bildet den *Projektzyklus*.

Projektphasen:

- Voruntersuchung
- Projektgründung
- System- und Projektplanung
- Systementwicklung
- Projektfreigabe
- Detailentwicklung
- Kodierung und Einzeltest
- Systemtest
- Installation, Abnahmetest und Übergabe
- Systempflege

Voruntersuchung und Systempflege gehören nicht zur Projektdurchführung im engeren Sinn. Jedoch wird den meisten neuen EDV-Aufgaben eine Voruntersuchung vorangehen, ehe sie als Projekt in Angriff genommen werden.

Die Aufgaben der Systempflege müssen bereits in frühen Stadien des Projektzyklus berücksichtigt und geplant werden, um die Zufriedenheit der Benützer über einen erfolgreichen Abnahmetest hinaus zu erhalten. Wegen dieses engen Zusammenhangs sollen Voruntersuchung und Systempflege zum Projektzyklus gerechnet werden.

Andere gebräuchliche Unterteilungen des Projektzyklus sind:

- Planung (Systemplanung und -entwicklung)
- Implementierung oder Realisierung (Detailentwicklung, Kodierung und Einzeltest)
- Test (System- und Abnahmetest)

oder auch

- Phase 1 (Planung)
- Phase 2 (Implementierung und Test)

Wie sich Zeit- und Arbeitsaufwand auf die einzelnen Projektphasen verteilen, zeigt eine Studie der IBM-United Kingdom, dargestellt in Tab. 2-2. und Abb. 2-2.

Tab. 2-2. Verteilung von Arbeits- und Zeitaufwand auf die einzelnen Projektphasen [53].

	% vom Gesamtaufwand	
	Zeit	Arbeits-aufwand
Vorstudie, Projektgründung	5	2
Systemplanung und -entwicklung	15	7
Detailentwicklung	20	16
Kodierung und Einzeltest	20	38
Gesamttest*	15	18
Systemtest	15	17
Übergabe und Abnahmetest	10	7

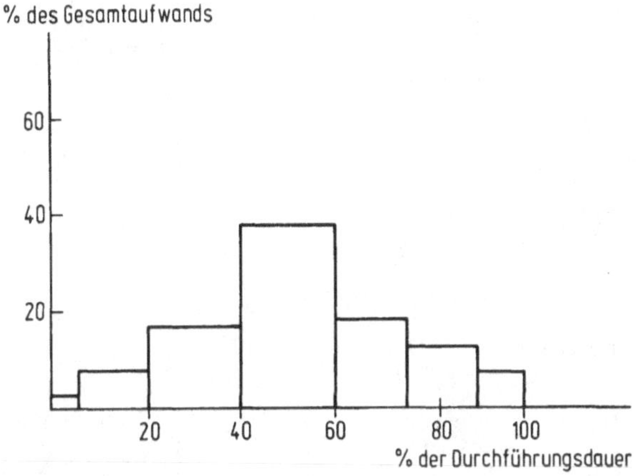

Abb. 2-2. Verteilung von Arbeits- und Zeitaufwand auf die einzelnen Projektphasen.

Aus dieser schematischen Darstellung entsteht die fast schon traditionelle Darstellung des Projektzyklus nach Metzger [69]. Jede Projektphase besteht aus mehreren parallel ablaufenden Tätigkeiten, die nicht unbedingt gleichzeitig enden müssen. Diese „Unschärfe" ist als schräg verlaufende Trennlinie zwischen den Projektphasen berücksichtigt (vgl. Abschn. 11.3 Trennschärfe zwischen Projektphasen).

Wichtig ist der relativ geringe Aufwand zu Projektbeginn. Viele EDV-Projekte sind daran gescheitert, daß man von Beginn weg mit Volldampf arbeiten wollte, ohne daß entsprechende Planungsarbeiten abgeschlossen waren.

* Die Projektphase Gesamttest ist nur im herkömmlichen Projektzyklus enthalten. Durch Top-Down-Entwicklung wird sie unnötig. Der Aufwand ist teilweise in verbesserter Detailentwicklung enthalten bzw. kann eingespart werden. (vgl. Abschn. 9 Testphase)

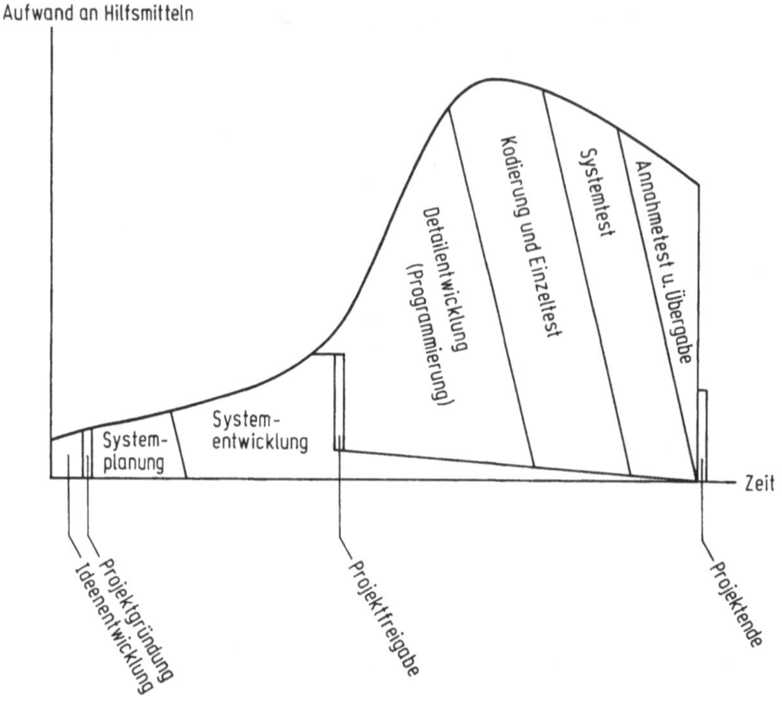

Abb. 2-3. Projektzyklus nach Metzger.

2.6 Projektorganisation

Wer kann ein EDV-Projekt durchführen?

Hier bieten sich vier prinzipielle Möglichkeiten [30]*

- die unternehmenseigene EDV-Abteilung (bzw. Organisationsabteilung)
- die (meist-) betroffene Fachabteilung
- ein außenstehender Berater
- ein Projektteam

Schon vom Namen her bietet sich die *EDV-Abteilung* an. Ihr großer, sofort greifbarer Vorteil ist das Vorhandensein des nötigen Fachwissens. Dem stehen aller-

* Die folgenden Überlegungen gelten für Unternehmen mit eigenem Programmierer- und Analytikerstab. Für mittlere und kleinere Unternehmen wird im allgemeinen die Kombination von Standardsoftware (vgl. Abschn. 6.4.1) und einem außenstehenden Berater die beste sein.

dings beträchtliche Nachteile gegenüber. Die EDV-Abteilung ist in den meisten betrieblichen Organisationen eine Stabsstelle, noch dazu eine, deren Bedeutung in den letzten Jahren stark gewachsen ist und die Einfluß auf immer mehr Unternehmensbereiche gewinnt, ein typischer Emporkömmling also. Sie wird von den Fachabteilungen daher eher als Gegner denn als Partner gesehen. Wenn ein Projekt nicht von der Fachabteilung gefordert und initiiert wurde, entsteht leicht die Meinung, hier solle etwas aufgedrängt werden.

Stabsstellen neigen leicht zu überspitzten Forderungen nach einer nicht realisierbaren Idealorganisation. Dadurch entstehen praxisferne Lösungen. Die Mitarbeiter in den Fachabteilungen haben nicht das Gefühl, daß dies ihr System sei. Dieser Eindruck kann leider auch bei objektiv guten Entwicklungen entstehen. Ein Mißtrauen mag auch oft berechtigt sein, da EDV-Experten nur selten Fachleute für andere oder gar alle Aufgabengebiete sind. Sie sind nicht in der Lage, die Auswirkungen ihrer Technologien in einem Bereich abzuschätzen, der in die Kompetenz einer anderen Abteilung fällt.

Und da sich letztlich jedes System vom Benutzer ad absurdum führen läßt, ergeben Spannungen zwischen Linien- und Stabsstellen, Fachabteilungen und EDV-Abteilung selten eine gute Grundlage für Erfolge.

Andererseits hat eine Stabsstelle meistens nicht die Möglichkeiten, eine Einführung entsprechend ihren Vorstellungen gegen Widerstände zu erzwingen.

Wenn mehrere EDV-Projekte gleichzeitig durchgeführt werden, erfolgt oft eine Verzettelung der Mitarbeiter der EDV-Abteilung, so daß keine volle Konzentration auf die Projektziele möglich ist.

Um die Spannungen zwischen den „Theoretikern" und „Praktikern" zu vermeiden, bietet sich an, das EDV-Projekt von der *Fachabteilung* durchführen zu lassen. Der Hauptvorteil dabei liegt in der ungeteilten Verantwortung für Systementwicklung und Funktion in der Praxis. In der Fachabteilung liegt das größte Interesse, sicherzustellen, daß sich das neue System später auch bewährt. Dies bewirkt aber auch den größten Nachteil dieser Lösung. Eine Fachabteilung mit Projektverantwortung wird in fast jedem Fall eine gefahrlose „1:1"-Umstellung anstreben. Möglichkeiten, die neue Methoden und Techniken bieten, werden übersehen oder aus Risikofurcht nicht genutzt.

Aus Mangel an Spezialkenntnissen und wegen der Belastung durch die übrigen Leitungsaufgaben hat der Leiter einer Fachabteilung nur unzureichende Überwachungsmöglichkeiten. Für ihn läuft das Projekt „nebenbei". Wenn Belastungsspitzen bei den Routineaufgaben der Fachabteilung auftreten (z. B. Jahresabschluß), dann wird die Realisierung des Projekts verzögert.

Eine Koordinierung mit anderen gleichzeitig laufenden Projekten ist wegen der im Vordergrund stehenden Eigeninteressen nur schwer erreichbar.

Berater werden in vielen Unternehmen gern zur Vermeidung derartiger interner Differenzen herangezogen. Ihre Kompetenz wird meist von allen Beteiligten anerkannt. Durch wiederholte Aufgabenlösungen auf dem Projektgebiet steht genügend Erfahrung zur Verfügung.

Der Arbeitsaufwand für das ganze Projekt wird im nötigen Ausmaß eingekauft, ohne Rücksicht auf Voraussetzungen wie Personalzuteilung oder Schulung.

Nachteilig wirkt sich aus, daß die angestrebten Standardlösungen oftmals theoretisch einwandfrei, aber für die jeweilige betriebliche Praxis nicht passend sind. Dies führt zur inoffiziellen Beibehaltung von Teilen des alten Systems oder manueller Abläufe, die weiter neben einem neuen System bestehen. Dadurch wird der angestrebte Rationalisierungseffekt vermindert, nicht erreicht oder gar ins Gegenteil verkehrt.

Weiterhin können Berater nur auf den offiziellen Kommunikationswegen des Unternehmens, entsprechend der Organisationsstruktur arbeiten. Bei komplexen Projekten, die viele Unternehmensbereiche einbeziehen, ist aber die Kenntnis der inoffiziellen Zusammenarbeit mindestens ebenso wichtig. Aus dem selben Grund sind Projektleiter, die nicht aus dem Unternehmen stammen häufig zum Scheitern verurteilt.

Schwierige Arbeiten ohne eigenen Personaleinsatz von Beratern erledigen zu lassen, ist nur ein kurzfristiger Vorteil. Nach Projektende ist nämlich niemand mehr da, der genügend Detailkenntnisse hat, um Fehler beheben oder Änderungen durchführen zu können.*

Schließlich erweist sich die Inanspruchnahme eines Beraters für die Realisierung eines Projekts meist teurer als die Durchführung mit eigenen Kräften.

Unzweifelhaft haben die bis jetzt beschriebenen Möglichkeiten, ein Projekt zu realisieren, jeweils Vorteile, denen aber gravierende Nachteile gegenüberstehen. In der Organsiationsform des *Projektteams* sollen die erwähnten Vorteile ohne Inkaufnahme der Nachteile vereinigt werden. Durch gleichzeitige Teilnahme von Mitarbeitern der betroffenen Fachabteilungen und der EDV- bzw. Organisationsabteilung werden Kompromisse zwischen technischen Möglichkeiten und praktischen Erfordernissen geschlossen. Das neue System ist maßgeblich durch die zukünftigen Benutzer mitgestaltet und kann daher auch nicht abgelehnt werden.

Die Mitarbeiter des Projektteams können sich auf nur eine Aufgabe konzentrieren, Interessenskonflikte werden vermieden. Durch Bildung eines neuen Teams können die Vorteile der Gruppenarbeit genutzt werden.

Da das Projektteam eine verhältnismäßig unabhängige Stellung zwischen den verschiedenen Abteilungen einnimmt und der Projektleiter lediglich die Verant-

* Dies gilt nicht für Standardsoftware, die vom Hersteller weiter gewartet wird.

wortung für sein Projekt und die erfolgreiche Einführung hat, ist zu erwarten, daß er das Projekt von einer höheren Warte aus sieht als ein Abteilungsleiter. So können sachliche Entscheidungen ohne Abteilungsrivalität getroffen werden.

Ein mit ausreichenden Befugnissen ausgestatteter Projektleiter kann zahlreiche Entscheidungen an Ort und Stelle treffen, ohne die Firmenhierarchie hinauf und hinunter bis zur entscheidungsberechtigten Stelle zu bemühen. Im Projektleiter hat die Unternehmensleitung schnellen und direkten Kontakt zu allen Angelegenheiten des Projekts.

Es sollen aber auch die Probleme der Projektorganisation nicht verschwiegen werden.

Die Mitarbeiter schweben in einer organisatorischen Unsicherheit, da das Projekt nur eine temporäre Organisationseinheit darstellt. Das Wegfallen der gewohnten Hierarchie zusammen mit dem raschen Ablauf von Ereignissen in einem Projekt bewirkt einen ungewohnten Entscheidungsdruck, dem nicht jedermann gewachsen ist.

Der Projektleiter wird oft neu ernannt und wird so zum Vorgesetzten seiner bisherigen Kollegen. Er hat das Problem, ohne dauerhafte und gewachsene Autorität motivieren zu müssen.

Das funktionale und etablierte Management zeigt meist eine besondere Kritikbereitschaft und Machtvollkommenheit.

2.7 Organisationsformen des Projektteams

Je nachdem wie stark das Projektteam aus der übrigen Unternehmensorganisation gelöst werden soll gibt es verschiedene Organisationformen für das Projektteam. In der *Stabsorganisation* (Abb. 2-4.) sind die Projektmitarbeiter nur funktionell beteiligt, disziplinär verbleiben sie in ihrer bisherigen Position.

Dabei kommt es bald zu Interessenskonflikten zwischen Projekt- und Abteilung. Da das Projekt über keine eigenen Hilfsmittel verfügt gibt es Kompetenzschwierigkeiten und keine schnellen Entscheidungen. Die Einsatzfreude der Projektmitarbeiter leidet darunter, daß Personalverantwortung und Leistungsbeurteilung nicht bei einem Vorgesetzten liegen.

Als kleine Vorteile erweisen sich, daß die bisherigen organisatorischen Strukturen ungestört erhalten bleiben und somit die Wiedereingliederung der Projektmitarbeiter nach Projektende einfach ist.

Wenn die Form der Stabsorganisation für das Projektteam gewählt wird, so sollte wenigstens der Projektleiter, der in diesem Fall nur als Projektkoordinator agiert, einen unabhängigen Berichtsweg erhalten.

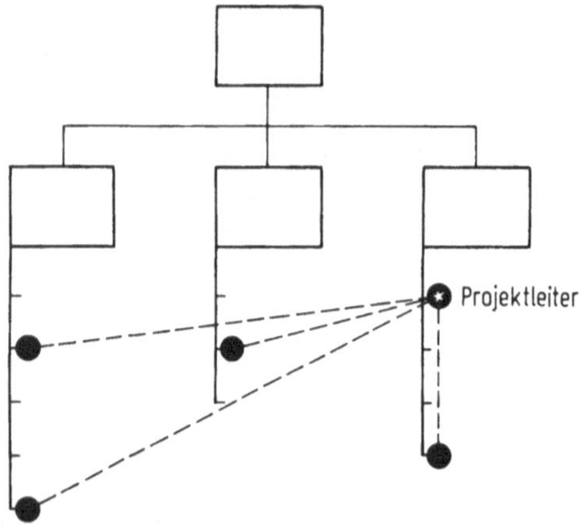

Abb. 2–4. Projektteam in Stabsorganisation.

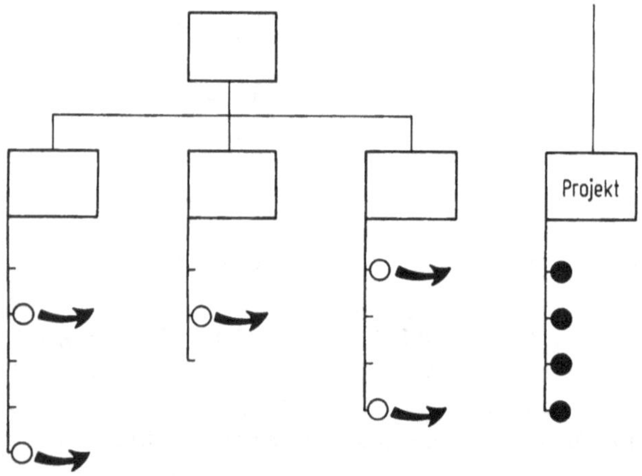

Abb. 2–5. Projektteam in reiner Projektorganisation.

Im Fall der *reinen Projektorganisation* (Abb. 2-5) bilden alle Projektmitarbeiter eine neue, organisatorisch von den bisherigen Verwendungen unabhängige Gruppe. Dabei tritt eine starke Identifikation der Projektmitarbeiter mit dem Projekt ein. Durch den kurzen Berichtsweg sind schnelle Entscheidungen möglich. Interessenskollisionen können nicht auftreten. Der Projektleiter kann die Leistungsbeurteilung unmittelbar zu Maßnahmen der Personalführung umsetzen. Dem Vorteil der engen Zusammenarbeit in der Projektgruppe stehen allerdings Ressentiments der Mitarbeiter gegenüber, die nicht in die Projektgruppe berufen wurden. Von mangelnder Zusammenarbeit und Gleichgültigkeit bis zu gesteigertem Kritikbedürfnis und bewußten Bosheitsakten können die Reaktionen gegenüber den „Stars", den „Auserwählten" reichen. So ein „Auserwählter" ist für das übrige Management auch der Projektleiter, und sehr oft erweist es sich aus diesem Grund als schwierig, ein Projektteam aufzustellen und einen Projektleiter mit den nötigen Befugnissen auszustatten.

Auch nach sachlicher Zusammenarbeit ist die Wiedereingliederung der Projektmitarbeiter nach Projektende oft schwierig. Ihre früheren Aufgaben werden von neuen Mitarbeitern zufriedenstellend wahrgenommen, besonders bei längeren Projekten und Arbeit an anderen Orten haben Veränderungen stattgefunden, von denen der Heimkehrer nichts weiß. Auch soll ihm nun wieder eine Position gegeben werden, die seiner Stellung und Leistung im Projekt angemessen ist. Ein vorausschauender Projektleiter wird daher rechtzeitig Vorsorge für die Verwendung der Projektmitarbeiter nach Projektende treffen, um zu verhindern, daß sich seine Mitarbeiter in den kritischen Abschlußphasen Sorgen um ihre persönliche Zukunft machen.

Weiterhin tritt wahrscheinlich eine gewisse Personalvermehrung ein, da die Arbeitsbelastung für die Projektmitarbeiter schwer abzuschätzen ist. Sind sie zuwenig belastet, also zuviele, dann fehlt ihre Arbeitskraft in den abgebenden Abteilungen, sind sie überbelastet, dann leidet das Projekt.

Oft ist es aus personellen, organisatorischen oder auch räumlichen Gründen schwierig, eine zusätzliche Abteilung einzurichten.

Sämtliche Formen der Anerkennung und Beförderungen außerhalb der Organisation sind schwierig.

Um nun in den Genuß möglichst vieler Vorteile zu kommen und die Nachteile auf möglichst wenige Mitarbeiter zu beschränken ist die Organisationsform der *gemischten Projektorganisation* vorteilhaft (Abb. 2-6.). In dieser Organisationsform werden Mitarbeiter, die ausschließlich oder überwiegend und für längere Zeit mit Arbeiten an dem Projekt befaßt sind, dem Projekt direkt zugeordnet. Sie berichten direkt an den Projektleiter. Spezialisten, die nur zeitweilig oder unterstützend benötigt werden, verbleiben in ihren bisherigen organisatorischen Positionen. Das Projekt selbst wird der am meisten interessierten Abteilung zugeordnet, der Projektleiter berichtet an den Leiter dieser Abteilung.

Natürlich treten auch bei dieser Lösung die für die beiden anderen Organisationsformen genannten Nachteile auf, aber eben dadurch gemildert, daß durch sie weniger Mitarbeiter betroffen sind.

Bei großen Projekten kann es nötig sein, darüber hinausgehende Änderungen in der Unternehmensorganisation vorzunehmen (z. B. Abrechnungsverfahren).

Der Vollständigkeit wegen sei auch noch die *Matrixorganisation* als mögliche Organisationsform des Projektteams erwähnt (Abb. 2-7). Sie ist besonders dort

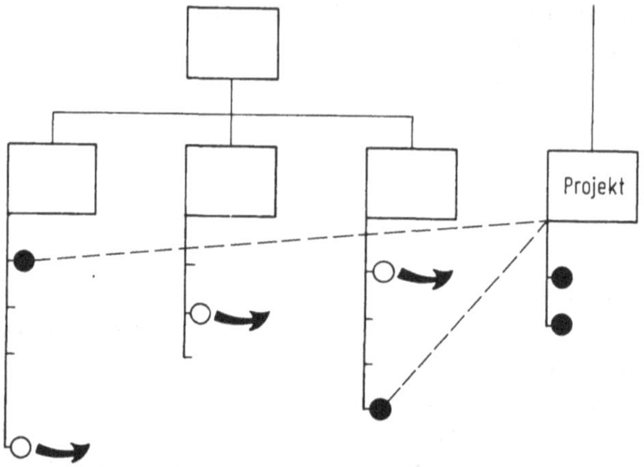

Abb. 2-6. Projektteam in gemischter Projektorganisation.

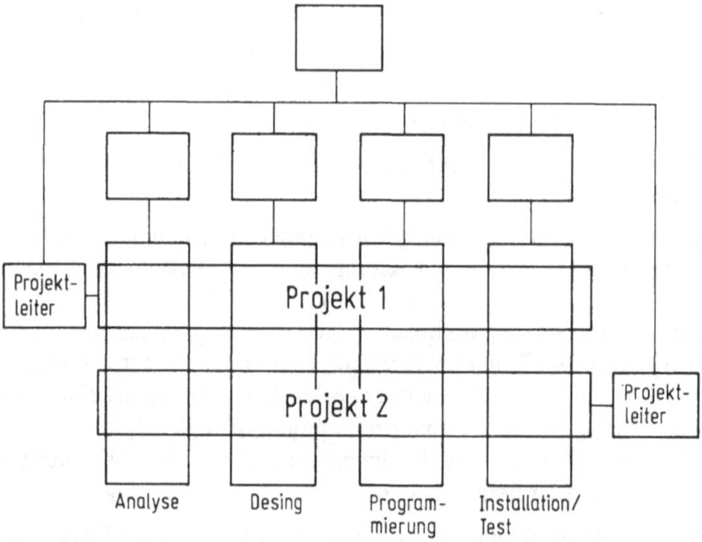

Abb. 2-7. Projektdurchführung mit einer Matrixorganisation.

geeignet, wo Projekte routinemäßig abgewickelt werden (z. B. in den Entwicklungsabteilungen von Softwarelieferanten). Ein Projekt erfordert dabei die Zusammenarbeit vieler gleichberechtigter Manager.

Die Vorteile für die Durchführung eines einzelnen Projekts liegen im solcherart möglichen flexiblen Personaleinsatz und darin, daß für ein neues Projekt keine organisatorischen Änderungen nötig sind.

Nachteilig sind die hohen Anforderungen an die Kooperationsbereitschaft des Managements und das Fehlen weiterer Instanzen, wenn eine sachliche Konfliktbereinigung nicht gelingt.

Die folgenden Kapitel beschäftigen sich nun mit den Problemen

- WER tut WAS und WANN (Abschn. 2 bis 11)
- WIEVIEL kostet es, WIELANGE dauert es (Abschn. 12 bis 15)

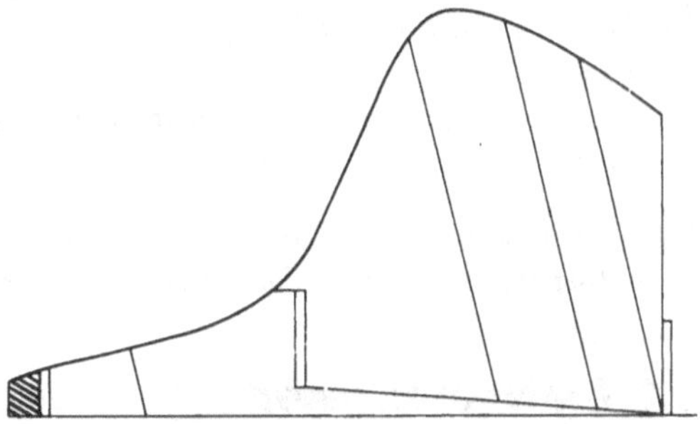

3. Voruntersuchung

3.1 Anlaß und Ursachen eines EDV-Projekts

Zu Beginn eines EDV-Projekts steht immer ein *Problem* oder ein *Beispiel*. Entweder das Problem, daß bei existierenden Anwendungen die qualitativen oder quantitativen Anforderungen gegenwärtig oder in absehbarer Zukunft nicht mehr erfüllt werden können, oder, daß neue Aufgabengebiete mit Hilfe der EDV gelöst werden sollen.

Oder das Beispiel, daß ein anderer Anwender, möglicherweise auch ein Konkurrent, durch moderne DV-Anwendungen Vorteile hinsichtlich Kosten, Dispositionsfähigkeit, Kundenservice oder Prestige hat.

Motive zur Einleitung eines EDV-Projekts sind unter anderem [71, 68]

- wachsendes Bedürfnis nach Kontrolle des Unternehmens bzw. nach Transparenz von Betriebsabläufen
- Notwendigkeit der weiteren Automatisierung der Informationsverarbeitung infolge wachsender Dynamisierung des wirtschaftlichen Lebens.
- Verzögerungen oder Fehler in der gegenwärtigen Abwicklung von EDV-Aufgaben
- Anwachsen der EDV-Aufgaben
- Vorsorge für zukünftige Entwicklungen
- Personalschwierigkeiten
  - Mangel an (qualifizierten) Arbeitskräften
  - mangelnde Leistungsbereitschaft des Menschen
  - unterschiedliche oder schwankende Leistungsfähigkeit des Menschen
  - rechtlich begrenzte Leistungsfähigkeit, Arbeitszeitverkürzung
  - begrenzte Arbeitsgeschwindigkeit
- Kostensteigerungen, vor allem bei Personalkosten
- juristische bzw. legistische Gründe

- Modernisierungsbedürfnis
- Prestige
- Wunsch, vorhandene freie Kapazität zur Verbesserung der Informationsverarbeitung einzusetzen

Meistens wird nicht nur eines dieser Motive allein auftreten, sondern mehrere zusammen, wobei eines als Hauptmotiv den Anstoß zur Voruntersuchung gibt.

3.2 Aktivitäten innerhalb der Voruntersuchung

- Formulierung des *Projektziels* und *Istzustandsaufnahme.*
  Entsprechend den Motiven zur Einleitung eines Projekts ergibt sich eine allgemeine Beschreibung des Projektziels wie beispielsweise: „Automatisierung der Lagerverwaltung zur Verringerung des Lagerstands bei gleichbleibender Lieferfähigkeit" in Handels- und Fertigungsunternehmen. Oder „Online-Abfrage des Policenbestands zur Verbesserung des Kundenservice" bei Versicherungen. Oder „Automatisierung der Wertpapierabrechnung, um steigenden Geschäftsumfang mit gleichbleibendem Personalstand bewältigen zu können" bei Banken.

  Anschließend werden im Rahmen einer Istzustandsaufnahme diejenigen betrieblichen Aufgaben ermittelt, die in eine neue EDV-Anwendung einbezogen bzw. diejenigen EDV-Anwendungen ermittelt, die verbessert oder geändert werden sollen. Wenn die Motive zur Projekteinleitung von außerhalb des Unternehmens kommen (z. B. legistische Gründe) und das Projekt nicht vom Wunsch nach Verbesserung des Bestehenden bestimmt ist, kann die Istzustandsaufnahme auch während der Projektdurchführung selbst in der Phase Systemplanung vorgenommen werden. Ebenso genügt bei der Entwicklung von (für das betroffene Unternehmen) völlig neuen Anwendungen eine grobe Erfassung des Istzustands vor Projektbeginn.

  Anders wird es sein, wenn das Hauptgewicht bei der Projektdurchführung auf Verträglichkeit mit bestehenden Arbeitsmethoden oder auf der Verbesserung bestehender EDV-Verfahren liegt. In diesen Fällen wird eine detaillierte Istzustandsaufnahme eine der Entscheidungsgrundlagen sein, ob überhaupt ein Projekt in Angriff genommen werden soll.

  Im allgemeinen wird meist eine grobe Istzustandsaufnahme während der Projektphase Voruntersuchung durchgeführt und diese dann durch eine detaillierte Istzustandsaufnahme in der Projektphase Systemplanung ergänzt (vgl. Abschn. 5.2 Methoden der Istzustandsaufnahme).

- Ermittlung der *Leistungsanforderungen* der Benutzer.
  Dabei ist festzuhalten, welche Leistungen des zu entwickelnden Systems von den zukünftigen Benutzern erwartet werden. Dazu gehören Antwortzei-

ten, Durchführungszeiten, „Turn-around-Zeiten", also Angaben, wie rasch einem Benutzer Informationen zur Verfügung gestellt werden müssen. Weiterhin Angaben über die *Menge* der bereitzustellenden und für die Verarbeitung erforderlichen Daten, die sich später in der Kapazität von peripheren Speichermedien und Ein/Ausgabegeräten auswirken. Weitere Angaben beschreiben die erforderliche *Genauigkeit* und *Aktualität* von Daten, die *Sicherheitsvorkehrungen* gegen fehlerhafte Verarbeitung, fahrlässige oder böswillige Beeinträchtigung von Funktionen und die nötige *Verläßlichkeit* des Systems (in Form von Umschaltzeiten auf Ausweichsysteme, Ausfallswahrscheinlichkeiten, Zeitbedarf für Wiederanlauf usw.).

Die meisten dieser Leistungsanforderungen stehen miteinander in Zusammenhang. So wird eine bestimmte Aktualität von Daten bestimmte Programmausführungszeiten bedingen.

In diesem Stadium der Voruntersuchung sollten die Leistungsanforderungen der Benutzer jedoch keinesfalls als Hardware- oder Softwareeigenschaften ausgedrückt werden, so sehr eine derartige Umsetzung den Denkmethoden eines EDV-Fachmanns auch entgegenkäme. Damit tritt nämlich bereits eine unerwünschte Einschränkung der Menge der Lösungsmöglichkeiten ein. Denn eine Verbesserung der Turn-around-Zeit beispielsweise kann sowohl durch schnellere Hardware oder verbesserte Software als auch durch organisatorische Maßnahmen bei Arbeitsvorbereitung und Transportwegen erreicht werden.

Ausnahmen sind zulässig in Projekten, bei denen das zu entwickelnde System mit einer Reihe bereits bestehender Systeme verträglich sein oder eine vorgegebene Konfiguration verwendet werden muß. In diesem Fall geht es weniger um die Leistungsanforderungen der Benutzer als um ein Leistungsangebot an den Benutzer. Aber auch hier könnte das als selbstverständlich Voraussetzen einer vorgegebenen Konfiguration einige interessante, unkonventionelle Lösungen ausschließen.

Sowohl die bereits besprochene Istzustandsaufnahme als auch die noch zu besprechende Ermittlung von Leistungsmerkmalen von EDV-Anwendungen können entweder im Rahmen der Voruntersuchung als auch der eigentlichen Projektdurchführung vorgenommen werden. Die Ermittlung der Leistungsanforderungen der Benutzer muß aber jedenfalls während der Voruntersuchung durchgeführt werden, und die Ergebnisse müssen im *Projektkontrakt* fixiert werden. Ohne Kenntnis der Benutzerwünsche ist eine erfolgreiche Projektdurchführung unmöglich.

Die Hauptaufgabe der Vorstudie besteht jedenfalls darin, so viele Informationen wie möglich zu sammeln. Dabei muß man aber vermeiden, die befragten Benutzer so zu beeinflussen, daß ihre Wünsche den eigenen Vorstellungen von technischen Möglichkeiten entsprechen. Auf vorsichtige Art sollte man aber eine erste Auswahl der Leistungsanforderungen in unbedingt notwendige („need to have") und wünschenswerte („nice to have") vornehmen.

Ein weiteres Problem besteht darin, überhaupt festzustellen, wer die zukünftige Systembenutzer sind. Besonders wenn das Motiv zur Einleitung eines Projekts in Prestige- oder Modernisierungsbedürfnis oder im Wunsch nach Kapazitätsausnutzung, ausgehend von der Unternehmensführung liegt, ist es oft schwierig, jemanden zu finden, der Benutzeranforderungen spezifizieren und Verantwortung für die Gültigkeit seiner Angaben übernehmen will. Nur zu oft werden Projekte nur auf Grund von Hörensagen in Angriff genommen.

Einer der häufigsten Fehler ist es, Systemeigenschaften so festzulegen, daß sie angenommenen und nicht den tatsächlichen Benutzeranforderungen entsprechen. Dies kann auch durch Unterschiede in der Terminologie von Benutzer und Entwickler zustandekommen. Allzuoft wird bei Projektbeginn in technischer Begeisterung Forderungen zugestimmt, die der Benutzer in seiner Sprache unter stillschweigender Annahme der Dinge, die für ihn selbstverständlich sind, formuliert hat. Und allzuoft hört der Benutzer aus der ihm unverständlichen Fachsprache der Entwickler vollständige Bestätigung heraus.

Trotz aller dieser Hindernisse wäre die anschließend zu treffende Auswahl eines EDV-Verfahrens im wesentlichen eine administrative oder allenfalls experimentelle Aufgabe, wenn sich aus der, vielleicht schwierig zu erfassenden, augenblicklichen Anforderungsstruktur auf die zukünftige schließen ließe. Das ist aber erfahrungsgemäß nur in wenigen Fällen, die meist durch sogenannte „dedicated systems" gelöst werden, möglich. Die zukünftigen Anforderungen werden wesentlich vom Leistungsangebot bestimmt. Was zusätzlich zum Pflichtenheft der bekannten Verfahren möglich ist, wird maßgeblich durch die ausgewählte Hardware und Software festgelegt. Der gegenwärtige Trend in der EDV geht eindeutig zu dezentralem Serviceangebot, und mit dem Essen kommt für die Benutzer der Appetit. Daher wird nicht nur das EDV-Verfahren von den Benutzeranforderungen bestimmt, sondern der umgekehrte Vorgang ist fast ebenso stark [83].

- Ermittlung der *Leistungsmerkmale* möglicher EDV-Verfahren.
  Den beschriebenen Leistungsanforderungen werden verschiedene EDV-Verfahren oder auch Mixes von DV-Verfahren mit verschiedenen Leistungmerkmalen gegenübergestellt. Zweckmäßigerweise ermittelt man Leistungsmerkmale in den selben Einheiten, in denen auch die Leistungsanforderungen fixiert werden.

  Es wird von der Größe und Bedeutung des geplanten Systems abhängen, ob die Ermittlung möglicher DV-Anwendungen und ihrer Leistungsmerkmale vor Projektbeginn, also in der Phase Voruntersuchung durchgeführt werden (bei kleinen Systemen, Weiterentwicklungen und dgl.), oder ob diese Aktivitäten Bestandteil des Projekts selbst sein sollen und in die Phase Systementwicklung fallen (bei großen Systemen, Neuentwicklungen und dgl.).

Im allgemeinen wird die Auswertung der Leistungsanforderungen bereits eine allgemeine Richtung liefern, in der die möglichen DV-Verfahren zu finden sein werden. Dennoch sollte man sich der Gefahr der vorzeitigen Selbstbeschränkung bewußt sein.

Bei risikoreich scheinenden Entwicklungen kann die Auswahl eines geeigneten DV-Verfahrens Gegenstand eines eigenen Projekts sein.

Insbesondere können Simulationsmodelle wertvolle Entscheidungshilfen darstellen.

- Ermittlung des zu erwartenden *Nutzens* [5].
  Jedes Projekt ist eine Geldanlage, die gegen heutigen Geldeinsatz spätere Vorteile verspricht. Als Geldanlagemöglichkeit konkurriert das Projekt mit anderen Investitionsmöglichkeiten im Unternehmen. Es ist Aufgabe der Voruntersuchung, der Unternehmensleitung Informationen zu liefern, damit Projekte gegen andere Anlagemöglichkeiten, gegeneinander und hinsichtlich des Einsatzes verschiedener DV-Verfahren abgewogen werden können. Der Nutzen des zu entwickelnden Systems kann in

  - Einnahmen
  - direkten Einsparungen
  - indirekten Einsparungen
  - Umwegrentabilität und immateriellen, nicht quantifizierbaren Vorteilen

  bestehen.

  Direkte Einnahmen, z. B. Produktionssteigerungen, Verkauf bestimmter Dienstleistungen, können meist leicht bewertet werden, sofern die Voraussetzung zutrifft, daß es einen Markt für sie gibt. Auch Einsparungen, z. B. Personalstand, Maschinenkosten, sind meist leicht bewertbar. Schwieriger ist es bei indirekten Einsparungen, zu deren Bewertung die Schätzung zukünftiger Kosten, bedingt durch Wachstum des Unternehmens oder Änderungen der Organisation oder von Gesetzen, nötig ist.

  Die Qualifikation eines Nutzens als immaterieller Vorteil sollte die letzte Zuflucht sein. Tatsächlich lassen sich die meisten derartigen Angaben auf Umwegen doch wieder in Zahlen fassen, (z. B. Zufriedenheit mit Service als Personalbedarf, modernes Image als Preis für eine entsprechende Werbekampagne).

  Bei der Bewertung muß man sich allerdings davor hüten, kritiklos jeden Vorteil des neuen Systems als Nutzen zu quantifizieren. Der tatsächliche Nutzen wird vom jeweiligen Engpaß in den Arbeitsabläufen bestimmt, Überkapazitäten dürfen im allgemeinen nicht bewertet werden. Da aber die meisten in Frage kommenden DV-Verfahren Leistungen über die Benutzeranforderungen hinaus bieten werden, ist eine Untersuchung sinnvoll, wieweit Überkapazitäten als sog. „synergetische Vorteile" Nutzen bei anderen oder zukünftigen Arbeitsabläufen bringen könnten. Diese Bewertung von Überkapazitäten sollte aber erst durchgeführt werden, wenn sich ein DV-Verfahren hinsichtlich der ersten drei Nutzenkategorien als gleichwertig erwiesen hat. Ein hübsches Beispiel für die Nützlichkeit einer Kosten/Nutzen-Rechnung bot ein vor längerer Zeit durchgeführtes Projekt zur Verbesserung einer Ein/Ausgabe-Routine für das System IBM 704, womit eine Verbesserung um 10% erzielt werden konnte. Unter Berücksichtigung der Entwicklungskosten und der Ersparnisse bei der Ausführungszeit wird sich das Projekt im Jahr 2040 amortisiert haben [6].

- Ermittlung der zu erwartenden *Kosten*
  Hier müssen sowohl die Kosten für die *Projektdurchführung* als auch die *Anschaffungs-* und *Betriebskosten* für das zu entwickelnde System geschätzt werden. Es empfiehlt sich, eine Trennung von Personal- und Sachkosten und für jede Kostenkategorie eine weitere Trennung in Betriebs- und Bereitstellungskosten vorzunehmen. Im allgemeinen werden die Leistungsmerkmale eines DV-Verfahrens nicht getrennt vom Aufwand für die Einführung dieses Verfahrens betrachtet werden können.

- Absprache von *Terminen*.
  Termine haben einen entscheidenden Einfluß auf Kosten und Nutzen einer geplanten Anwendung. In erster Näherung kann man davon ausgehen, daß der Nutzen eines Projekts umso größer ist, je eher das neue System in Produktion gehen kann. Die erwarteten Einnahmen und Einsparungen fallen dann früher an. Andererseits wird die Projektdurchführung billiger, wenn die Projektdauer länger ist, da man dann ohne Überstunden, Testzeiten auf Ausweichsystemen und dergleichen auskommen kann. Eine Projektdauer über zwei Jahre wird allerdings, wie bereits erwähnt ungünstig sein.

  Der Plantermin für die Fertigstellung kann vom Wunsch nach größtmöglichem Profit oder auch von der Beschränkung der einsetzbaren Entwicklungskosten bestimmt sein.

  Bei einer Darstellung der Durchführungzeit als Funktion des Aufwands lassen sich Bereiche verschiedener Wirtschaftlichkeit unterscheiden (Abb. 3–1).

  Andererseits können Termine für die Fertigstellung (fast) ohne Rücksicht auf Kosten gesetzt sein, wenn gesetzliche Gründe (z. B. Einführung des Mehrwertsteuersystems, Änderungen der gesetzlichen Arbeitszeit) Motive für das EDV-Projekt waren.

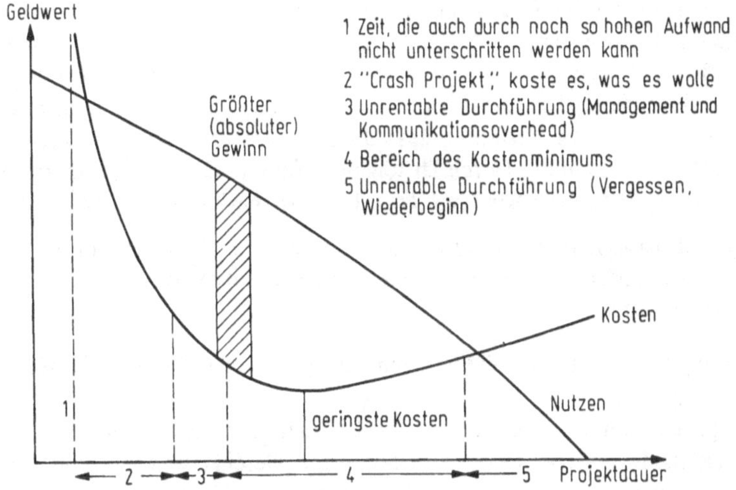

Abb. 3-1. Abhängigkeit von Kosten, Nutzen und Gewinn von der Projektdauer.

Die möglichen DV-Verfahren beeinflussen sowohl die späteren Betriebskosten als auch die zur Einführung nötige Projektdauer und damit auch den Aufwand für die Projektrealisierung.

Alle Projektsteuerungsüberlegungen sollten jedenfalls den Grundsatz berücksichtigen, daß für eine gegebene Projektgröße die Durchführungsdauer nur auf Kosten der Wirtschaftlichkeit verringert werden kann, und daß andererseits längere Dauer die Kosten nicht unter ein Minimum verringern kann.

- Abschätzung von *Risiken.*
  Bei jeder Neuentwicklung sind Risiken unvermeidlich. Daher müssen mögliche Schwachstellen identifiziert und in alle Überlegungen miteinbezogen werden. Manche der getroffenen Annahmen werden gesichert, andere eher vage erscheinen. Diese Risiken sind sowohl der Unternehmensleitung als auch den zukünftigen Benutzern zur Kenntnis zu bringen. Der mögliche Einfluß auf die Kosten/Nutzen-Rechnung muß beurteilt werden (vgl. Abschn. 6.4.2 Sensibilitätsanalyse).

  Es ist jedenfalls ein schwerer Fehler, Risiken zu verschweigen oder hinter anderen Informationen zu verbergen, weil persönliche oder sonstige Interessen vorliegen, das Projekt zu beginnen.

  Die Bewertung der Risiken wird in Form eines Zuschlags zu den Kosten oder Abschlags vom Nutzen erfolgen. In diesem Fall geht ein Risiko direkt in die Bewertung von Alternativen ein.

- *Auswahl* eines DV-Verfahrens und eines Durchführungskonzepts.
  Wahrscheinlich wird zur Realisierung des im Projektziel definierten Systems mehr als ein DV-Verfahren in Frage kommen (z. B. Online/Batch-Lösungen, verschiedene Hersteller, zentrale/dezentrale Lösungen, eigene-/Fremdanlage/Rechenzentrum). Die Verfahrensauswahl wird zusätzlich durch die verschiedenen Möglichkeiten der Durchführung beeinflußt (z. B. Eigen-/Fremdprogrammierung/Standardsoftware, „Turn-Key-Installation").

  Am zweckmäßigsten wird die Auswahl eines DV-Verfahrens und eines Durchführungskonzepts mit Hilfe einer Nutzwertmatrix durchgeführt (vgl. Abschn. 6.4.2).

- Fixierung von *Annahmen*, die den Schätzungen von Kosten und Nutzen zugrundeliegen.
  Naturgemäß sind zu diesem Zeitpunkt alle Angaben über Kosten und Nutzen Schätzungen. Ihnen liegen Annahmen über Geschäftsentwicklung, Verhalten der Wirtschaft, technische Eigenschaften von Hardware und Software, Schwierigkeiten der Projektdurchführung und schließlich die Akzeptanz des neuen Systems durch das Benutzerpersonal zugrunde. Ohne Fixierung dieser Annahmen ist es der Unternehmensleitung, welche die Entscheidung zur Projekteinleitung trifft, unmöglich, die Gültigkeit der Schätzungen zu beurteilen.

  Ebenso wird es im späteren Projektverlauf unmöglich sein, die Auswirkungen zu beurteilen, die sich aus Wegfall oder Änderung von Annahmen ergeben. Das führt dann dazu, daß sich Aktivitäten, die man unter bestimmten, später nicht mehr zutreffenden Annahmen begonnen hat, verselbständigen und ebenso kritiklos wie sinnlos durchgeführt werden. Möglicherweise verursachen sie „nur" Verschwendung von Hilfsmitteln und Zeit, möglicherweise schaden sie dem Projekt aber auch.

  Annahmen sollten realistisch sein. Es ist unverantwortlich, Schätzungen oder Pläne auf Annahmen aufzubauen, von denen man bereits weiß, daß sie nicht zutreffen werden. Derartige Annahmen werden im späteren Projektverlauf kein Schild gegen Probleme sein, sondern zusätzlich zu sachlichen Schwierigkeiten, die sie verursachen, das Vertrauen in denjenigen zerstören, der wider besseres Wissen unrealistische Annahmen getroffen hat.

  Der Zusammenhang zwischen Schätzwerten und Annahmen ist deutlich darzustellen. So selbstverständlich alle Zusammenhänge demjenigen scheinen, der an der Voruntersuchung mitarbeitet, so unklar können sie für den später hinzukommenden Außenstehenden sein. Und auch anscheinend offensichtliche Abhängigkeiten werden mit dem Nachlassen der Erinnerung immer verschwommener. Daher sollte man sich auch nicht auf nur mündliche Fixierung von Annahmen verlassen.

Zur Fixierung von Annahmen gehört auch eine Darstellung der Folgen, sollten die Annahmen nicht zutreffen. Ohne diese Darstellung ist es der Unternehmensleitung unmöglich eine fundierte Entscheidung zu treffen.

- *Information* aller Betroffenen und *Fühlungnahme* mit möglichen Mitgliedern des Projektteams.
  Trotz aller Kontakte zu den zukünftigen Benutzern müssen nicht alle, die von einem neuen Arbeitsverfahren betroffen wären, zu diesem Zeitpunkt auch

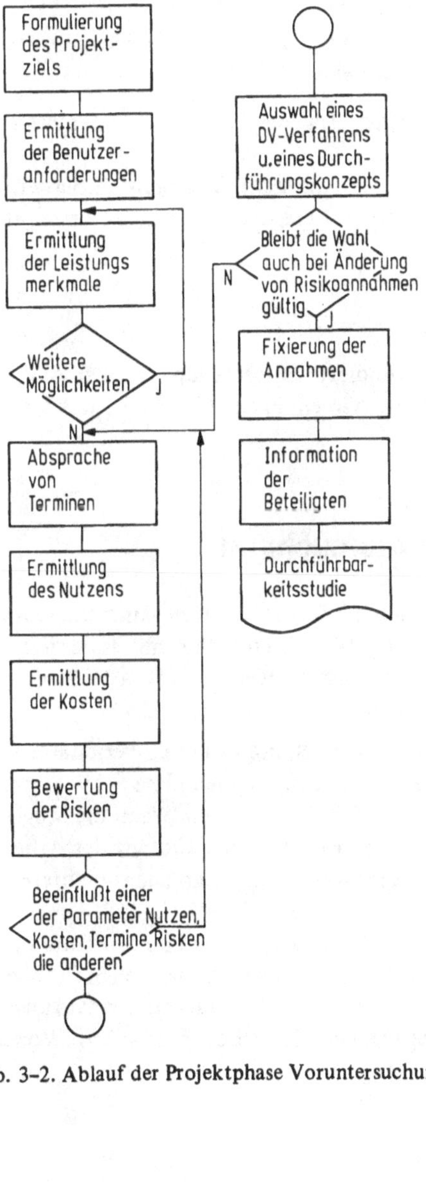

Abb. 3-2. Ablauf der Projektphase Voruntersuchung.

schon informiert sein. Formularänderungen, Wegfall gewohnter Listen und Auswertungen, Änderung der Stichtage oder Schlußtermine für Informationsanlieferung können die Arbeitsweise vieler Abteilungen betreffen, ohne daß die unmittelbar Beteiligten diese Konsequenzen überblicken. Besonders bei Projekten, bei denen die Initiative von Mitgliedern der Unternehmensleitung ausgeht, wird auf entscheidende Einwände von Fachabteilungen oft keine Rücksicht genommen. Damit wird der Grundstein für Widerstände gelegt, an denen sich das Projekt später totläuft, wenn das Strohfeuer der Anfangsbegeisterung der Enttäuschung über schleppende Fortschritte gewichen ist.

Weiterhin ist es zweckmäßig, bereits in dieser Phase das Schlüsselpersonal des späteren Projektteams miteinzubeziehen.

- Zusammenfassung aller Anforderungen, Angaben und Annahmen zur *Durchführbarkeitsstudie.*
  Am Ende der Projektphase Voruntersuchung steht die Durchführbarkeitsstudie (engl.: feasibility study). Sie ist eine zusammenfassende Darstellung der
  - technischen Durchführbarkeit
  - praktischen Anwendbarkeit
  - Rentabilität

  um der Unternehmensleitung eine fundierte Entscheidung darüber zu ermöglichen, ob die Mittel des Unternehmens in ein Projekt investiert werden sollen oder nicht.

3.3 Durchführung der Voruntersuchung

Das wichtigste bei der Voruntersuchung ist, Informationen zu sammeln. Gespräche mit möglichst vielen Leuten sind nötig. Welche Probleme gibt es derzeit? Welche Probleme werden für die Zukunft gesehen? Welche Hilfsmittel sind verfügbar?

Der Aufwand zur Durchführung der Voruntersuchung kann sehr verschieden sein. Untersuchungen über einen längeren Zeitraum können ohne Schwierigkeit auf Teilzeitbasis durch einen einzelnen durchgeführt werden. Wenn die Möglichkeit der Projektdurchführung in Sichtweite rückt, wird der Umfang der Arbeiten rasch zunehmen. Eine detaillierte Voruntersuchung kann leicht mehrere Mannmonate Aufwand erfordern.
Zweckmäßigerweise wird man versuchen, durch ausgiebiges Literaturstudium, Gespräche mit Kollegen und Besuche bei Unternehmen mit ähnlichen Problemen und Installationen mit ähnlichen Anwendungen, bereits gemachte Erfahrungen zu nutzen. Wegen der raschen Entwicklung der EDV ist dabei allerdings Vorsicht geboten, ob solche Erfahrungen noch gültig sind.

Bei der Kontaktnahme mit Betroffenen ist zu berücksichtigen, daß ein gewisser Zeitraum zur Erfassung der neuen Situation, zum Erkennen wie Formulieren möglicher Konsequenzen und für eventuelle Rücksprachen nötig ist. Die Erwartung, jemand würde binnen einem Tag einem neuen Projekt zustimmen können, ist genauso unsinnig und schädlich, wie ihn überhaupt nicht zu informieren.

Wie bei allen Dokumenten während der Projektdurchführung ist auch bei der Durchführbarkeitsstudie auf Klarheit zu achten. Die ausgiebige Verwendung nicht erklärter Fachausdrücke bedeutet nicht, daß die Studie inhaltlich in Ordnung ist. Übertreibungen führen bei allen Beteiligten zu unangebrachter Euphorie über die Möglichkeiten des neuen Systems. Für das Aufdecken von Unklarheiten, die durch Voreingenommenheit oder Betriebsblindheit entstanden sind, ist es günstig, die Durchführbarkeitsstudie von einem Außenstehenden kritisch überprüfen zu lassen.

Alle Pläne und Analysen, die in den folgenden Projektphasen beschrieben werden, sollten bereits während der Voruntersuchung im größtmöglichen Ausmaß durchgeführt werden, um Probleme frühzeitig zu erkennen.

Alle Prüflisten und Entwürfe für Pläne sollten bereits jetzt einmal daraufhin durchgesehen werden, ob nicht Teile schon beantwortet werden können.

Für einen kontinuierlichen Übergang von der Vorstudie zum Projekt ist es günstig, wenn der zukünftige Projektleiter bereits verantwortlich an der Durchführbarkeitsstudie mitarbeitet. Auf diese Weise kennt er alle sachlichen und personellen Zusammenhänge und Abhängigkeiten aus erster Hand. Er kann auf einer guten Zusammenarbeit aufbauen, die während der mehr informellen Aktivitäten der Voruntersuchung zustandegekommen ist, und das auch während der späteren Projektphasen, in denen die Beziehungen formeller sind (Anordnungen, Berichte, Entscheidungen usw.).

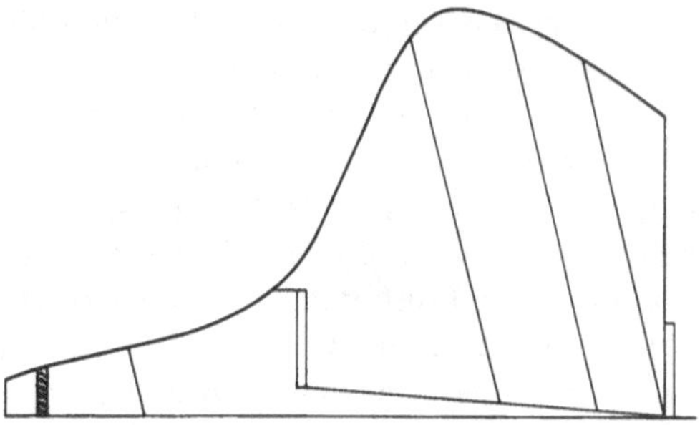

4. Projektgründung

In der Phase der Projektgründung müssen die bisher im Wesentlichen noch undefiniert und informell verlaufenden Aktivitäten, Kommunikationen und Pläne zusammengefaßt und zu einem formalen Dokument zusammengestellt werden. Die Projektgründung ist der feste Punkt, von dem aus die Welt aus den Angeln gehoben werden, das scheinbar Unmögliche möglich gemacht werden kann. Sie ist der letztmögliche Zeitpunkt, ein Projektteam zusammenzustellen und einen Projektleiter zu bestimmen, der das Projekt noch aktiv gestalten kann und nicht hinter den Ereignissen herläuft.

Während der Projektphase Voruntersuchung wurde das Projekt unter dem Gesichtspunkt der technischen und ökonomischen Durchführbarkeit überprüft. Bei der Projektgründung geht es hauptsächlich darum, die bisher mehr oder weniger unverbindlichen Meinungen in *formale Zusagen* umzuwandeln. Es erfolgt die endgültige, alle Beteiligten verpflichtende Klarstellung des Durchführungskonzepts und Projektziels hinsichtlich Projektumfang, Zeitplan und einzusetzender Hilfsmittel. Wenn diese fundamentalen Bestimmungsgrößen bei Projektbeginn nicht definiert werden, ist der Mißerfolg vorprogrammiert. Trotzdem wird die Projektgründung oft nur unvollständig vorgenommen oder sogar übergangen. Zeitdruck und ein Gefühl organisatorischer Unsicherheit veranlassen die Projektmitarbeiter, sich in scheinbar produktive Arbeit zu stürzen. Auch Unwissen über die Grundsätze der Projektsteuerung oder die allgemein übliche Unterschätzung der bevorstehenden Aufgabe führen dazu, daß nur teilweise Einigkeit über das Durchführungskonzept besteht und viele Aufgaben nur auf Grund von Hörensagen oder scheinbar selbstverständlicher Voraussetzungen in Angriff genommen werden.

Für die Projektgründung gilt, wie auch für die spätere Phase Systemplanung, daß ein Vielfaches der Zeit, die nicht für Strukturierung und Planung aufgewendet wird, im weiteren Projektverlauf verloren geht. Unklare Kompetenzen und Verantwortungen bewirken nervenaufreibende Mißverständnisse und Rettungsaktionen in letzter Sekunde, die jeder, der je mit EDV in Berührung gekommen ist, nur zu gut kennt. Ein schlecht begonnenes Projekt ist schlechter als gar keines. Erstens wird es keinen Erfolg bringen. Zweitens zerstört es das Vertrauen der Mitarbeiter und oft auch der Geschäftspartner in das Unternehmen und damit viele Chancen für die Zukunft. Drittens bringt es den Projektmitarbeitern Unlustgefühle und Frustrationen und hindert sie, sich weiterzubilden und Erfahrungen zum Vorteil des Unternehmens zu sammeln. Die Aufmerksamkeit der Unternehmensleitung richtet sich strafend auf die Unglücklichen, die nur schlechte Nachrichten bringen, ohne Fortschritte zu melden, sicherlich nicht zum Vorteil der weiteren beruflichen Laufbahn. Wird ein derartiges Projekt zu guter Letzt beendet, so sind alle froh, die unangenehme Sache möglichst schnell vergessen zu können. Alle erbrachten Anstrengungen bleiben ungewürdigt. Und schließlich kostet ein schlechtes Projekt Zeit und Geld, die vorteilhafter hätten investiert werden können.

Die Hauptaktivitäten der Projektphase Projektgründung sind

- Ernennung des Projektleiters
- Konstituierung des Projektteams
- Erstellung des Projektkontrakts
- Durchführung des Projektgründungsreviews
- „Kickoff-Meeting" für Projektteam

4.1 Projektleiter

Der Projektleiter ist verantwortlich für die Erreichung des Projektziels mit den vorgegebenen Mitteln in der vorgegebenen Zeit. Das bedeutet nicht mehr und nicht weniger als die *Verantwortung für Erfolg oder Mißerfolg* des Projekts.

Die Aufgaben des Projektleiters sind *Planung*, *Steuerung* und *Kontrolle* des Projekts hinsichtlich der fundamentalen Bestimmungsgrößen. Die wichtigste Planungsaktivität ist die Erstellung des Projektkontrakts zur Fixierung dieser Größen. Weitere Aufgaben des Projektleiters sind Aufwand-, Zeit- und Kostenschätzungen für alle Aktivitäten während des Projekts, die Beratung des verantwortlichen Managements vor Entscheidungen durch Erstellung von Entscheidungsgrundlagen. Nicht zuletzt ist der Projektleiter auch für die Sicherstellung eines guten Arbeitsklimas innerhalb und außerhalb des Projekts verantwortlich.

Um diese Verantwortung tragen und seine Ziele erreichen zu können, hat der Projektleiter natürlich auch Rechte. Das wichtigste davon ist, so rechtzeitig zugezogen zu werden, daß er bereits an der Planung mitwirken kann, das heißt, vor der Projektgründung. Sich mit einem bereits fertig geplanten Projekt betrauen zu lassen, bedeutet, daß sich der eigentliche Planer im Hintergrund den eventuellen Erfolg zuschreiben kann, der Mißerfolg aber voll zu Lasten des Projektleiters geht.

Von der guten Zusammenarbeit des Projektteams wird im späteren Projektverlauf viel abhängen, und nicht alle Mitarbeiter harmonieren miteinander. Um solche störende Persönlichkeitseinflüsse zu vermindern, hat der Projektleiter das Recht, Projektmitarbeiter auszuwählen und das Projektteam im Rahmen des Möglichen selbst zusammenzustellen.

Eine vielgeübte Praxis ist es, einen Projektleiter nicht mit allen notwendigen Rechten auszustatten, sondern nur einen sog. *Projektkoordinator* zu ernennen, sich die Entscheidungsbefugnis aber selbst vorzubehalten. Auch Widerstände in etablierten Abteilungen können zu diesem Kompromiß führen. Das bewirkt eine Verlängerung der Berichtswege und Verzögerung der Entscheidungsvorgänge, die sich im raschen Projektablauf als höchst nachteilig erweisen. Projektkoordinatoren haben wenig Autorität und Durchschlagskraft und agieren meist nur, indem sie weitergeben. Wiederum kann der unglückliche Projektkoordinator als Blitzableiter und Sündenbock benutzt werden, hingegen wird bei einem, eher unwahrscheinlichen, Erfolg seine rein administrative Funktion herausgestellt werden. Die teilweise Ausstattung mit Entscheidungsbefugnis führt nicht zur angestrebten Entlastung des höheren Managments, da Mitarbeiter und Beteiligte bald herausfinden, wer eigentlich das Sagen hat und an wen man sich in wichtigen Fragen zu wenden hat. Und wer gibt schon zu, daß sein Problem kein wichtiges sei.

Für Projekterfolg und berufliche Laufbahn des Projektleiters ist es daher unbedingt nötig, *Entscheidungen*, die sich im jeweils gültigen Projektrahmen bewegen, selbst zu treffen. Dazu gehört insbesondere das Recht, den Mitarbeitern des Projektteams *Weisungen* zu geben. Damit hat der Projektleiter die Möglichkeit rascher Entscheidungen, und die Projektmitarbeiter werden vor Loyalitätskonflikten bewahrt.

Innerhalb des zugeordneten Budgetrahmens führt der Projektleiter auch Budgetplanung und -kontrolle selbst durch. Andernfalls würde er in seinen Entscheidungen, die ja fast immer mit finanziellen Konsequenzen verbunden sind, wiederum von Instanzen außerhalb des Projekts abhängig werden.

Diese weitgehende Entscheidungs- und Anordnungsbefugnis innerhalb des Projekts bedeutet einerseits eine Entlastung des Managements, andererseits aber auch, daß darüberhinausgehende Entscheidungen äußerst wichtig sind. Wie bereits erwähnt, ist ein EDV-Projekt bedeutend für Geschäftserfolg und Ruf eines Unternehmens. Daher ist es notwendig, den Projektleiter und damit das Projekt in die Firmenorganisation so einzugliedern, daß er an eine entsprechend entscheidungsberechtigte Stelle berichtet. Nur so sind rasche und wirkungsvolle Reaktionen in Ausnahmefällen sichergestellt.

Schließlich gehört es auch zu den Rechten des Projektleiters, alle notwendigen innerbetrieblichen Informationen zu erhalten. Nur mit sämtlichen Informationen werden die darauf basierenden Entscheidungen realistisch sein.

Diese einmal zugeordneten Befugnisse müssen von der Unternehmensleitung aber auch auf Projektdauer respektiert werden. Der Projektleiter muß bei der Überwindung von Widerständen und Trägheit in betroffenen Abteilungen die Unterstützung und Deckung des höheren Managements haben. Wird es einmal zugelassen, daß ohne Zustimmung oder gar ohne Wissen des Projektleiters von anderen Managern Entscheidungen getroffen werden, so gerät der Projektleiter in eine unhaltbare Situation.

Zu den beliebten Spielen in EDV und Organisation gehört es auch, junge und initiative Mitarbeiter mit der Leitung eines „pferdefüßigen" Projekts zu betrauen. Sei es, daß ein Exekutor für jemandes anderen Pläne gebraucht wird, sei es, daß nur unzureichende Kompetenzen eingeräumt werden. Das leichte Unbehagen des designierten Projektleiters wird zumeist durch väterliches Schulterklopfen, Hinweise auf Karrieremöglichkeiten und andere sprungbereite Kollegen beseitigt. Auf diese Weise wurden schon viele qualifizierte Leute um ihre berufliche Zukunft gebracht.

Der Projektleiter plant, organisiert und überwacht die Arbeit des Projektteams, er delegiert Arbeiten an zuständige Mitarbeiter und informiert das Management. Er tut alles, um das Projekt am Laufen zu halten. Das einzige, was er nicht tut, ist selbst die Bearbeitung einer Aufgabe übernehmen. Nur zu bald kommt er sonst in die Lage, das Dringende vor dem Wichtigen erledigen zu müssen.

Welchen Anteil die einzelnen Aktivitäten an der gesamten Arbeit des Projektleiters haben zeigt Abb. 4-1.

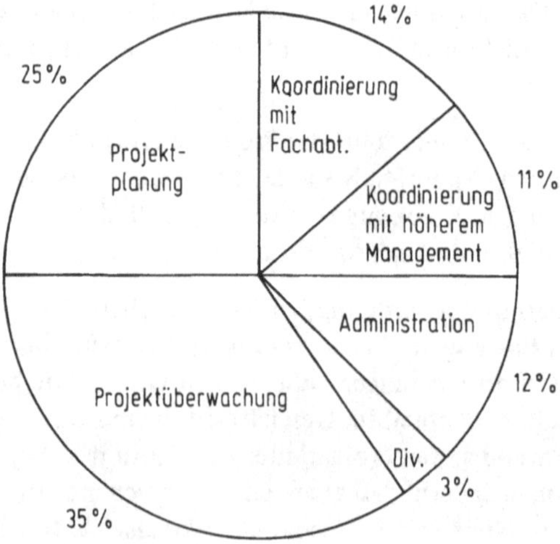

Abb. 4-1. Arbeitsverteilung des Projektleiters.

Der wichtigste Schluß, den man daraus ziehen muß, ist, daß ein Projektleiter, der nicht zu mindestens 50% seiner Zeit verfügbar ist, seine Aufgaben nicht erfüllen kann.

Die Auswahl des Projektleiters sollte auf Grund seiner *Persönlichkeit*, seiner *Kenntnisse* und seiner *Erfahrung* erfolgen [63, 82].

Zu den Persönlichkeitseigenschaften zählt alles, das üblicherweise unter dem Namen Führungseigenschaften zusammengefaßt wird. Einige Eigenschaften sind in der Hektik der Projektentwicklung von größerer Bedeutung als sonst bei Führungskräften. Projektleiter zu sein erfordert einen Arbeitsstil, der von dem in herkömmlichen Führungspositionen verschieden ist. Ein Manager, der dort erfolgreich war, muß nicht zwangsläufig auch ein guter Projektleiter sein. So benötigt ein Projektleiter ein besonders ausgeprägtes persönliches *Durchsetzungsvermögen*, da er innerhalb und außerhalb des Projektteams nur auf Grund seiner persönlichen, nicht aber irgendeiner Amtsautorität agieren kann. Er muß mit Leuten aus verschiedenen Abteilungen, auf verschiedenen organisatorischen Ebenen und mit verschiedener Vorbildung erfolgreich zusammenarbeiten. Die Projektmitarbeiter müssen *motiviert*, nicht nur zur ambitionierten Mitarbeit gezwungen werden. Hartnäckigkeit und *Beharrlichkeit* gegenüber Widerständen sachlicher und persönlicher Natur müssen gepaart sein mit verbindlichem Auftreten und Bereitschaft und Fähigkeit zur Zusammenarbeit.

Eine *schnelle Auffassungsgabe* und umfassendes Denkvermögen zur Erfassung von Alternativen und ihren Folgen sind die Basis, um durch Urteilsvermögen das Richtige herauszufinden und sich entschlußfreudig dafür zu entscheiden. Darin zeigen sich *Mut zum Risiko* und Bereitschaft zur Übernahme von Verantwortung. *Vertrauen* zum Projektleiter muß vorhanden sein als Vertrauen der Umgebung zu seiner Zuverlässigkeit. Das Vertrauen zu ihm ist gleichzeitig das Vertrauen zum Projekterfolg.

Eine starke physische und psychische *Belastbarkeit* ermöglicht es dem Projektleiter den fast unvermeidlichen unvorhergesehenen Hindernissen mit Geduld und Gelassenheit gegenüberzutreten und sie mit Dynamik zu überwinden. Seine *organisatorische Begabung* und pragmatische Arbeitsweise sollte der Projektleiter bereits bei früheren Gelegenheiten bewiesen haben, ebenso wie seine Fähigkeit, Sachverhalte verständlich zu erklären und rasch Überblicke zu geben.

Nicht zuletzt muß er vom Projektziel auch persönlich überzeugt sein, etwas, das angesichts der wachsenden gesellschaftlichen Implikationen der DV-Anwendungen nicht mehr selbstverständlich ist [91].

Seine Kenntnisse und Erfahrungen auf dem Gebiet der Planungs- und Kontrolltechniken, Projektsteuerung, Budgetierung, Techniken der Problemlösung, Kommunikationstechniken (schriftlich, mündlich und in Diskussionen), Motivationstheorien und des Gruppenverhaltens befähigen den Projektleiter seine Persönlichkeit effektiv einzusetzen.

Kenntnisse über den Gegenstand des Projekts sind natürlich nicht hinderlich, sollten aber auch nicht überbewertet werden. Die größten Fachleute sind meist die schlechtesten Projektleiter. Damit soll keinesfalls völlige fachliche Ignoranz als tolerable Eigenschaft eines Projektleiters gemeint sein. Ganz sicher aber braucht er nicht in der Lage zu sein, alle Aufgaben seiner Mitarbeiter selbst oder gar besser durchzuführen. Die wichtigste Aufgabe des Projektleiters besteht darin, zu erkennen, wann und in welchem Umfang er Verantwortung für technische Belange einem seiner Mitarbeiter übertragen kann.

Wesentlich ist auch ein *gutes Verhältnis zur Unternehmensleitung* und gute Kenntnis des Unternehmens, sowohl der offiziellen als auch der inoffiziellen Kommunikationswege. Der Mangel auf diesem Gebiet ist der Grund für das Scheitern fremder Projektleiter, die oft als „trouble shooter" zu Projekten geholt werden, die zu scheitern drohen. Ein Projektleiter von außerhalb müßte schon fast hellseherische Fähigkeiten haben, um in einer unbekannten Organisation erfolgreich agieren zu können.

Hinsichtlich der Erfahrungen sollte es das dritte Projekt dieser Art sein, an dem der Projektleiter beteiligt ist. Bei den früheren Projekten muß er nicht notwendigerweise verantwortlich gewesen sein. (Bei konsequenter Befolgung dieses Grundsatzes gäbe es ja sonst keine Projektleiter.)

Der Grund ist, daß jemand beim ersten Mal alles neu erfinden würde, ohne sich um Literatur und Erfahrungen zu kümmern. Beim zweiten Mal ist er dann zu selbstsicher, alle Fehler des ersten Mals vermeiden zu können [6].

4.2 Projektteam

Das Projektteam ist verantwortlich für das ihm übertragene (Teil-) Projekt. Im Projektteam sind vertreten

- betroffene Fachabteilung(en)
- EDV- (bzw. Organisationsabteilung)
- andere teilweise betroffene Abteilungen
- Revisionsabteilung

Die Auswahlkriterien für Mitglieder des Projektteams sind fachliche Qualifikation und betriebliche Praxis. Zusätzlich aber auch Kontaktfähigkeit und Bereitschaft zur Teamarbeit, dies auch in Anonymität. Kaum etwas ist einem Projekt mehr abträglich als Mitarbeiter, die auf Kosten der Sache um persönliches Prestige und die Aufmerksamkeit des Managements kämpfen. Dies gilt auch für den Projektleiter selbst, der trotz seiner nicht unterschätzbaren Koordinationsfunktion nicht der Versuchung nachgeben darf, das Projekt als „sein" Projekt, Erfolge als „seine" Erfolge auszugeben.

Es hat sich auch bewährt junge Mitarbeiter mit nur geringer Praxis ins Projektteam aufzunehmen. Sie sind noch nicht betriebsblind.

Zusätzlich zu den voll und teilweise dem Projekt zugeordneten Mitarbeitern (vgl. Abschn. 2.7 gemischte Projektorganisation) sind im Projektteam auch noch sogenannte *Kontaktmitarbeiter* vertreten. Sie nehmen für sonst nicht vertretene Abteilungen die Aufgabe wahr, Informationen über diese Abteilungen an das Projekt und Informationen über das Projekt an diese Abteilungen zu übermitteln. So wird vermieden, daß die Projektentwicklung hinter verschlossenen Türen völlig an den Bedürfnissen einiger Benützer oder Beteiligter vorbeiläuft.

4.3 Projektkontrakt

Im Projektkontrakt werden unter den Gruppen

- Produkt
- Übergabe
- Rechte und Pflichten
- Überwachung und Änderung
- Hilfsmittel (resources)

sämtliche bekannten Daten und Vereinbarungen fixiert. Darüber hinaus aber auch alle Annahmen und die Voraussetzungen unter denen sie getroffen wurden. Bei den Punkten, zu denen bei Projektgründung keine Informationen vorliegen ist anzuführen, welche Maßnahmen getroffen werden müssen, um zu diesen Informationen zu gelangen, wer dafür verantwortlich ist und bis zu welchem Termin das geplant ist. Die noch offenen Punkte und ihre möglichen Auswirkungen sind in jedem Review zu prüfen.

Zu den im Folgenden besprochenen Gruppen sollten im Projektkontrakt Antworten und Informationen vorliegen. Der Fragenkatalog spricht wahrscheinlich die meisten in einem Projekt auftretenden Probleme an. Trotzdem muß bei jedem Projekt geprüft werden, durch welche Punkte der Fragenkatalog im speziellen Fall zu ergänzen wäre. Andererseits sollte das Auslassen einer Frage, als für das spezielle Projekt nicht relevant, wohlbegründet sein und nicht aus Ungeduld oder vorschnell erfolgen.

*Produkt**

- Funktion
  Welchen Zweck hat das System? Was tut es? Welche Informationen werden erstellt? Welche Informationen sind speziell für das neue System nötig? Welche sind Nebenprodukte?

* oder auch Projektziel

Wodurch wird die richtige Funktion des Systems festgestellt? Wodurch wird sie überwacht?

- Leistung
  Mit welcher Leistung führt das System seine Funktion aus?

  Welche Antwortzeiten, Turn-Around-Zeiten, Programmausführungszeiten sind erforderlich bzw. werden vom Projektteam zugesagt?

  Bei diesen Leistungsangaben sind Angaben über Durschnitt, Maximum und prozentuelle Grenzen (sog. Perzentile) erforderlich.

  z. B.: Antwortzeiten für Transaktion XYZ
  - durchschnittlich 2 Sekunden
  - 90% aller Transaktionen innerhalb von 5 Sekunden (90%-Perzentile)
  - absolutes Maximum, außer bei Systemausfall – 20 Sek.

  Wie aktuell werden die Daten sein? (z. B. Durchführen von Änderungsläufen alle 10 Tage oder laufendes Update bei Durchführung einer Transaktion. Diese Frage ist besonders wichtig bei dezentraler Verarbeitung, da hier an mehreren Stellen Datenbestände geführt werden.

  Mit welcher Genauigkeit werden Berechnungen durchgeführt? (z. B. kaufmännische Genauigkeit auf 1/10 Währungseinheiten oder wissenschaftliche Genauigkeit?) Was geschieht mit Rundungsbeträgen? Wie soll gerundet werden?

  Mit welcher Zuverlässigkeit soll das neue System arbeiten? Die Zuverlässigkeitsansprüche werden zweifellos bei einem Flugsicherungssystem andere als bei einem Programm für statistische Auswertungen sein.

  Wie erfolgt ein eventueller Wiederanlauf? Innerhalb welcher Zeit muß er durchführbar sein? Welche Funktionen parallel laufender Systeme werden bei Fehlern mitbeeinflußt? (z. B. neues „IPL" nötig, „Warmstart", „Coldstart")

  Unter welchen Bedingungen sind diese Leistungen zu erbringen? Pläne und Projektionen lassen Schlüsse auf Bedingungen während des späteren Systembetriebes zu?

  z. B. ... die Leistungen sind unter der Annahme zu erbringen, daß folgender Transaktionsmix vorliegt:

  1000 Transaktionen ABC/Stunde
  500 Transaktionen XYZ/Stunde
  100 Transaktionen KLM/Stunde
  DFV-Leitungen mit 4800 bps, sowie als Zentralrechner ein System, der unter Hardware und Software beschriebenen Charakteristik.

- Hardware und Software
  Mit welcher Hardware und Software wird das neue System unterstützt? Welche Konfiguration besteht derzeit?

  Welche Konfiguration wird bei Projektende vorhanden sein?

  Welche Empfehlungen können zur Leistungsverbesserung vorgeschlagen werden?

- Interfaces
  Welche Interfaces zu anderen Anwendungen und Datenbeständen müssen berücksichtigt werden?

  Welche Interfaces zu bestehenden Anwendungen?

  Welche Interfaces zu geplanten Anwendungen?

  Welche Beschränkungen werden im Betrieb vorliegen?

  Durch andere Systeme? (z. B. wenn bei einer Anwendung in Stapelbetrieb gleichzeitig Betrieb eines Abfragesystems möglich sein muß.)

  Durch personelle und organisatorische Maßnahmen? (z. B. Einhaltung eines 2-Schicht-Betriebs.)

- Wirtschaftlichkeit
  Wieviel Kapital darf zur Systementwicklung eingesetzt werden? Wieviel als Ziel? Wieviel als oberste Grenze?

  Für welche Betriebskosten wird das System ausgelegt? Wieviel als Ziel? Wieviel als oberste Grenze?

  Welcher Nutzen wird erwartet? Einnahmen? Einsparungen? Umwegrentabilität? Nichtquantifizierbarer Nutzen?

  In welchem Verhältnis stehen Entwicklungs- und Betriebskosten zum Nutzen? Welche Amortisation ist geplant?

- Prioritäten
  Damit ist nicht die Reihenfolge der Durchführung gemeint, sondern eine Reihung nach der Wichtigkeit der Ziele. Für ein größeres Projekt ist es fast unmöglich, nur eine Zielsetzung zu bekommen und keinen Problemen bei der Abwägung in qualitativer und quantitativer Hinsicht zu begegnen. Meistens muß man feststellen, daß einzelne Ziele auf irgendeine Weise nicht miteinander harmonieren [30]. Je unwägbarer und undefinierbarer die Unterschiede in den einzelnen Zielen erscheinen, desto wichtiger ist es, diese Werte bei Projektbeginn zu fixieren, um im späteren Entscheidungsdruck darauf zurückgreifen zu können. Ein solcher Prioritätenkatalog könnte beispielsweise so aussehen:

  1. bestimmter Güteklasse (z. B. in MTBF*, Genauigkeit)

* mean time between failure

2. rechtzeitige Fertigstellung zu einem Stichtag
3. Ausführungszeit
4. Speicherbelegung
5. Einhaltung eines Personalplans

Von der Zielsetzung und den Prioritäten sind nicht nur die zukünftigen Benutzer, sondern auch die Mitglieder des Projektteams zu informieren. Nur so ist es vermeidbar, daß unter verschiedenen Voraussetzungen mit der Arbeit begonnen wird (z. B. Speicheroptimierung/Zeitoptimierung). Diese Prioritäten sind laufend in Erinnerung zu bringen, am zweckmäßigsten in Reviews, damit keine schleichende Verlagerung entsprechend Schwierigkeitsgrad oder persönlicher Vorliebe eintritt.

Übergabe

Im Punkt Übergabe wird vereinbart, was bei Projektende in welchem Zustand zu übergeben ist. Zunächst scheint dies eine einfache Aufgabe zu sein, direkt aus der Definition des Projektziels ableitbar. Aber haben Sie schon jemals ein Fahrrad bei einem Versandhändler bestellt, und wurde Ihnen dann ein Karton mit Teilen einschließlich einer sechsseitigen Bauanleitung geliefert, zusammen mit Anweisungen, in welcher Form fehlende Teile nachzubestellen seien? Wenn Sie eine Lieferung in dieser Form erwartet haben dann ist die Sache in Ordnung. Was aber, wenn Sie ein Fahrrad wollten, um sofort damit loszufahren?

Genauso wichtig ist es, daß der Benutzer weiß, in welcher Form das Projektteam das System zu liefern gedenkt.

- Programme
  Werden Programme in Form von Listen und Quellendecks übergeben, sodaß der zukünftige Benutzer für die Implementierung des Systems verantwortlich ist? Oder sind die Programme ausführbar in Bibliotheken auf Datenträgern gespeichert, möglicherweise zusätzlich mit Prozeduren in der Steuersprache des jeweiligen Betriebssystems, entsprechend den Standards der Benutzer?

  In welcher Form wird sichergestellt, daß Programme bei der Übergabe nicht verloren gehen können? Dies besonders wenn Transport über größere Entfernungen nötig ist.

- Dateien
  Wenn zur Projektdurchführung auch der Aufbau von Dateien gehört, stellen sich ähnliche Probleme. Auf welchen Datenträgern werden die Datenbestände erwartet (z. B. auf Magnetbändern, Magnetplatten, Lochkarten, Disketten)? Bei der Prüfung dieser Frage kann sich herausstellen, daß die zur Übergabe vorgesehen Datenträger entweder überhaupt nicht, oder durch Hardwareänderungen während des Projekts bei Projektende nicht mehr verwendet werden können.

Für den Zeitpunkt des Übergangs vom Test- zum Produktionsbetrieb ist die Frage der Aktualität der Daten zu klären und wer dafür verantwortlich ist.

Durch welches Material werden die Daten dokumentiert? Durch unformatierte oder nach Benutzerwünschen formatierte Ausdrucke?

Wer erstellt und überprüft die Druckprogramme?

Sind Listbilder und Datensatzbeschreibungen mitzuliefern?

In welcher Form werden Transport und Übergabe durch Backup-Material gesichert?

- Formulare
  Wenn für den Systembetrieb besondere Formulare oder Lochkarten mit speziellen Aufdrucken nötig sind, wie werden sie übergeben?

  Als Entwurf? Als reproduktionsfähige Vorlage? Bereits in einer Menge, die für eine bestimmte Betriebszeit ausreicht? Sind Beispiele mit ausgefüllten Formularen mitzuliefern? Ist vielleicht eine besondere Einweisung in die Form des Ausfüllens nötig (z. B. bei Handschriftlesern)?

  Bei Belegleseranwendungen oder Spezialpapieren kann ein Beschaffungsnachweis nötig sein.

- Dokumentation
  Die Dokumentation ist in jedem Projekt ein besonders heikler Punkt. Je nach Systemgröße wird die Dokumentation nach mehreren Gesichtspunkten gegliedert sein, als System-, Programm-, Benutzer- und Bedienerdokumentation.

  Welche Standards sind bei der Erstellung der Dokumentation zu berücksichtigen? Existieren diese Standards oder müssen sie entwickelt werden?

  In wieviel Kopien ist die Dokumentation abzuliefern? Es macht einen Unterschied ob ein System an einer zentralen Stelle oder in mehreren Zweigniederlassungen von vielen Mitarbeitern benützt wird.

- Abnahmetest
  Es ist wichtig, bereits jetzt die Bedingungen für den Abnahmetest festzulegen.

  Welche Ergebnisse beweisen, daß das System korrekt arbeitet?

  Wer überprüft die Ergebnisse, entscheidet ob Korrekturen oder Wiederholungen nötig sind und wer trägt die dadurch entstehenden Kosten?

  Obwohl es äußerst schwierig sein kann, Bedingungen für den Abnahmetest bereits jetzt zu fixieren, bedeutet ein Arbeitsbeginn ohne diese Kriterien für den Projektleiter die Unterschrift auf einem Blankoscheck. Wesentlichste Eigenschaft dieser Kriterien ist, daß sie aus meßbaren Werten bestehen müssen. „Gut“, „rasch“, „selten“ sind unbrauchbare Angaben.

- Ausbildung
  Welche Ausbildung des zukünftigen Benutzers ist nötig und wer führt sie durch?

  Es sind Art, Inhalt, Dauer, Häufigkeit und Ort eventueller Kurze zu planen. Wieviele Teilnehmer werden die Kurse besuchen und wer trägt die Kosten?

  Worin bestehen Ausbildungsziel und Ausbildungsstand der Teilnehmer?

- Wartung
  Mit der Übergabe ist das Projekt zwar formal aber sicher nicht als Aufgabe beendet. In welcher Form wird nach Projektende Unterstützung gegeben? (z. B. laufend, auf Abruf, in fixen Abständen oder gelegentlich.)

  In welchem Ausmaß und wie lange?

Rechte und Pflichten

Rechte und Pflichten aller Beteiligten müssen, so selbstverständlich sie auch sein mögen und so oft sie auch mündlich besprochen wurden, im Projektkontrakt schriftlich festgehalten werden.

Der Projektleiter hat die Verantwortung für Planung und Organisation des Projekts, für Überwachung und Berichtswesen und für eine ausreichende Qualitätskontrolle. Um eine wirkungsvolle Projektüberwachung durch Unternehmensleitung und Projektleiter überhaupt zu ermöglichen, muß ein Berichtswesen organisiert werden. Dabei gibt es zwei Hauptgebiete.

Technische Berichte einerseits, über Vereinbarungen, Entscheidungen und Pläne, sowie andererseits Fortschrittsberichte, die den jeweiligen Stand der Verwirklichung von Vereinbarungen und Plänen enthalten. Eine Sonderform der Fortschrittskontrolle sind finanzielle Berichte. Diese und andere, im speziellen Fall noch hinzukommende Berichte können auch vom Auftraggeber oder durch gesetztliche Vorschriften gefordert sein.

Für jeden Bericht sind zu definieren

- Form
- Häufigkeit bzw. Beziehung zu einzelnen Projektphasen, Terminen oder markanten Ereignissen (sog. Meilensteinen)
- Empfängerkreis (Verteiler)
- Verantwortung für Erstellung oder Eingaben zu Berichtdetails
- Verantwortung für Dokumentation und Ablage

Zweckmäßigerweise wird man prüfen, welche Möglichkeiten der automatischen Berichtserstellung existieren. So kann für finanzielle Berichte meist ein bestehendes Abrechnungssystem nach Kostenstellen herangezogen werden.

Der Projektleiter hat weiterhin die Personalverantwortung für die zugeteilten Projektmitarbeiter, das Recht Standards zu definieren und Zusagen betreffend Aktionen, Termine und Ausgaben zu machen. Seine Mitwirkung an Projekt-Reviews (vgl. Abschn. 5.3.3 Reviewplan) und bei der Änderungsüberwachung (vgl. Abschn. 9.3) ist festzulegen.

Für Benutzer- und EDV-Abteilung(en) ist die Verantwortung zu definieren,

- Informationen zu liefern, einschließlich der dafür nötigen Termine, Zeitkriterien für die Überprüfung von Unterlagen und die Beantwortung von Fragen
- Hilfsmittel zur Verfügung zu stellen (Mitarbeiter für das Projektteam, Unterstützung bei Ausbildung, Dateierstellung, Fehlersuche, Vorbereitung und Durchführung von System- und Abnahmetest usw.)
- Mitwirkung bei Änderungsüberwachung
- Mitwirkung an Projekt-Reviews

Ein Projekt durchzuziehen ist schon schwierig genug, kämen nicht noch im Laufe des Projekts die verschiedensten Änderungswünsche hinzu. Es ist zweckmäßig, bereits bei Projektbeginn ein Verfahren zur Änderungsanforderung und -genehmigung zu vereinbaren. Zu diesem Verfahren gehören

- ein Formular zur Änderungsanforderung
- ein Verteiler, wer von einem Änderungswunsch in Kenntnis gesetzt wird
- Festlegung, wer für Beurteilung von Kosten und Nutzen der Änderung verantwortlich ist
- Entscheidungsberechtigung über Ablehnung oder Annahme
- Dokumentation der akzeptierten Änderung für alle Beteiligten
- Verantwortung für die Überprüfung der korrekten Durchführung

Auch die Unternehmensleitung wird in das System der Projektsteuerung einbezogen und arbeitet bei der Zuordnung von Hilfsmitteln sowie bei Entscheidungsprozessen mit. Zweckmäßigerweise wird bereits jetzt eine Instanz definiert, deren Entscheidung in Streitfällen verbindlich ist.

Sofern unternehmensfremde Stellen an der Projektdurchführung beteiligt sind, gehören zu den Rechten und Pflichten auch die Geschäftsbedingungen, unter denen diese Leistungen erbracht werden. Dazu gehören u. a.:

- Zahlungsbedingungen
- Eigentumsvorbehalte
- Copyright-Bestimmungen
- Rechte an technischen Daten
- Garantien
- Schadenersatz

- Vertragsstrafen
- entschuldbare Verzögerungen
- Versand
- Transport
- Verzollung
- Gebühren, Steuern

Die Beteiligung des Auftraggebers am Risiko ist allerdings vom Innovationsgrad des Projekts abhängig. Insofern ist die Möglichkeit, Festpreise, Festtermine usw. festzulegen, beschränkt (Abb. 4-2) [82].

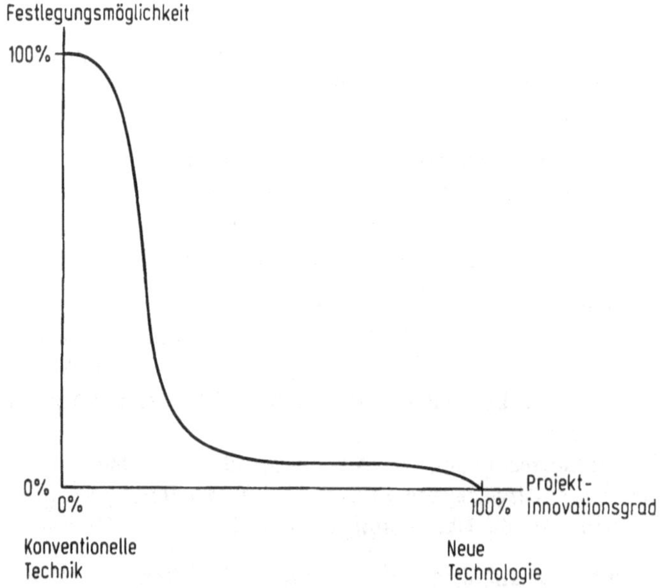

Abb. 4-2. Beteiligung des Auftraggebers am Projektrisiko.

Hilfsmittel

Schließlich sind auch Vereinbarungen über den Einsatz der Hilfsmittel (resources) zu treffen, das sind Mitarbeiter, Anlagen, Material, finanzielle Mittel usw. Für jede Art von Hilfsmittel muß vereinbart werden

- von wem es bereitzustellen ist
- in welchem Ausmaß
- auf welche Dauer

Damit erfolgt eine prinzipielle Mitteilung an die betreffende Stelle, so daß dort entsprechend geplant werden kann. Weiterhin wird vereinbart

- Form der Anforderung (formell oder informell)
- Frist zwischen Anforderung und Abstellung
- Art der Verrechnung

Geld ist ein besonderes Hilfsmittel, das meist eingehender geplant wird als die übrigen. Entsprechend der Entscheidungsbefugnis des Projektleiters und seiner Mitarbeiter ist zu definieren

- Ausgaberahmen
- Höchstgrenze der Einzelausgabe
- Genehmigungsverfahren für darüber hinausgehende Ausgaben
- Richtlinien für Gehälter, Beförderungen, Überstunden, Reisespesen und Prämien (auf Projektdauer bildet das Projekt zwar eine eigene organisatorische Abteilung, doch soll die Wiedereingliederung der Projektmitglieder nicht unnötig erschwert werden)

Auch die Zeit ist ein besonderes Hilfsmittel, das vor allem gegen Projektende nur mehr unzureichend zur Verfügung steht. Daher sollten zur Vermeidung von Mißverständnissen nochmals alle Termine fixiert werden. Dazu gehören

- fixe Termine, die aus rechtlichen bzw. technischen Gründen eingehalten werden müssen
- Plantermine
- alle Termine, die die Wirtschaftlichkeit beeinflussen

Zeit- und Aufwandsschätzung können mit dem in Abschnitt 12.1 beschriebenen Schätzverfahren durchgeführt werden.

Der Projektkontrakt schützt vor Auffassungsdifferenzen und unkontrollierter Ausweitung des Projektumfangs und formuliert klar die erforderliche Mitarbeit aller beteiligten Stellen.

Der Projektkontrakt gibt dem Projektleiter erstmals und gleichzeitig einmalig die Chance, seine Führungs- und Planungsqualitäten der Unternehmensleitung, den beteiligten Abteilungen und seinen Mitarbeitern zu demonstrieren. Er kann dabei die Anerkennung und das Vertrauen gewinnen, das er später bei auftretenden Schwierigkeiten unbedingt benötigt, um schließlich erfolgreich zu sein.

Jetzt ist es noch möglich, alle Beteiligten zu Vereinbarungen, Meinungsäußerungen und zum Mittragen von Verantwortung zu zwingen. Durch die stets offene Drohung, sonst nicht mit dem Projekt beginnen zu können, sind sie noch immer im Zugzwang. Ist das Projekt einemal begonnen und ein Endtermin bekannt gegeben dann trägt der Projektleiter die Last, fehlende Zusagen einholen zu müssen.

Bei der Erstellung des Projektkontrakts gelten einige Grundsätze.

Erstens, niemandem einen Gefallen tun zu wollen. Niemand kann von überoptimistischen Annahmen und Zielen profitieren, am allerwenigsten der Projektleiter.

Auch Bescheidenheit bei der Fixierung der Benutzerpflichten ist unangebracht. Die Übernahme von mehr Aufgaben als bewältigt werden können ist unfair gegenüber den Projektmitarbeitern. Es wird im allgemeinen dazu führen, daß der Projektleiter im späteren Projektverlauf kleinlaut um weitere Unterstützung bitten muß.

Vereinbaren Sie genau, was Sie tun werden. Allgemein zu bleiben, ist fahrlässig. Wörter wie „alles“, „jedes“, „immer“, „sofort“, „nie“, „optimal“, usw. sind hier unangebracht. In einem Projektkontrakt sind sie die Mörder des Projekts.

Während der Verhandlungen über den Projektkontrakt gibt es keine Tabus. Alle Annahmen und Tatsachen sind Gegenstand von Fragen, Nachprüfung und gegebenenfalls auch Änderungen. Denken Sie daran, daß Ihnen alle Unterlagen zugänglich sein müssen. Lassen Sie sich nicht durch Hinweise auf Vertraulichkeit oder Geheimhaltung abspeisen.

Seien Sie leicht verständlich. Verwenden Sie Abkürzungen nur im unbedingt nötigen Ausmaß und nur nach Erklärung. Definieren Sie jeden verwendeten Fachausdruck. Definieren Sie, was Sie bzw. das Projektteam nicht tun werden. Definieren Sie, was das System nicht tun wird. Das ergibt sich nicht automatisch aus der Aufzählung der Dinge, die getan werden. Vieles könnte als selbstverständlich betrachtet werden. Versicherungspolicen enthalten immer Erklärungen, was durch die Versicherung nicht gedeckt ist. Verwenden Sie dieselbe Technik! Bei Zusagen muß stets angeführt werden, unter welchen Voraussetzungen sie gegeben werden.

Jeder Projektkontrakt sollte den Hinweis enthalten, daß mündliche Vereinbarungen ungültig sind. Sie räumen damit Argumente wie „... ich glaubte, Sie so verstanden zu haben“, „... wir dachten, Sie hätten gemeint ...“, von Anfang an aus dem Weg.

Seien Sie vorsichtig mit Terminen. Machen Sie keine Zusagen Plantermine einzuhalten und bedenken Sie, daß Plantermine fast immer als Zusagen verstanden werden. Halten Sie fest, daß alle Termine Plantermine sind und bis zur endgültigen Evaluierung nur zur Kenntnis genommen aber nicht bestätigt sind. Umgekehrt gelten für Fixtermine alle Aufwandschätzungen nur als vorläufig.

Natürlich ist es unmöglich, im Projektkontrakt bereits alle Details des Projekts vorauszuwissen. Der Projektkontrakt ist ein Rahmenplan, in dem bekannte Tatsachen fixiert und für Unbekanntes Annahmen getroffen werden. Wenn zu einem oder anderen Punkt absolut keine Aussage möglich ist, so ist auch das zu dokumentieren, als Hinweis für alle Beteiligten, daß hier eine schwache Stelle im Projekt ist.

Die weitere Verfeinerung des Projektkontrakts zum Projektplan führt der Projektleiter in der Phase Systemplanung durch.

Natürlich ist es verschiedenen Beteiligten oft unangenehm, sich zu einem so frühen Zeitpunkt schon festlegen zu müssen. Aber umso schwieriger wäre später eine Stellungnahme zu erhalten. Und ebenso natürlich wird der Projektkontrakt später buchstabengenau interpretiert, was zu Auslegungsschwierigkeiten führen kann. Aber wenn schon die schriftliche Vereinbarung Streitgegenstand ist, wie stünde es erst mit der Erinnerung an irgendwelche mündliche Zusagen.

4.4 Projektgründungsreview

Jedes Ding hat zwei Seiten, auch ein Projekt. Die Vorstellung des Projektteams über das, was der Benutzer braucht, entspricht keineswegs immer den Erwartungen, die der Benutzer an das Projekt tatsächlich stellt. Dieses Mißverständnis muß noch vor dem tatsächlichen Arbeitsbeginn geklärt werden, sonst kommt es später zu den nur allzu gut bekannten Formen von Verwirrung, Fehlern und schlechter Zusammenarbeit. Die gegenseitige Klärung der sachlichen und organisatorischen Voraussetzungen erfolgt am zweckmäßigsten in Form des Projektgründungsreviews zur Überprüfung des Projektkontrakts.

Organisatorische Voraussetzungen

- ist ein eindeutiger, kompetenter Auftraggeber vorhanden?
- wissen alle vom Projekt betroffenen Abteilungen von der Aufgabenstellung? liegt die Zustimmung aller beteiligten Abteilungen vor, auch bezüglich abzustellender Hilfsmittel?
- ist ein geeigneter Projektleiter für die Dauer des Projekts voll verfügbar?
- ist die Zusammensetzung des Projektteams festgelegt?
- was wird dem Projektteam an Hilfsmitteln zur Verfügung gestellt?
- was wird dem Projektteam nicht zur Verfügung gestellt? (Auch diese Frage scheint ein Komplement der vorhergehenden zu sein. Zur Verhinderung von Mißverständnissen ist es aber wichtig, hier Dinge anzuführen, deren Vorhandensein als selbstverständlich vorausgesetzt werden könnte. (z. B. keine Datenträger, das heißt, das Projektteam möge selbst dafür Sorge tragen; keine Sekretärin, das heißt, anfallende Schreibarbeiten müssen in Eigenregie erledigt werden; keine Telefonleitungen für DFV*-Tests, das heißt, solche Leitungen müssen selbst beantragt, verlegt, usw. werden.)

* Datenfernverarbeitung

Sachliche Voraussetzungen

- ist die Zielsetzung hinreichend genau und unmißverständlich definiert?
- gibt es verbindliche und ausreichende Angaben über die gewünschten Funktionen, Qualitätskriterien (Genauigkeit, Aktualität usw.), Mengen und Zeiterfordernisse (Mengengerüst, Antwortzeiten, usw.)?
- gibt es verbindliche Angaben über Prioritäten?
- sind sämtliche Annahmen begründet und sind alle mit diesen Begründungen einverstanden?
- Sind die Konsequenzen fehlender Annahmen und nicht eintretender Voraussetzungen durchdacht?

4.5 Kickoff-Meeting

Der Projektleiter, der glaubt, seine Mitarbeiter hätten alle denselben Informationsstand, unterliegt einer großen Täuschung. Sich dessen nicht zu vergewissern, ist während des ganzen Projekts ein Fehler, bei der Projektgründung aber eine Todsünde.

Aus diesem Grund ist die Hauptaufgabe eines Kickoff-Meetings die Diskussion der Aufgaben des Projektteams (warum gibt es uns eigentlich?), sowie der fundamentalen Parameter (Zeit, Hilfsmittel, Projektziele).

Die Zuordnung von Verantwortlichkeiten wird besprochen. Wahrscheinlich weiß bereits jeder, wofür er verantwortlich ist, aber weiß auch jeder, wofür die anderen zuständig sind?

Die Art, in der der Projektleiter das Projekt zu führen gedenkt wird diskutiert (Berichtslinien, Zusammenarbeit, Entscheidungsspielraum, Selbständigkeit).
Die allgemeine Bekanntheit der Regeln, unter denen das Projektteam zusammenarbeiten soll vermeidet spätere Reibungen. Jeder, der glaubt, in diesem Projekt nicht erfolgreich mitarbeiten zu können, hat Gelegenheit, noch rechtzeitig auszusteigen.

Nicht zuletzt wird eine Erfahrung der Gruppendynamik berücksichtigt. Eine Gruppe ist nicht sofort vom ersten Zusammenkommen weg arbeits- und aktionsfähig, sondern benötigt einige Zeit um sich zu formieren. In dieser Zeit, die notwendigerweise unproduktiv ist, klären die Gruppenmitglieder ihr Verhältnis zueinander. Wird die Zeit für diesen Formierungsprozeß nicht gegeben, so holen sich die Gruppenmitglieder die Zeit im späteren Projektverlauf, allerdings oft in nicht erkennbarer Form. Zahlreiche unverständlich erscheinende Konflikte und Meinungsverschiedenheiten über scheinbar sachliche Probleme sind das Resultat.

4.6 Projekt-„Marketing"

In einem Projekt erfolgen zahlreiche schriftliche Mitteilungen. Dafür, vor allem, wenn weniger beteiligte Stellen und die Unternehmensleitung informiert werden sollen, ist es günstig, für das Projekt einen einprägsamen Briefkopf zu haben. Sobald dieser Briefkopf in jemandes Post auftaucht signalisiert er: „Hier ist etwas Wichtiges und Interessantes!".

Auch ein markanter Name, der in irgendeinem Zusammenhang mit dem Projektziel steht oder eine Abkürzung erleichtern die Kommunikation. Projekt „Apollo" benötigt weniger Zeit zum Aussprechen als Projekt „zur bemannten Landung auf dem Mond". Und Projekt „Goliath" wirkt einprägsamer als Projekt „123.A".

Alles, wodurch das Gruppenbewußtsein der Projektmitarbeiter gehoben wird, hilft spätere Schwierigkeiten zu überwinden. Beispielsweise ein Mitteilungsblatt mit monatlicher Zusammenfassung von Arbeitsergebnissen, Schwierigkeiten und besonderen Ereignissen, oder die Vorstellung der Projektmitarbeiter mit ihren Photos in einer Firmenzeitschrift. (Dies aber mit Einzelbildern, nicht als Gruppenaufnahme.)

Bei größeren Projekten ist es empfehlenswert, für die Unternehmensleitung, die Leiter der betroffenen Benutzerabteilungen, aber auch deren Mitarbeiter Einführungsseminare abzuhalten, in denen das geplante System, sein Aufbau und seine Auswirkungen vorgestellt werden.

In jedem Fall ist es günstig, auch den Betriebsrat zu informieren, insbesondere wenn mit dem neuen System Änderungen in Arbeitsablauf, Stellenbeschreibung, Arbeitsplatzbewertung usw. verbunden sind [44].

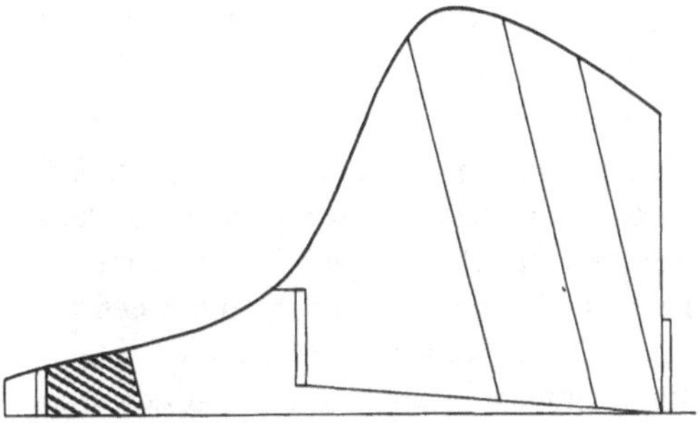

5. Systemplanung

In der Projektphase Systemplanung werden

- alle Aufgaben bestimmt, die im Verlauf des Projekts durchgeführt werden müssen
- diesen Aufgaben die nötigen Hilfsmittel zugeordnet
- die Kontrollmechanismen zur Überwachung detailliert ausgearbeitet

Für Projektgründung und Systemplanung ist etwa ein Drittel der gesamten Projektdauer nötig. Oft billigt die Unternehmensleitung dem Projekt diese Zeit nicht zu, weil es im Vorhinein schwierig ist, den Zeitaufwand zu rechtfertigen. Nur Stapel von Computerausdrucken, Schachteln voller Lochkarten und Unmengen von Überstunden scheinen Fortschritt zu repräsentieren. Erfahrungsgemäß muß man aber die Zeit, die man nicht für Planung aufwenden wollte im späteren Projektverlauf durch Terminüberschreitungen in weitaus höherm Maß opfern. Daher gilt auch bei einem EDV-Projekt: zuerst denken – dann arbeiten.

Schlecht geplante Projekte sind unfair gegenüber Projektmitarbeitern und Auftraggebern. Ein ärmliches Resultat, voller Flickwerk, enttäuscht alle Beteiligten.

Die Ergebnisse der Phase Systemplanung sind

- Systemanforderungskatalog
- Projektplan

5.1 Systemanforderungskatalog

Der Systemanforderungskatalog ist die von einem Systemanalytiker definierte Problemstellung. Vorausgehen wird meist eine mehr oder weniger detaillierte Istzustandsaufnahme. Diese wird sehr ins Detail gehen, wenn ein bestehendes Verfahren neu organisiert werden soll. Eine weniger detaillierte Istzustandsaufnahme wird nötig sein, wenn bereits Beispiele für die geplante Anwendung existieren oder ein Anwendungspaket übernommen werden soll.

Die Probleme bei der Erstellung des Systemanforderungskatalogs liegen hauptsächlich in der Kommunikation mit den Benutzern. Wenn es nicht schon im Projektkontrakt fixiert wurde, taucht hier die Frage auf, wer denn überhaupt der Benutzer ist. Oft genug gibt es Probleme, weil sich im späteren Projektverlauf herausstellt, daß man zu Beginn mit den falschen Leuten gesprochen hat. Dies ist meist der Fall bei Projekten, die von Stabsabteilungen oder Mitgliedern der Unternehmensleitung angeregt wurden, ohne daß die unmittelbar betroffenen zukünftigen Benutzer von den Vorteilen des neuen System überzeugt werden oder Bedenken hinsichtlich von Nachteilen entkräftet werden konnten.

Meist gibt es auch nicht nur einen sondern mehrere Benutzer. Einer weiß genau, was er will, ein anderer glaubt sogar zu wissen, wie es gemacht werden muß, ein dritter hat nur vage Vorstellungen. Die Unternehmensführung wünscht sich eine billige Lösung, die Benutzer verlangen einfache Handhabung mit eingehender Bedienerführung. Einige stellen unsinnige Nebenbedingungen, andere äußern sich gar nicht und scheinen mit allem einverstanden. Erst wenn das System vor der Einführung steht, kommt diese Art von Benutzern mit Fragen, ob dieses oder jenes berücksichtigt wurde.

Die Organisationsabteilung wünscht überhaupt ein System, das nahtlos in alle gegenwärtigen und zukünftigen Systeme paßt. Alle diese divergierenden Zielsetzungen müssen miteinander vereinbart und nach Prioritäten geordnet werden. Der Projektleiter und die Projektmitarbeiter müssen daher wissen, wer Vereinbarungen treffen und Zusagen machen kann. Es ist vorteilhaft, wenn dies schon im Projektkontrakt fixiert worden ist.

Ein weiteres Problem bei der Erstellung des Systemanforderungskatalogs stellt die entsprechende Anwendung von Erfahrungen dar. Projekte sind schiefgegangen, weil brillante Systemanalytiker keine Erfahrung auf dem Projektgebiet hatten, andere und genausoviele, weil die Systemanalytiker nur die Anwendung verstanden und nichts von Programmierung. Nur ein Projektteam mit Erfahrungen sowohl auf dem Projektgebiet als auch in Organisation und Datenverarbeitung wird ein Gefühl für die Durchführbarkeit haben, welche Arbeitsgänge von Hardware- oder Softwarekomponenten und welche weiterhin manuell durchgeführt werden sollten. Ohne diese Erfahrungen wird sich im späteren Projektverlauf oft herausstellen, daß die Systemanforderungen derart angegeben waren, daß eine vernünftige Programmierung unmöglich ist.

Trotzdem sind einige Mitarbeiter ohne praktische Erfahrung auf dem speziellen Arbeitsgebiet als Ideenbringer willkommen.

Wenn es im Projektkontrakt noch nicht detailliert möglich war, so muß jetzt vereinbart werden, wie das Projektziel, also das Ergebnis aussieht. Die Problemstellung und Vereinbarung der Kriterien für Erfolg und Ergebnis müssen in einer Sprache sein, die sowohl der Benutzer als auch der Systemanalytiker versteht.

5.2 Istzustandsaufnahme

Die Aufgabe der Istzustandsaufnahme ist es, Informationen über bereits bestehende Arbeitsvorgänge zu sammeln.

Für ein EDV-Projekt bei bereits bestehenden DV-Anwendungen liegt die Bedeutung der Istzustandsaufnahme vor allem in der Untersuchung, wo als Eingabe benötigte Informationen schon zur Verfügung stehen, sodaß Datenerfassungs- und Eingabevorgänge reduziert werden können.

Nicht übersehen soll dabei aber werden, daß in vielen Fällen auch die Ausgabeinformation in der einen oder anderen Form schon verfügbar wäre und allenfalls einer anderen Formatierung oder Sortierung bedarf.

Techniken der Datensammlung

Interviews sind die flexibelsten und produktivsten Mittel um Informationen zu sammeln. Die Aufeinanderfolge von Frage, Antwort und Diskussion bietet die beste Möglichkeit, die benötigte Information mit einem Minimum an Mißverständnissen in möglichst aktueller Form zu erhalten. Die Voraussetzung dafür ist natürlich der richtige Gesprächspartner. Um Interviews so nutzbringend wie möglich zu gestalten, sollte sich der Interviewer an folgende Regeln halten:

- vorbereitet zu sein
  Obwohl das Interview der Informationssammlung dient, ist ein Mindestmaß an Kenntnis der Organisation Voraussetzung.
- anmelden und pünktlich kommen
  Um alle Informationen in Ruhe geben zu können, sollte sich der Interviewte Zeit für ein ungestörtes Gespräch nehmen. Das setzt zeitgerechte Voranmeldung und Pünktlichkeit voraus.
- positives Gesprächsklima schaffen
  Natürlich gibt der Interviewte die meisten Informationen und der Interviewer nimmt sie auf. Aber die Höflichkeit, sich und das Projekt vorzustellen, kurz den Zweck des Besuchs zu erklären und zu ersuchen, Notizen machen zu dürfen, schafft ein Gesprächsklima, in dem der Interviewte bereitwillig mit arbeiten kann.
- eine verständliche Sprache sprechen
  Das geplante System ist zum Vorteil der Benutzer da. Die Benutzer sind nicht fehlerbehaftete lästige Interfaces in steriler Umgebung. Sie haben ein Recht darauf, ihre Sprache zu sprechen und in ihrer Sprache informiert zu

werden. Einer der Gründe für die Ablehnung von EDV-Systemen ist der Hochmut, mit dem sich Fachleute Laien gegenüber verhalten.*

- offene Fragen stellen
  Es gibt geschlossene Fragen, die als Antwort nur „ja“, „nein“ oder „ich weiß nicht“ zulassen. Das ist der Stil von Kreuzverhören, nicht von Kooperation. Offene Fragen beginnen mit „wie“, „warum“, „wann“ usw. und erlauben dem Interviewten seine Meinung nicht nur darzulegen sondern auch zu begründen. Natürlich macht das dem Interviewer mehr Mühe, weil er sich in die Denkweise des Interviewten hineinversetzen muß und ihm nicht seinen Denkstil aufzwingen kann.
- nicht werten
  Oftmals begegnet der Interviewer organisatorischen Fehlern, die er bereits kennt. Der Zweck des Interviews ist aber die Aufnahme des Istzustands, nicht seine Kritik. Der Interviewte wird nicht offen sprechen, wenn er das Gefühl hat, sich damit der Kritik auszusetzen. Diese Kritik braucht nicht in Worte gekleidet zu sein. Ein mokantes Lächeln, hochgezogene Augenbrauen, kurz die sogenannte „non-verbale Kommunikation“ kann ebenso das Gesprächsklima stören.
- Interesse und Verstehen zeigen
  Natürlich steht dem Interviewten die eigene Arbeit am nächsten, und natürlich werden vor allem spätere Interviews keine welterschütternden Neuigkeiten mehr bringen. Trotzdem sollte man vermeiden, offen oder versteckt (= non-verbal!) Desinteresse zu zeigen.
- Trennung von Tatsachen und Meinungen
  In ein Interview mischen sich oft neben die Tatsachen auch Meinungen, die mit dem Istzustands nichts zu tun haben, aber als organisatorische Daten wertvoll für das Verständnis sind, wie es zum jetzigen Zustand gekommen ist. Tatsachen und Meinungen gehören streng von einander getrennt, letztere sind eindeutig als solche zu kennzeichnen.
- Trennung von Voraussetzungen und Wünschen
  Bereits bei der Voruntersuchung wurde die nötige Trennung in notwendige (need-to-have) und wünschenswerte (nice-to-have) Anforderungen erwähnt. Ohne in den Fehler des Wertens zu verfallen kann durch Fragen wie „Ist das System ohne diese Eigenschaft absolut unbrauchbar?“ oder „Wieviel wäre Ihnen diese Eigenschaft wert?“ eine Trennung herbeigeführt werden.
- wissen wann man aufhören kann
  Das Zeigen von Interesse braucht nicht soweit zu gehen, daß absolut unproduktive Gespräche geführt werden. Die höfliche Bitte, bei eventuellen

* Ein ähnliches Phänomen zeigt sich in der Medizin. Einer der Gründe für die zunehmende Kritik ist die Degradierung der Patienten zu unmündigen, unverständigen Objekten für die eine Geheimsprache sprechenden Fachleute.

Unklarheiten wiederkommen zu dürfen, stellt einen recht eleganten Abschluß dar.

- Informationen sichten und gegenseitig überprüfen
  Nur durch Ordnen und gegenseitige Überprüfung der gesammelten Informationen können Widersprüche oder Lücken entdeckt werden. Eine Sammlung von Gesprächsprotokollen ist keine Istzustandsaufnahme.
- zuhören
  Jeder hört sich selbst gerne reden. Doch kann der Interviewer im allgemeinen nur ihm ohnedies Bekanntes reproduzieren. Daher sollte er von der gesamten Gesprächsdauer nur etwa 10 bis höchstens 20% selbst bestreiten.

Keine Angst vor Pausen. Viele Interviewer glauben, die Peinlichkeit einer Pause durch ihre nächste Frage rasch überbrücken zu müssen. Sie zwingen damit dem Gesprächspartner ihren Denkrhythmus auf und hindern ihn an der selbstkritischen Überlegung des gerade Gesagten.

Fragebögen werden angewendet, wenn größere Informationsmengen über einen längeren Zeitraum erfaßt werden müssen. Dem Vorteil der rascheren und standardisierten Informationsgewinnung stehen aber schwerwiegende Nachteile gegenüber. Zunächst muß jede Frage so gestellt sein, daß kein Mißverständnis möglich ist, bei unterschiedlicher EDV-Vorbildung der Befragten ein schwieriges Vorhaben. Ohne persönlichen Gesprächspartner ist die Motivation des Befragten gering, die Fragebögen genau und vollständig auszufüllen. Weiterhin ist es bei unklaren Antworten nicht sofort möglich, Rückfragen zu stellen und als Reaktion auf eine Antwort ein neues Thema anzuschneiden.

Trotzdem ist es oft nicht möglich, auf Fragebögen zu verzichten. In diesem Fall müssen die erwähnten Nachteile so gering wie möglich gehalten werden. Dazu muß der Zweck der Befragung ganz klar aus dem Vorwort des Fragebogens hervorgehen, und man sollte sich der bestmöglichen Unterstützung der Unternehmensleitung versichern. Weiterhin wird es vorteilhaft sein, für die Dauer der Aktion Mitarbeiter bereitzustellen, die bei Unklarheiten Rückfragen sofort beantworten und beim Ausfüllen helfen können.

Eine Sonderform der Fragebogenmethode ist die Berichtsmethode, bei der vom Befragten eine Beschreibung seiner Tätigkeit in freiem Format verlangt wird [38].

Beobachtung kann für einige Arten von Informationen die einzige Möglichkeit sein, sie zu erhalten, und sie ist ein wertvolles Mittel, Informationen aus anderen Quellen zu bestätigen. Wirkungsvolle Informationsgewinnung durch Beobachtung setzt allerdings eine genaue Zielsetzung voraus.

Quellenstudium zur Untersuchung schriftlicher Unterlagen, wie sie in praktisch allen Organisationen vorliegen ist ein weiterer Weg. Das schließt auch die Untersuchung anderen Materials über ähnliche Probleme ein (vgl. Abschn. 5.3.2 Literatursammelstelle).

Andere Informationsquellen sind *statistische Analysen*, *Experimente*, *Simulation* usw.

5.3 Projektplan

Während der Projektleiter sicherstellt, daß der Systemanforderungskatalog von einem Systemanalytikerteam entwickelt wird, ist die Erstellung des Projektplans eine Aufgabe, die er selbst durchführen muß. Der Projektplan ist der Schlüssel zum Erfolg, eine notwendige, aber leider nicht hinreichende Voraussetzung dafür, ein Projekt innerhalb der vorgegebenen Zeit mit den vorgegebenen Mitteln zum Erfolg zu führen. Mit diesem Plan werden die Maßstäbe gesetzt, an denen zukünftig Erfolg und Fortschritt gemessen werden.

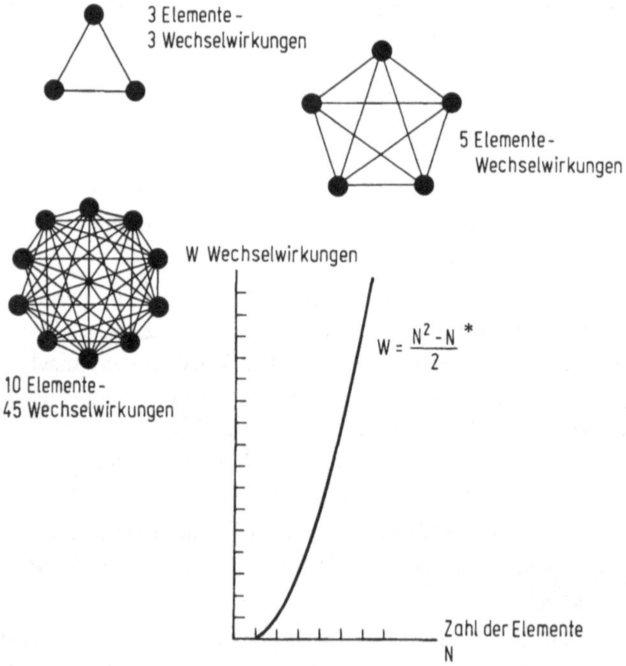

Abb. 5-1. Zusammenhang zwischen der Zahl der Elemente eines Systems und der Zahl der Wechselwirkungen zwischen ihnen.

* Das bedeutet, daß eine Wechselwirkung als in jeder Richtung gleich angesehen wird, was nur bedingt richtig ist. So stellt dieses Buch zweifellos eine Wechselwirkung zwischen Leser und Autor dar, es ist aber nicht dasselbe, es zu lesen oder es zu schreiben. Der Einfluß der Division durch 2 ist allerdings bei größeren Systemen bald vernachlässigbar.

Ein Projekt ist ein System, ebenso kompliziert wie das zu entwickelnde System. Ein System ist gekennzeichnet durch Komponenten, Wechselwirkungen und zusätzlich, wenn die Anordnung nicht statisch ist, durch Veränderungen. Die Beschreibung und Entwicklung von Systemen erfolgt mit den Mitteln der Systemtechnik. Die Strukturierung der Komponenten wird als Configuration Management, die Beschreibung der Wechselwirkungen als Interface Management bezeichnet [21]. Die Beherrschung der Veränderungen ist die Hauptaufgabe der Projektsteuerung (Project Management).

Eine wesentliche Erscheinung bei einem System ist, daß die Zahl der möglichen Wechselwirkungen proportional mit dem Quadrat der Zahl der Komponenten wächst (Abb. 5-1).

Die exponentielle Abhängigkeit der Wechselwirkungen von der Zahl der Komponenten ist der Grund, warum ein in Subsysteme gegliedertes System leichter überschaubar und ein in Teilprojekten durchgeführtes Projekt leichter realisierbar ist. So treten bei einem System mit 5 Komponenten statt 10 Wechselwirkungen nur 5 auf, wenn es in 2 Subsysteme unterteilt wird. (Abb. 5-2)

Die Komplexität des Systems EDV-Projekt läßt sich etwa folgendermaßen abschätzen. Projektmitarbeiter arbeiten an Programmoduln und Software-Interfaces zu bereits bestehenden oder geplanten anderen Anwendungen. Die Programme werden durch Routinen eines Betriebssystems gesteuert und verknüpft (Prozeduren).

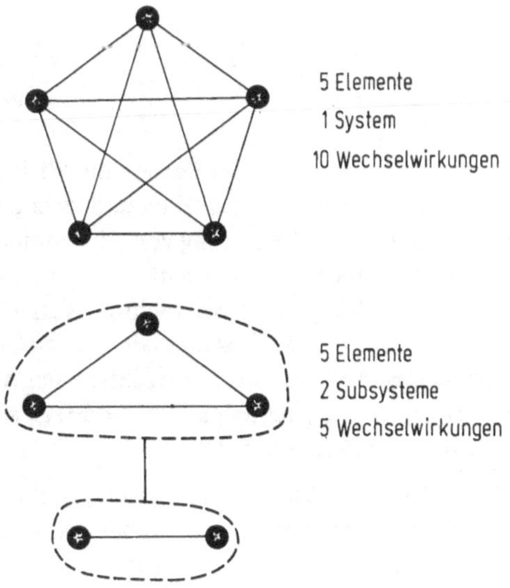

Abb. 5-2. Verringerung der Zahl der Wechselwirkungen durch Teilung in Subsysteme.

Tab. 5-1. Komponenten und Wechselwirkungen im System EDV-Projekt

Projektgröße	mittel	groß
Systemgröße	200 K	1 000 K
Personen	20	100
SW-Interfaces	60	200
Programmoduln	50	250
Prozeduren	20	100
Komponenten	150	650
Wechselwirkungen (etwa)	10 000	200 000
davan relevant 20%	2 000	40 000

Die so geschätzten 2000 bei einem mittleren und 40000 Wechselwirkungen bei einem großen Projekt müssen im Projektplan berücksichtigt werden.

Im Projektplan werden alle Aktivitäten unter bestimmten Gesichtspunkten geordnet. Für jeden existiert ein eigener Teilplan.

- Dokumentationsplan
- Kommunikations- und Berichtsplan
- Reviewplan
- Kontrollplan
- Ausbildungsplan
- Entwicklungsunterstützung und Testplan
- Übergabeplan
- Durchführungsplan
- Personalplan
- Sicherheitsplan

Es bleibt der Entscheidung des einzelnen Projektleiters überlassen, die Wichtigkeit einzelner Aktivitäten für ein spezielles Projekt zu beurteilen und zwei oder mehr Teilpläne zu einem zusammenzufassen. Die Zuordnung von Aktivitäten zu Teilplänen mag manchmal willkürlich scheinen. Es spricht nichts dagegen, eine andere Zuordnung zu treffen. Wesentlich ist lediglich, keine wichtige Aktivität zu übersehen. Die hier beschriebene Einteilung ist umfassend, damit weitgehend sichergestellt ist, daß keine der erfahrungsgemäß wichtigen oder kritischen Aktivitäten dem Projektleiter entgeht. Dennoch muß für jeden Plan die Frage gestellt werden: „Was gehört in meinem Projekt hier noch dazu?".

Zusätzlich zur Unterteilung des Projektplans in Teilpläne wird jeder Teilplan in weitere Detailpläne betreffend Subsysteme, Programme, Unterprogramme usw. zerlegt. Wann immer die Übersichtlichkeit durch zuviele Informationen leidet, muß weiter detailliert werden. Auf diese Weise entsteht eine Planhierarchie, in der alle zu planenden Aktivitäten enthalten sind (Abb. 5-3).

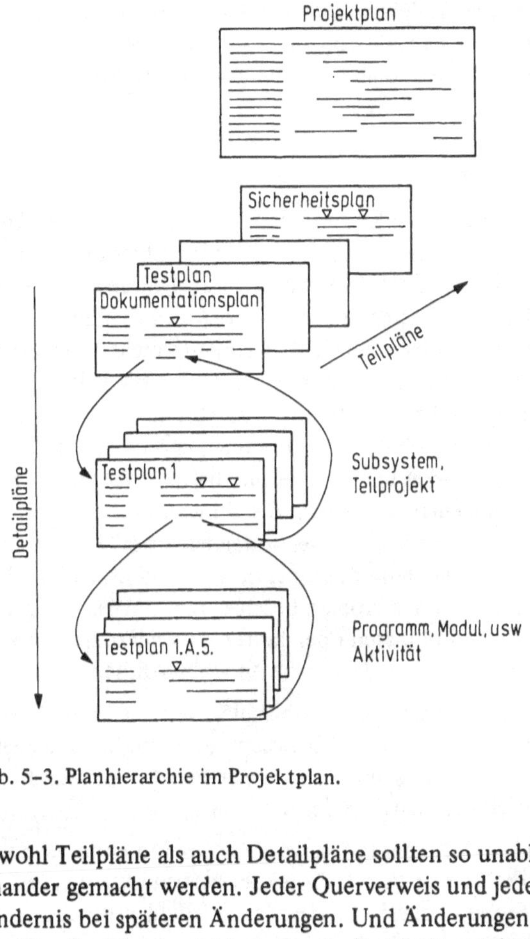

Abb. 5-3. Planhierarchie im Projektplan.

Sowohl Teilpläne als auch Detailpläne sollten so unabhängig wie möglich voneinander gemacht werden. Jeder Querverweis und jede Bezugnahme bilden ein Hindernis bei späteren Änderungen. Und Änderungen werden sicherlich nötig sein. Der Projektplan ist kein für die Ewigkeit errichtetes Dokument, sondern er lebt, entwickelt sich und bedarf laufender Pflege. Niemand ist erfahren genug, einen Plan zu erstellen, der niemals geändert zu werden braucht. Modularität ist für den Projektplan ebenso zweckmäßig wie später für die Programmierung. Einige Teilpläne werden zum Zeitpunkt der Erstellung des Projektplans nur aus Stichwörtern bestehen. Erst im weiteren Projektverlauf werden sie immer detaillierter. Dennoch sollte man nicht darauf verzichten, jeden Teilplan, der für das spezielle Projekt nötig ist, anzulegen, auch wenn er zu Beginn vielleicht sogar nur aus einem Blatt besteht. Die scheinbar selbstverständlichsten Voraussetzungen sind diejenigen, die später die meisten Schwierigkeiten machen.

Keinesfalls darf darauf verzichtet werden, den Projektplan, Teilpläne oder Detailpläne schriftlich anzulegen. Die Form ist dabei weniger wichtig, wesentlich ist nur, daß jeder Projektmitarbeiter jederzeit nachschlagen kann.

Bei der Besprechung der einzelnen Teilpläne wird auf Aktivitäten Bezug genommen, die erst im späteren Projektverlauf durchgeführt werden. Die eingehende Behandlung dieser Aktivitäten erfolgt dann bei den entsprechenden Projektphasen.

5.3.1 Dokumentationsplan

Die Dokumentation dient als wichtigstes Kommunikationsmittel zwischen Analytiker, Organisator, Programmierer, Tester und vor allem Benutzer und Bediener. Ihre Wichtigkeit beweist sie vor allem dort, wo sie fehlt. Dokumentation hat den Ruf einer reproduzierenden Tätigkeit, die der kreativen Genialität der an der Spitze des Fortschritts marschierenden EDV-Fachleute nicht gerecht wird. Natürlich ist es viel spannender, in einem Programm trickreiche Winkelzüge zu unternehmen, als diese dann zu beschreiben. Wer archiviert schon gelöste Kreuzworträtsel? Das nächste spannende Problem wartet bereits, und der Zeitdruck kann als willkommene Ausrede vor sich und der Welt herhalten. Überdies vergißt der Mensch gerne alles Unangenehme, so auch die Schwierigkeiten eines Lösungswegs. Übrigbleibt ein genereller Eindruck der Aufgaben eines Programms, der in der Frage gipfelt: „Was soll ich denn dokumentieren, es ist ohnedies alles selbstverständlich und steht schon in der Problembeschreibung?". Wer das glaubt, hat noch nie versucht, nach einigen Monaten oder Jahren Veränderungen in eigenen, daher undokumentiert gebliebenen Programmen vorzunehmen.

Schließlich gibt es auch noch die Spezialisten, die beispielsweise mehrere Werte in ein Register packen und durch listenreiche Adressierungsmethoden Speicher und Zeit sparen wollen. Für sie ist alles sonnenklar, die gesamte Logik durch kommentarlose Assemblerbefehle hinlänglich dokumentiert.

Das Fehlen einer ausreichenden Dokumentation wäre für den Projektleiter noch erträglich, wenn sich dieses Problem erst nach Projektende auswirkte. Leider stößt man jedoch schon im Projektverlauf unweigerlich auf Fehler, sei es in der Programmierung oder im Systementwurf selbst. Nun gilt es erstens die betroffenen Programmstellen zu finden und zweitens Veränderungen so vorzunehmen, daß Auswirkungen auf andere Programmteile verhindert werden, und daß sie bei Nichtbewährung wieder rückgängig gemacht werden können.

Die meisten Fehler treten erst dann auf, wenn genügend Wechselwirkungen und Komponenten vorhanden sind, das heißt nach Fertigstellung einer größeren Zahl von Programmen. Dies ist naturgemäß erst gegen Projektende der Fall, sodaß Änderungen unter dem Druck des kurz bevorstehenden Endtermins durchgeführt werden müssen. Zu diesem Zeitpunkt kommt es wieder zur Konfrontation zwischen dem anscheinend produktiven Vorantreiben des Projekts und dem bürokratisch anmutenden Vorgang des Dokumentierens. Die dann zu Projektende nicht oder nur unvollständig vorhandene Dokumentation ist für den Auftraggeber oft ein willkommener Anlaß, das neue System nicht zu übernehmen, obwohl in

Wirklichkeit andere Verzögerungen bei der Vorbereitung in seinem Bereich aufgetreten sind.

Abgesehen davon, daß eine ausreichende Dokumentation Bestandteil des gesamten Entwicklungsauftrags ist und bereits im Projektkontrakt grundsätzlich vereinbart werden sollte, ist die Dokumentation auch für den Projektleiter das wichtigste Mittel für Fortschritts- und Qualitätskontrolle sowie die Grundlage für seine Berichte. Die Dokumentation versetzt den Projektleiter, der ja nicht Fachmann für jedes Detail des Projektgebiets zu sein braucht, in die Lage, zu verstehen, was vorgegangen ist. Das ist gleichzeitig eine Prüfung, ob die Dokumentation überhaupt verständlich ist.

Hauptproblem einer Dokumentation ist es also, daß sie in Zeiten erhöhten Arbeitsaufwands, der Hast und des Entscheidungsdrucks vernachlässigt wird. In der Folge stellt sich dann das Problem, zusätzlich zur laufenden Dokumentationsarbeit, das noch nicht Erledigte nachzuholen. Resultat solcher Probleme sind die nur zu gut bekannten Dokumentationen mit sauber gezeichneten Formaten von Datensätzen und liebevoll ausgearbeiteten Flußdiagrammen der allgemeinen Anfangsbedingungen und ... sonst nichts. Jedenfalls sollte es zu den wenigen starren Regeln des Projektleiters gehören, daß eine Arbeit grundsätzlich erst dann als erledigt gilt, wenn auch die zugehörige Dokumentation abgeschlossen ist (vgl. Abschn. 4.5 Kickoff-Meeting).

Ein weiteres Problem ist die Einheitlichkeit. Nur von Beginn an im Projektplan aufgestellte Regeln und Standards gewährleisten, daß die schließlich vorliegenden Dokumentationsteile zusammenpassen und eine einheitliche Gesamtdokumentation ergeben.

Ideal ist ein System für die Dokumentation dann, wenn es automatisiert und ohne besonderes Dazutun irgendeiner Überwachungsfunktion von selbst organisch mit dem entstehenden System mitwächst, derart, daß jede einzelne Projektphase gleichzeitig einen entsprechenden Teil der endgültigen Dokumentation beisteuert. Dieses Mitwachsen der Dokumentation kann dadurch herbeigeführt werden, daß Teile der Dokumentation Voraussetzung für die zu dokumentierende Arbeit sind. Diesem Ideal kommt die als *HIPO* entwickelte Design- und Dokumentationsmethode ziemlich nahe (vgl. Abschn. 6.3.1).

Im Dokumentationsplan ist außer Aufbau, Form und Inhalt auch die Vorgangsweise bei der Erstellung der Dokumentation festzulegen. Probleme die dabei gelöst werden müssen sind:

- Zahl der Kopien
  Wieviel Kopien der Dokumentation stehen während der Entwicklungszeit zur Verfügung. Eine bzw. wenige Kopien haben den Nachteil, daß die Projektmitarbeiter nur schlecht darauf zurückgreifen und sich so nur schlecht informieren können. Mehrere bzw. viele Kopien wiederum bringen das Pro-

blem, wie sie auf den neuesten Stand gehalten werden können. Es werden dann ein eigener Update-Plan und die Zuordnung von Verantwortung für das Update nötig sein. Auch die mit Sicherheit und Vertraulichkeit zusammenhängenden Probleme sind für einige wenige Kopien leichter lösbar. Allerdings gibt es, selbst wenn man sich nur für eine einzige Kopie entscheiden sollte das Problem des Update, da aus Sicherheitsgründen eine Backup-Kopie geschützt aufbewahrt werden muß.

- Aufwand
  Für die zahlreichen Schreib- und Zeichenarbeiten gegen Ende des Projekts muß Vorsorge getroffen werden, eventuell durch Einplanen zusätzlicher Hilfskräfte. Besonders bei einem System für einen großen Benutzerkreis werden die nötigen Kopier-, Druck- und möglicherweise Übersetzungsarbeiten alle Kapazitätsschätzungen beeinflussen (vgl. Abschn. 13.5). Bei diesen Arbeiten müssen Prioritäten gesetzt werden, da einige Teile der Dokumentation für Arbeitsfortschritt und Überwachung lebenswichtig sind, andere nur den Abschluß bereits beendeter Aktivitäten darstellen.
- Verantwortung
  Zwar werden mit HIPO die empfindlichsten Teile der Dokumentation parallel zur laufenden Arbeit erstellt und somit in der Verantwortung des Durchführenden liegen. Für die übrigen Teile muß aber jemand die Verantwortung übernehmen.
- Form
  Zur Unterstützung einer einheitlichen Form empfiehlt es sich, mit Formularen einen gewissen Rahmen vorzugeben, der vor allem die Ablage und das Update erleichtert. Besonders bei der Änderungsüberwachung stellen Formulare ein wichtiges Hilfsmittel dar (Abb. 5-4).

  Zur Ablage sind Lose-Blatt-Ordner am besten geeignet. Das Schreiben kann durch alle Arten von Textverarbeitung und Speicherschreibmaschinen unterstützt werden, da jeweils nur zu ändernde Textstellen neu geschrieben werden müssen.
- Index
  Ein einfaches Hilfsmittel, sich in einer Dokumentation zurechtzufinden stellt ein Index der Projektdokumentation dar (Tab. 5-2.). Für größere Projekte kann ein KWIC*-Index die geeignete Form darstellen.

Eine Zusammenstellung der Beziehung zwischen den Teilen der Dokumentation und den Projektphasen zeigt Abb. 5-5. Die einzelnen Teile der Dokumentation werden in Zusammenhang mit der jeweiligen Projektphase besprochen.

Einen besonderen Teil der Dokumentation stellt die *Projektgeschichte* dar. Sie ist das „Tagebuch" des Projekts und enthält

- eine Kurzfassung jedes signifikanten Ereignisses mit Datum

* KWIC – Keyword in context

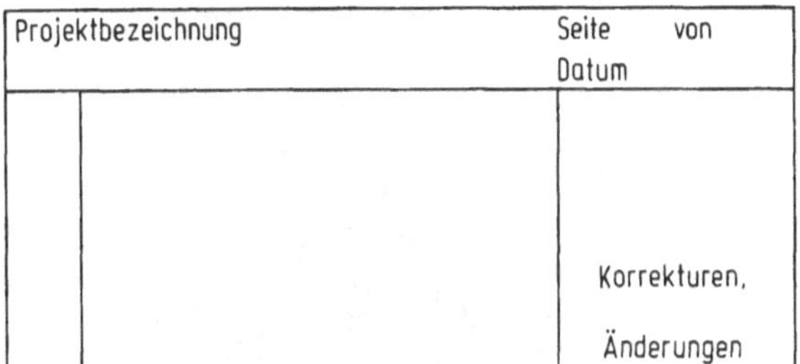

Abb. 5-4. Einheitliches Arbeitsformular für Projektdokumentation.

- Darstellung der Schätzungen über den Aufwand an Hilfsmitteln vor Beginn jeder Aktivität (Manpower, Geld, Maschinenzeit usw.) mit den zugrundeliegenden Annahmen
- Aufzeichnung jeder Änderung der Schätzungen sowie des tatsächlichen Aufwands

Die Aufgaben der Projektsteuerung und der Aufwandschätzung sind deshalb so schwer faßbar, weil nur wenige und lückenhafte Daten von beendeten Projekten vorliegen. So ist es schwierig, allgemeingültige Regeln zu formulieren. Zusätzlich erfordern fast alle Schätzungsmethoden die Anpassung an die Erfahrungen im eigenen Unternehmen, eine Aufgabe, die ohne Dokumentation dieser Erfahrungen kaum lösbar ist.

5.3.2 Kommunikations- und Berichtsplan

Zu den relevanten Wechselwirkungen zwischen einzelnen Komponenten des Systems „Projekt" gehört zweifellos die Kommunikation zwischen allen Beteiligten

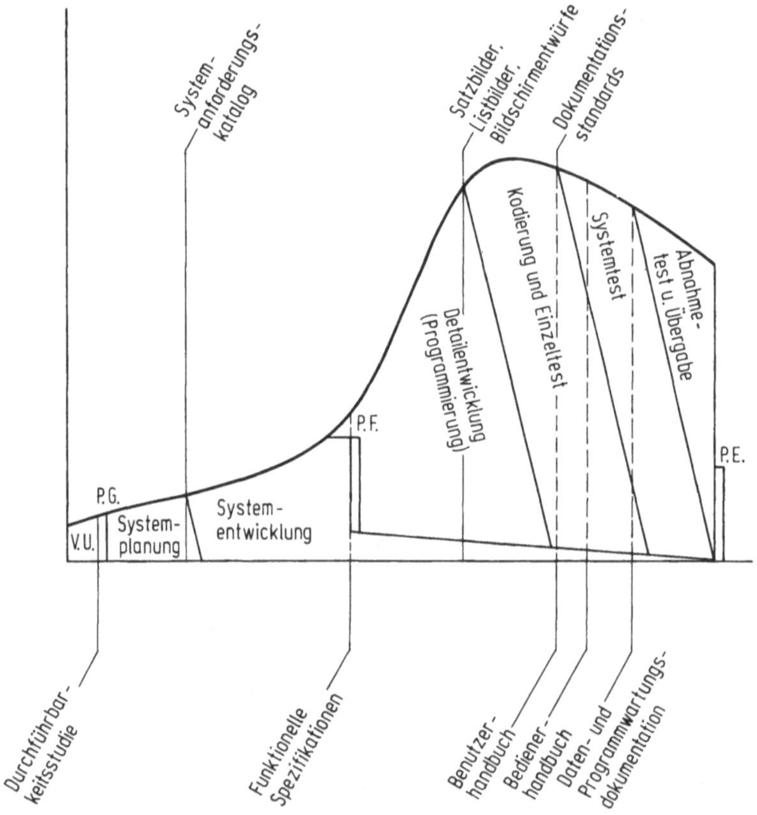

Abb. 5-5. „Projekt-Ein/Ausgabe" und ihre Termine.

und Betroffenen (Abb. 5-6). Wahrscheinlich scheitern mehr Projekte an Kommunikationsproblemen als an technischen Schwierigkeiten. Um das zu vermeiden, muß zunächst allen Projektmitarbeitern die Möglichkeit für sowohl ein umfassendes Verständnis des Gesamtprojekts, als auch für die sie betreffenden Teile des Systemanforderungskatalogs und die funktionellen Spezifikationen gegeben werden. Letzteres darf nicht zu eng ausgelegt werden. Es gibt unzählige Möglichkeiten, einen Programmteil zu programmieren und zu kodieren. Nur Verständnis für das Zusammenwirken der Programme und die Auswirkung von Entscheidungen kann zur Wahl der besten Möglichkeit führen. Besonders Mitarbeiter, die nur zeitweilig am Projekt mitarbeiten, verstehen oft die Konsequenzen von Verzögerungen oder Verweigerung bestimmter Informationen durch Benutzerabteilungen nicht.

Nur das Verständnis für die Wichtigkeit des Gesamtprojekts verhindert, daß Projektmitarbeiter glauben, ihre Arbeit sei nicht sehr wichtig und habe im Rahmen

Tab. 5-2. Index der Projektdokumentation nach Parisini/Wächter [71].

Jedes aufzubewahrende Schriftstück erhält eine systematische Nummer, die Dokumentationsnummer

Diese Dokumentationsnummer setzt sich zusammen aus

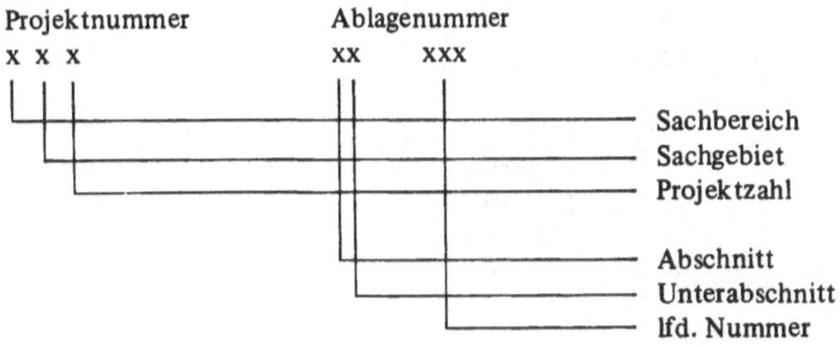

Die Sachbereichsnummer ist eine grobe Gliederung des Unternehmens nach Sachaufgaben, z. B. für ein Industrieunternehmen:

0	allgemein	5	Produktion
1	Vertriebsbereich 1	6	technische Hilfsbereiche
2	Vertriebsbereich 2	7	Personalwesen
3	Beschaffung	8	Rechnungswesen
4	Lager	9	sonstiges

Mit der Sachgebietsnummer wird der Sachbereich feiner untergliedert, z. B.

41 Lager Rohstoffe
42 Lager Hilfs- und Betriebsstoffe
43 Lager Halbfabrikate
usw.

Die Abschnittsnummer gibt die sachliche Hauptgruppe der Dokumentation an, der Unterabschnitt untergliedert diese gegebenenfalls weiter, z. B.:

0	allgemein	2	Datenflußpläne
0.0	Inhaltsübersicht		
0.1	Schriftverkehr, Aufträge, Verträge	3	Daten und Schlüssel
0.2	Planung, Termine	3.1	allgemeine Datendefinitionen
0.3	Protokollierung	3.2	Sachgebiets-Datendefinitionen
0.4	Organisationspläne	3.3	Schlüsselverzeichnis
0.5	Personal		
0.6	Maschinen	4	Eingabebelege
0.7	Raum		
0.8	Arbeitsrichtlinien	5	Speicherbelegung
0.9	Berichte		
		6	Druckausgaben
1	Organisationsgegenstand		
1.1	Aufgabenstellung, Ziele	7	Programmieranweisungen
1.2	Istzustand		
1.3	Istzustand-Formularsammlung	8	Programmbeschreibung
1.4	Grundkonzept		
		9	Betriebsanweisungen

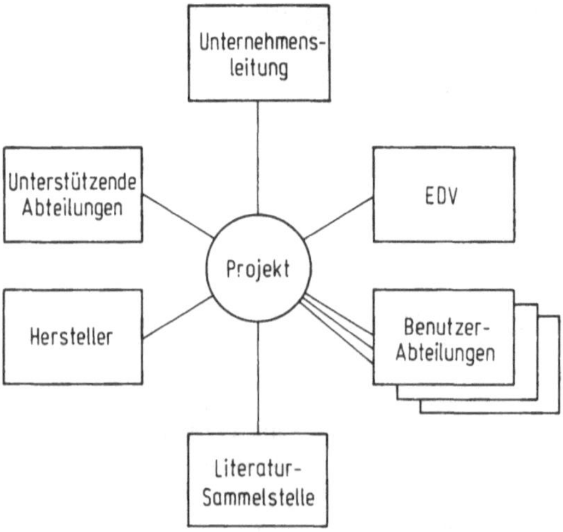

Abb. 5-6. An der Kommunikation im Projekt beteiligte Stellen.

der großen Organisation nur wenig Auswirkungen. Das führt dazu, daß manche gute Mitarbeiter das Unternehmen verlassen und sich eine Tätigkeit suchen, die sie für bedeutsamer halten. Andere verwenden Zeit und Arbeitskraft für Machtkämpfe mit anderen Mitarbeitern, der Organisation und dem System. Wieder andere erbringen nur das absolut nötige Maß an Leistung, unberührt von den Ereignissen um sie herum.

Die Vermeidung einer derartigen Stimmung bezeichnet man als Motivation, und diese gehört zu den wichtigsten Aufgaben eines Projektleiters.

Ein weiteres Kommunikationsproblem stellt das Gespräch mit leitenden Mitarbeitern dar. Durch all die Planungs- und Überwachungsarbeiten wirkt vor allem der Projektleiter auf die Projektmitarbeiter so beschäftigt, daß sie nicht wagen, ihm ihre Probleme vorzutragen. Das führt besonders während der Entwicklungsphase zu aufgeschobenen Entscheidungen und wirkt auf die Projektmitarbeiter entmutigend. Andererseits hat der Projektleiter nicht die Zeit, sich um alles zu kümmern. Es liegt an ihm, die Grenzen für ungeplante, spontane Gespräche so zu setzen, daß er für projektbezogene Probleme praktisch immer zur Verfügung steht.

Der Projektleiter steht seinerseits vor dem ähnlichen Problem, die Aufmerksamkeit seiner Vorgesetzten für seine Probleme zu bekommen. Das beste Mittel dazu ist „*completed staffwork*“. Das bedeutet, seinen Vorgesetzten nicht mit Problemen zu konfrontieren, sondern statt dessen bereits eine Lösung oder Entscheidung vorzulegen. Dieser Vorschlag erfolgt in Form eines Briefs, Vertrags oder einer anderen schriftlichen Fixierung, die vom Vorgesetzten nur mehr gebilligt werden muß. Zusätzliche erläuternde Informationen sind bereitzuhalten, brauchen aber nur auf Anfrage hinzugefügt zu werden. „Completed staffwork" ist die beste Methode, rasch Entscheidungen, die über die eigene Befugnis hinausgehen, zu bekommen, weil der Vorgesetzte nicht lange damit Zeit vertun muß, sich Entscheidungsgrundlagen zu verschaffen. Je weniger Zeit eine Aktion kostet, desto eher wird er bereit sein, sich damit zu beschäftigen.

Im Kommunikationsplan wird vereinbart, welche Verbindungen nötig sind, wer sie herstellt und wer sie aufrechterhält. Wenn Namen (noch) nicht bekannt sind, so müssen zumindest die Stellenbezeichnungen angeführt werden.

Wer erhält welche Informationen, damit sinnlose „Gießkannenverteilung" vermieden wird? Das Prinzip der „Gießkannenverteilung" hat zwei wesentliche Nachteile. Zum einen geben die so überschwemmten Empfänger das Lesen bald auf, sodaß auch wichtige Nachrichten untergehen. Zum anderen ist es teuer, den Papierkorb mehrmals auf jedem Verteiler zu haben.

Die Vereinbarungen im Projektkontrakt, wer für das Projekt Verpflichtungen eingehen darf, sind die Grundlage für die Fixierung im Kommunikationsplan, wer technische Änderungen beantragen und wer sie zusagen darf, wer für Verhandlungen über terminliche Verschiebungen zuständig ist.

Das soll keineswegs bedeuten, daß im Kommunikationsplan geregelt wird, wer mit wem sprechen darf. Ganz im Gegenteil, jede Kommunikation ist im Projektverlauf willkommen, um rechtzeitig Probleme aufzudecken. Es muß aber klargestellt sein, wer Verpflichtungen für das Projekt und für die Auftraggeber eingehen darf. Die wichtigste Aktion in diesem Zusammenhang ist, alle mündlichen Abmachungen für ungültig zu erklären.

Ein *Telefon- und Adreßverzeichnis* aller Projektmitarbeiter und sonstiger für das Projekt wichtiger Stellen erleichtert nicht nur die täglichen Arbeiten, sondern ermöglicht auch rasche Verbindungsaufnahme in Notsituationen. Wenn dieses Verzeichnis seinen Zweck erfüllen soll, ist es natürlich mit der einmaligen Erstellung nicht getan, sondern es muß von Zeit zu Zeit auf neuesten Stand gebracht werden.

Besonders bei großen Projekten kann es günstig sein, eine eigene *Literatursammelstelle* innerhalb der Projektorganisation zu haben, die dafür sorgt, daß die Projektmitarbeiter über Entwicklungen auf dem Projektgebiet am laufenden gehalten werden. Diese Stelle kann auch dafür eingesetzt werden, besondere Unterlagen ausfindig zu machen oder verschiedenen Quellen und Hinweisen nachzugehen, um bereits an anderer Stelle geleistete Arbeit für das Projekt verwenden zu können.

Ebenso zur Kommunikation gehören *Berichte*. Diese müssen nach

- Zweck
- Verteiler

- Grad der Detaillierung und Genauigkeit
- Format bzw. Formulare
- Häufigkeit bzw. Termine
- Verantwortung für Erstellung
- Verantwortung für Ablage und Ort

  geplant werden.

Zur Arbeitserleichterung und Vermeidung von Mißverständnissen ist es günstig

- jeden Bericht durch eine zusammenfassende *Überschrift* zu charakterisieren. Ein Bericht und die Interpretation seines Inhalts sind nur für den Schreiber selbstverständlich, aber deshalb noch nicht für alle Leser.
- jeden Bericht durch sein *Erstellungsdatum* und zusätzlich seine *Gültigkeitsdauer* zu kennzeichnen. Damit können später lange Überlegungen erspart werden, ob eine Darstellung noch gültig oder schon längst überholt ist. Dies gilt besonders bei Wechsel in der Darstellungsform.
- das *Format* und die Darstellungsform für die gesamte Projektdauer zu planen. Insbesondere ist es günstig, Platz für weitere Details freizulassen, um etwas einfügen zu können. Damit kann vermieden werden, daß Format, Darstellungsform, Reihenfolge von Aufzählungen usw., die für Verständlichkeit und vor allem Vergleichbarkeit wichtig sind, gewechselt werden müssen.
- einen Bericht umso mehr zu *komprimieren*, je höher im Management seine Empfänger stehen. Die jeweils nächsthöhere Führungsebene ist nur an der Ziffer rechts unten bzw. an Summenzeilen und -spalten interessiert.
- in jedem Bericht Probleme oder mögliche Probleme auffallend zu *markieren*. Wenn ein Problem später brennend wird, ist der Hinweis ein schlechtes Alibi, das hätte ja schon früher irgendwo gestanden.
- einen vernünftigen *Zeitplan* für die Berichterstellung zu haben. Es sollten sich mindestens ein Drittel der Aussagen wesentlich geändert haben oder eine wichtige Aussage nicht mehr zutreffen oder eine Änderung kritisch für Termin oder Wirtschaftlichkeit sein, bevor eine Neufassung erstellt wird. Üblicherweise wird ein Intervall von einem Monat ausreichend sein, wenn Berichte nicht an besondere Ereignisse, Meilensteine und ähnliches geknüpft sind.
- die Möglichkeiten automatischer Berichterstellung zu prüfen, um sich selbst und dem Projektteam Arbeit zu ersparen.

5.3.3 Reviewplan

Eines der wichtigsten Instrumente der Projektsteuerung ist die Abhaltung von Reviews. Sie werden durchgeführt, um

- alle Beteiligten wieder auf gleichen Informationsstand zu bringen
- bisher unbekannte Abhängigkeiten aufzudecken

- festzustellen, ob zur nächsten Projektphase übergegangen werden kann.
- Änderungs- und Verbesserungsvorschläge auf ihre Gültigkeit, Anwendbarkeit und Auswirkungen zu überprüfen
- festzustellen, ob die Definition des Projektziels noch immer gültig ist
- zu prüfen, ob Pläne, Mittel und Ziele noch immer miteinander verträglich sind
- zu prüfen, ob es ausreichende Pläne gibt und sie befolgt werden
- zu prüfen, ob Organisation, Führung und Überwachung ausreichend sind
- zu prüfen, ob alle bisherigen Zusagen über Leistungen und Informationen eingehalten wurden
- zu prüfen, ob die Qualität der Arbeit akzeptabel ist
- Verantwortung für die Lösung erkannter Probleme zuzuordnen
- festzustellen, ob die Beziehungen zwischen zukünftigen Benutzern und dem Projektteam sowie zwischen den Mitarbeitern des Projektteams in Ordnung sind
- das Gruppenbewußtsein des Projektteams zu stärken
- sicherzustellen, daß das Projekt den größtmöglichen Beitrag zu den Unternehmenszielen liefert.

Reviews dienen daher nicht zur Problemlösung sondern zur Identifizierung von bestehenden oder potentiellen Problemen. Als Darstellungsmittel ist die *Präsentationsform* am besten geeignet. Das bedeutet, daß jeder Teilnehmer sein Arbeitsgebiet in einem kleinen Vortrag, unterstützt durch Hilfen wie Flipcharts, Tageslichtprojektoren, usw. den anderen Teilnehmern darstellt. Diese Darstellung wird anschließend in Bezug auf ihre Auswirkungen auf andere Aktivitäten diskutiert. Die Präsentationsform zwingt jeden Teilnehmer, sein Arbeitsgebiet als ganzes zu durchdenken. Das verschafft ihm selbst mehr Klarheit und gibt den anderen Teilnehmern einen besseren Überblick und Anregungen. Um ein eingehendes Verständnis und Mitdenken zu ermöglichen, ist es zweckmäßig, schriftliche Unterlagen einige Tage vor dem Review auszusenden, sodaß die Teilnehmer sich damit vertraut machen können. Auf diese Weise können auch kleinere Fehler und Mißverständnisse bereits vor dem Review geklärt werden, sodaß dann Zeit für die wesentlichen Probleme bleibt.

Projektfremde Teilnehmer leisten durch ihre Unvoreingenommenheit wertvolle Hilfestellung bei der Überprüfung scheinbarer Selbstverständlichkeiten.

Der Projektleiter muß in einem Review besonders darauf achten, daß völlig *freie Meinungsäußerung* möglich ist. Jeder, der eine Schwachstelle zu erkennen glaubt, soll sie aufzeigen und nicht im Sinn der oft geforderten „konstruktiven Kritik“ unterlassen. Diese Ermutigung mindert den Gruppendruck, dem die meisten Menschen nachgeben, wenn sie mit ihrer Meinung alleinzustehen glauben oder nicht als Nestbeschmutzer gelten wollen.

Aktionen können nach Reviews auf Grund gegenseitiger Absprachen geplant werden und beruhen nicht auf Gerüchten, Hörensagen und scheinbarer Übereinstimmung.

Die besten Reviews sind die, bei denen die meisten Fehler entdeckt werden.

Leider haben auch Reviews ihre Nachteile und Schwierigkeiten. Durch die anzustrebende Offenlegung von Problemen fühlen die Projektmitarbeiter sich kontrolliert. Besonders bei dem Mitarbeiter, der zum Zeitpunkt des Reviews die meisten Schwierigkeiten hat, kann der Eindruck entstehen, das Review werde nur seinetwegen abgehalten. Das fördert natürlich kaum seine Bereitschaft zur Mitarbeit. Um solchen Mißverständnissen vorzubeugen, ist es nötig, den Zeitplan für Reviews möglichst frühzeitig und unabhängig von den Tagesereignissen festzulegen.

Manchmal wird auch empfohlen, daß keine leitenden Mitarbeiter, also auch nicht der Projektleiter, dem Review beiwohnen dürfen, um die Mitarbeiter nicht an freier Kritik und Selbstkritik zu hindern. Damit würde der Projektleiter aber wichtiger Einsichten in sachliche und personelle Schwierigkeiten beraubt. Allerdings darf ein Review tatsächlich nicht zur Bewertung der Leistung von Mitarbeitern herangezogen werden. Nur wenn es dem Projektleiter nicht gelingt, das glaubhaft zu machen, ist es zweckmäßig, die Leitung des Reviews jemand anderem, z. B. einem Chief-Programmer (vgl. Abschn. 8.2) zu überlassen und selbst nicht anwesend zu sein.

Sämtliche Mitarbeiter des Projektteams, vom erfahrensten bis zum jüngsten müssen ohne Ausnahme ihre Arbeiten präsentieren. Jeder Teilnehmer macht dabei auch Zusagen über Termine und Qualität seiner Arbeit. Hier tritt einer weiterer Vorteil der Reviewtechnik auf. Vereinbarungen vor einer Gruppe binden stärker und werden daher auch eher eingehalten, als Vereinbarungen in Form irgendeines unpersönlichen Schriftstücks.

Ein Scheinargument zur Vermeidung von Reviews ist die Meinung, daß, wenn das Projekt bereits hinter Plan ist, dann auch keine Zeit mehr für Reviews sei. Dabei wäre die konzentrierte Zusammenschau aller Probleme, wie sie nur in Reviews möglich ist, die einzige Chance, die Verzögerung gering zu halten oder gar aufzuholen.

Weitere Probleme können auch beim Projektleiter selbst liegen, wenn er zu tief in Tagesereignissen verwickelt oder mit eigenen Produktionsarbeiten beschäftigt ist. Wenn das Projekt in Schwierigkeiten gerät, mag sich ein Projektleiter ohne entsprechende Persönlichkeit und Führungseigenschaften nicht exponieren wollen. In falscher Ausprägung des an sich wünschenswerten Gruppenbewußtseins kann das Projektteam stillschweigend übereinkommen, das Projekt keiner Kritik von außen auszusetzen und sich eine heile Welt vorzugaukeln, obwohl längst klar ist, daß die Benutzerbedürfnisse verfehlt werden und bedeutende Zeit- und Kostenüberschreitungen die Wirtschaftlichkeit in Frage stellen.

Es gibt zwei Möglichkeiten, Projektreviews zu terminieren, als

- *periodische Reviews*
- *Meilenstein-* oder *Checkpointreviews*

Periodische Reviews werden je nach Projektgröße und -dauer monatlich, zweimonatlich oder vierteljährlich angesetzt. Diese Form der Terminierung erlaubt eine Planung der Reviews im Voraus, mit allen Vorteilen, die sich daraus für die Arbeitseinteilung ergeben. Allerdings fallen periodische Reviews nur selten mit der Beendigung von Projektphasen oder größeren Aufgaben zusammen.

Meilenstein-Reviews werden in Abhängigkeit von einem bestimmten Projektstatus oder bestimmten Aktivitäten geplant, ohne daß dieser Zeitpunkt kalendermäßig bekannt ist. Als derartige Meilensteine oder Checkpoints bieten sich Knoten im Projektverlauf an, zu denen

- Einzelaufgaben koordiniert werden müssen oder in einer Überprüfung zusammengefaßt werden können (z. B. Review über Programmqualität gegen Ende der Projektphase Kodierung und Einzeltest),
- eine Neuausrichtung des Projekts möglich ist (z. B. Projektfreigabe-Review),
- eine Entscheidung der Unternehmensleitung notwendig ist (z. B. Wahl einer Herstellerfirma).

Solche Knotenpunkte können sich auch aus gesetzlichen Forderungen oder Forderungen des künftigen Benützers ergeben (z. B. bei Erreichen von 1/3 des geplanten Budgets).

Wesentlich für die Wahl von Meilensteinen bzw. Checkpoints ist, daß es sich um Ereignisse handeln muß, deren Eintritt festgestellt und deren Eigenschaften quantifiziert werden können.

Oft wird zwischen Meilenstein und Checkpoint unterschieden, wobei zu Checkpoints alle möglichen Entscheidungen in der Kompetenz des Projektleiters liegen, bei Meilensteinen jedoch in den Führungsebenen darüber, also meist bei der Unternehmensleitung.

Die wichtigsten Meilensteine und die damit verbundenen Reviews sind (Abb. 5-7)

- Projektziele zusammengestellt – *Review über Ziele* wird gegen Ende der Phase Voruntersuchung durchgeführt. Zukünftige Benutzer und Organisatoren überprüfen die Übereinstimmung in der Zielsetzung für das künftige Projekt und mögliche Auswirkungen auf nicht im Projekt berücksichtigte Arbeitsabläufe.
- Ende der Voruntersuchung – *Review über Durchführbarkeit* wird als Präsentation der Durchführbarkeitsstudie vor allen Beteiligten und Betroffenen abgehalten, zur gegenseitigen Abklärung der Erwartungen der Benützer einerseits und dem mit der Entwicklung beauftragten Projektteam andererseits. Zusätzlich Überprüfung der finanziellen Erwartungen und Auswirkungen.

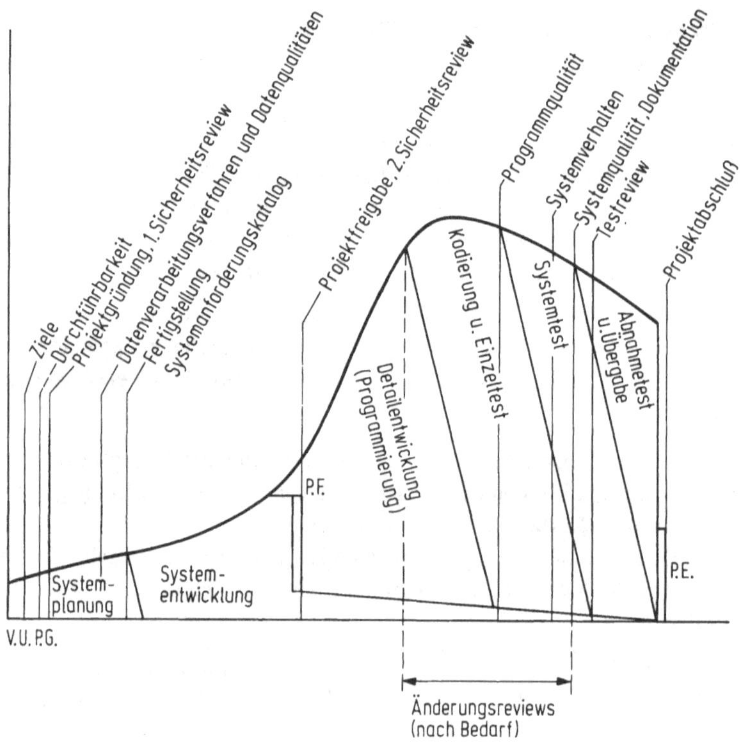

Abb. 5-7. Projektreviews und ihre Termine.

– *1. Sicherheitsreview* wird durchgeführt, wenn eine Gefährdung des Unternehmens möglich scheint oder personenbezogene Daten verarbeitet werden sollen (vgl. Abschn. 5.3.10 Sicherheitsplan).

- Fertigstellung des Systemanforderungskatalogs – *Review über Datenverarbeitungsverfahren und Datenqualität*: Gegen Ende der Systemplanung ist die Aufgabenstellung soweit detailliert, daß eine Entscheidung über das anzuwendende DV-Verfahren möglich ist, einschließlich einer Entscheidung über die zukünftige Hardware und Software.
  Nach Fertigstellung der Istzustandsaufnahme kann überprüft werden, ob die vorhandenen Daten den zukünftigen Anwendungen hinsichtlich Aktualität und Genauigkeit entsprechen.
- Abschluß der Phase Systementwicklung – *Projektfreigabereview*: Bildet oft die einzige Aktivität der Phase Projektfreigabe,
- Alle Programme formal richtig – *Review über Programmqualität*: Gegen Ende der Phase Kodierung und Einzeltest werden die einzelnen Programme

darauflhin überprüft, ob die einzelnen Moduln ein Funktionieren des Systems erwarten lassen, sowohl organisatorisch als auch terminmäßig.

– *2. Sicherheitsreview* (vgl. Abschn. 5.3.10 Sicherheitsplan)

- ○ Alle Programme fertig und integriert – *Review über Systemqualität*: Besprechung der bei der Einfügung der Moduln aufgetretenen Schwierigkeiten und Fortschritte. Überprüfung, ob das bisher beobachtete Systemverhalten mit Zusagen und Erwartungen übereinstimmt. Bewertung von Änderungswünschen hinsichtlich Menge und Auswirkungen.

  – *Testreview*: Überprüfung, ob das System durch das Testpaket (vgl. Abschn. 9.2) ausreichend getestet wird.

  – *Dokumentations-Review*: Überprüfung der Qualität der Dokumentation, des Zusammenhangs und der Einhaltung von Standards.
- ○ Durchführung eines weitgehend korrekten Systemtests – *Review über das Systemverhalten*: Gemeinsam mit den Benutzern Überprüfung der Testergebnisse und der Systemleistung. „Weitgehend" korrekt bedeutet: kein Absturz, alle Hauptzweige der Logik getestet, wenn auch nicht bis ins letzte überprüft, Listbilder und Bildschirmformate korrekt, alle Hardware- und Softwarekomponenten erfolgreich angesprochen.
- ○ Änderungswünsche – *Änderungsreviews* hängen von Zahl und Bedeutung der verlangten Änderungen ab. Überprüfung der Änderungsbewertung und möglicher nicht erkannter Auswirkungen (vgl. Abschn. 9.3 Änderungskontrolle).
- ○ Systemübergabe abgeschlossen, Produktionsbetrieb hat begonnen: *Abschlußreview*: Sammlung von Erfahrungen über den Projektverlauf (vgl. Abschn. 11 Projektende).

Als eine besondere Art von Reviews gibt es sog. *Audits*. Sie werden von außerhalb des Projekts, meist von der Unternehmensleitung veranlaßt, wenn das Projekt außer Kontrolle zu geraten scheint.

Nach Ende des Reviews wird ein Protokoll erstellt, in dem allen am Projekt Beteiligten

- Probleme
- durchzuführende Aktionen
- Termine
- Verantwortlichkeit

mitgeteilt werden: Dieses Protokoll wird spätestens beim nächsten Review zur Überprüfung herangezogen, ob alle vereinbarten Aktionen durchgeführt wurden.

5.3.4 Kontrollplan

Im Kontrollplan erfolgt die Auswahl der Werkzeuge für die *Projektverfolgung* und die Zuordnung von Hilfsmitteln zu diesem Zweck. Die einfachsten manuell verwendbaren Hilfsmittel sind *Balkendiagramme* und *Tabellen*. Für große Projekte, komplexe Abhängigkeiten der einzelnen Aktivitäten und Kapazitätsprobleme werden maschinell durchzuführende *Netzplantechnikprogramme* geeignete Werkzeuge sein. Ein weiteres Hilfsmittel stellen Budgetierungsprogramme dar, mit denen verschiedene Versionen der Projektdurchführung durchgespielt und die Konsequenzen von Alternativen schnell herausgearbeitet werden können. Schließlich gibt es verschiedene Softwarepakete zur Aufwandschätzung von Programmieraufgaben.

Im Kontrollplan legt der Projektleiter fest, in welchem Maße und wofür maschinelle und manuelle Projektverfolgungsverfahren eingesetzt werden sollen und welcher Aufwand dafür nötig ist. So werden die schweren Geschütze der Netzplantechnik bei einem 6-Mannmonat-Projekt nicht angemessen sein. Umgekehrt wird sich ein 20-Mannjahr-Projekt nicht allein durch ein Balkendiagramm überwachen lassen.

Hauptregel beim Einsatz aller Kontrollinstrumente ist jedoch, daß Kontrollen nur solange beibehalten werden sollen, wie der Aufwand für ihren Einsatz geringer ist als die möglichen Einsparungen. Ein detaillierter Netzplan ist ein ausgezeichnetes Überwachungsinstrument, seine laufende Anpassung in den letzten Projektphasen verursacht aber meist viel Aufwand, ohne daß am fast zwangsläufigen Ablauf der Aktivitäten etwas geändert werden kann.

Für Aufgaben, die sich in voneinander unabhängige Teilgebiete zerlegen lassen, ist die Netzplantechnik das derzeit besteingeführte und wirtschaftlichste Planungs- und Überwachungsverfahren. Bei einem EDV-Projekt sind die Voraussetzungen der Zerlegbarkeit in Teilaufgaben und deren Abhängigkeit zweifellos gegeben.

Die Netzplantechnik kann heute, vor allem im Kreis der EDV-Anwender als so bekannt vorausgesetzt werden, daß hier auf eine weitere einführende Darstellung, und alles andere würde den vorgegebenen Rahmen sprengen, verzichtet werden soll. Für sowohl erste als auch eingehendere Information sei auf [86, 96] verwiesen.

Durch die netzplanmäßige Darstellung eines Projekts wird ein Modell geschaffen, das folgende Vorteile für den Projektleiter bringt [40]:

- Zwang zum vollständigen Durchdenken des Projektablaufs. Ein „halber" Netzplan wird bereits vom Netzplanprogramm zurückgewiesen.
- Erkennen der gegenseitigen Abhängigkeit von Aktivitäten, insbesondere des sog. „*kritischen Wegs*", das sind Teilaufgaben, deren Anfang und Ende nur auf Kosten des Projektendtermins geändert werden kann.

- o Möglichkeit, leicht Alternativen durchzuspielen, da die gesamte darstellende und rechnerische Arbeit von einem Programm übernommen wird.
- o Jederzeit ist eine aktuelle Darstellung ohne manuelle Vorbereitung verfügbar.
- o Komfortable Netzplanprogramme erlauben auch die Zuordnung von Hilfsmitteln und Kosten zu Aktivitäten, wodurch mehrere Versuchsläufe mit verschiedenen zeitlichen und personellen Anordnungen noch informativer werden.
- o Bei Verzögerungen sind die Konsequenzen sofort klar erkennbar.

Eine allgemeingültige Aussage über die Projektgröße von der ab Netzplanprogramme sinnvoll eingesetzt werden, ist nicht möglich. Es gibt Anwender, die bereits ab 15 Teilaktivitäten Netzplanprogramme einsetzen, andere beginnen bei etwa 200 Teilaktivitäten [40]. Doch kann diese Frage kaum bei Projektbeginn beantwortet werden. Üblicherweise wird bei Projektbeginn der Versuch gemacht, zu detailliert zu planen. Beim ersten Entwurf des Netzplans sollten keine Teilaktivitäten mit weniger als 3% der Gesamtprojektdauer aufgenommen werden. Das heißt, daß bereits planbare kürzere Teilaktivitäten zusammengefaßt werden müssen. Auf diese Weise entsteht zunächst ein sehr einfacher Netzplan, der auch manuell beherrschbar erscheint. Erst mit zunehmendem Wissen sollten auch kürzere Teilaktivitäten einzeln berücksichtigt werden, wodurch ein manuell geführter Netzplan dann rasch unübersichtlich und vor allem nicht nur „änderungsunfreundlich" sondern sogar „änderungsunmöglich" wird. Da bei EDV-Projekten aber ohne weiteres mit 250 Teilaktivitäten [11] gerechnet werden kann, ist die Unterstützung der Projektsteuerung durch Netzpläne immer anzuraten.

Die auf den Einsatz von Netzplanprogrammen entfallenden Kosten liegen zwischen 3% und 3‰ der gesamten Projektkosten, wobei der größte Teil auf Personalkosten entfällt und davon der größte Teil wiederum auf die erstmalige Erstellung zu Projektbeginn. Daher werden je größer ein Projekt ist und je länger es dauert die Kosten relativ immer geringer.

5.3.5 Ausbildungsplan

Im Ausbildungsplan werden alle mit dem Projekt verbundenen Ausbildungsvorhaben geplant. Ausbildung kann nötig sein

- o für das Projektteam
  - – auf dem Sachgebiet des neuen Systems (z. B. Steuerrecht, Statistik)
  - – zur Projektdurchführung (z. B. Programmiersprachen, Improved–Programming-Techniques, Simulationstechniken, Netzplantechnik)

- für den zukünftigen Benützer
  - EDV-Allgemeinwissen
  - Benützung des neuen Systems (z. B. Datenstationsbedienung, Interpretation von Meldungen, Vorbereitung von Eingaben)
  - Bedienung des neuen Systems (z. B. Schulung der Systembediener für ein anderes Betriebssystem)

Für jedes dieser Ausbildungsvorhaben ist gesondert zu klären

- Zahl der Teilnehmer und die für die Teilnehmer nötige Vorbildung
- Ort und Dauer des Kurses
- zu vermittelndes Wissen, Ausbildungsziel und Bewertung des Kurserfolges
- Kosten für den Instruktor, Reisekosten, eventuelle Kosten für Überstunden usw.
- sachliche Voraussetzungen für den Kurs (z. B. andere Ausbildung, Kursunterlagen, Ausrüstungsgegenstände wie Tageslichtprojektoren, Videorecorder usw.)
- ob das Wissen in Form einer Programmierten Unterweisung oder eines Skriptums vermittelt werden kann. Diese Form wird besonders für laufend zu wiederholende Ausbildungsvorhaben (z. B. Schulung von neu eingetretenen Mitarbeitern) geeignet sein.

Ausbildungsvorhaben können formell oder informell durchgeführt werden. Formell bedeutet Zusammenfassung der Teilnehmer zu Klassen, informell durch Einweisung am Arbeitsplatz oder durch Teilnahme an der Projektarbeit selbst („Training on the job").

Nicht vergessen werden darf, daß nicht nur die von Anfang an beteiligten Projektmitarbeiter zu schulen sind, sondern auch alle, die erst im Laufe des Projektes dazustoßen.

5.3.6 Entwicklungsunterstützung und Testplan

Insbesondere bei größeren Projekten sind vor Beginn der Kodierung vorbereitende Maßnahmen nötig, z. B.:

- Aufbau der Development Support Library (DSL) (vgl. Abschn. 8.1)
- Implementierung zusätzlicher Compiler
- Implementierung von Erweiterungen zu bestehenden Systemen (spezielle Unterprogrammbibliotheken, Makros, Preprozessoren, Interpretatoren für Entscheidungstabellen, Neugenerierung von Betriebssystemen usw.)
- Vorbereitung standardisierter Abläufe (JCL- oder OCL-Prozeduren usw.)
- Reservierung von Kapazität in der Datenerfassung (für Programme, Testdaten, usw.)

- Reservierung von Kapazität am System selbst (Maschinenzeit, Belegung von peripheren Geräten usw.)
- Herstellung zusätzlicher Arbeitsmöglichkeiten für das Projektteam (eigene Terminals, Remote-Job-Entry-Station usw.)

Wenn zur Projektdurchführung auch Simulationsläufe des neuen Systems beabsichtigt sind, so muß dies ebenfalls berücksichtigt werden als

- Implementierung der Simulationssprache(n)

Obwohl der Einsatz der Top-Down-Entwicklung die Notwendigkeit verringert, Driver und ähnliche Simulationsprogramme einzusetzen, kann es für Real-Time-Programme nötig sein, in einem eigenen Teilprojekt einen Umweltsimulator zu erstellen [31].

Alle diese Aktivitäten werden sich im Testplan durch die Einplanung entsprechender Vorbereitungstätigkeiten und Tests auswirken. Im Testplan erfolgt auch eine weitere Detaillierung der schon im Projektkontrakt grundsätzlich fixierten Testaktivitäten. Dafür übernimmt ein Mitglied des Projektteams die Verantwortung. Dazu gehören grundsätzliche Vereinbarungen über Reservierung von Maschinenzeiten, obwohl verläßliche Schätzungen zu diesem Zeitpunkt noch nicht möglich sind. Weiterhin die Erstellung bzw. Anlieferung von Testdaten und die Termine, zu denen sie zur Verfügung stehen müssen, sowie Unterlagen mit denen es möglich ist, Ergebnisse zu vergleichen und die Richtigkeit von Programmen zu überprüfen.

5.3.7 Übergabeplan

Im Übergabeplan erfolgt eine weitere Detaillierung der im Projektkontrakt getroffenen Vereinbarung. Die verschiedenen Formen der Umstellung von dem bestehenden auf das neue System sind zu prüfen (vgl. Abschn. 10 Umstellung).

Welche Arbeitsgänge müssen geändert werden?

Welche Programme und Datenbestände müssen umgestellt werden?

Wer ist für diese Umstellungsarbeiten verantwortlich, wer kontrolliert sie und bestätigt die Richtigkeit?

Wenn ein DV-Projekt auch Veränderungen der Hardware einschließt, so müssen Transport, Räume für die DV-Anlage bzw. Aufstellungsplätze für Hardware-Komponenten, elektrische und klimatechnische Installationen vorbereitet werden. Die Herstellerfirmen stellen für diese Vorbereitungen sehr ausführliche Unterlagen zur Verfügung.

Wird den Benutzern eine Starthilfe gegeben werden?

Der gewünschte Erfolg des Systems kann durch unvollständige oder fehlerhafte Dateneingabe, verzögerte oder unrichtige Behandlung von Fehlermeldungen, unsachgemäße Interpretation von Ausgaben usw. verhindert werden. Aus derartigen Unzulänglichkeiten entwickeln sich gefühlsmäßige Abneigungen, die auch nach Überwindung der Kinderkrankheiten die Benutzer das System ablehnen lassen. Um das zu verhindern, ist eine psychologische Betreuung gegen die Einführungswiderstände nötig. Diese Betreuung beginnt bereits bei der Projektgründung und muß während des ganzen Projektverlaufes weitergeführt werden, indem die zukünftigen Benützer in die Entwicklungsarbeit einbezogen oder wenigstens durch Kontaktleute laufend informiert werden. Bei Beginn der Produktionsarbeit kann, vor allem für größere Systeme, die Installierung einer sogenannten „Hot Line" angebracht sein, über die jeder rasch und formlos Informationen und Ratschläge zur Benützung des Systems einholen kann. Die Konsolidierungsphase bis die Benützer mit dem neuen System vertraut sind, kann für einen umfangreichen Programmkomplex mehrere Monate dauern.

Auch nach der Konsolidierungsphase werden der Ruf des Systems und des Projektleiters davon abhängig sein, wie schwierig die Programmwartung ist. Im Übergabeplan wird daher vereinbart, wer nach Projektende Fehlerbehebungen und Änderungen durchführen wird. Die Programmwartung wird durch den Einsatz der Improved Programming Techniques (TopDown-Entwicklung, Chief-Programmers-Team usw.) bei der Programmentwicklung sehr erleichtert.

5.3.8 Durchführungsplan

Im Durchführungsplan werden alle Probleme behandelt, die im Zusammenhang mit dem Arbeitsplatz des Projektteams auftreten.

Wo wird gearbeitet? Am gewohnten Arbeitsplatz oder an neu einzurichtenden? An einem Ort oder an verschiedenen Orten?

Wie sind die Arbeitsplätze beschaffen? Wie sehen Telefonverbindungen, Verkehrsmittel, Postwege usw. aus? Gibt es ausreichend Platz für Ablagen, Bibliotheken und Lager für benötigtes Material? Stehen die nötigen Hilfsgeräte, Kopierer, Papierwolf usw. zur Verfügung?

Wie ist die Zugangsmöglichkeit zu Testsystemen?

Ebenso zum Durchführungsplan gehört die Beschaffung von Material, besonders wenn spezielle Formulare, Lochkarten usw. benötigt werden.

Die Produktivität des Projektteams wird wesentlich von den Arbeitsbedingungen abhängen.

5.3.9 Personalplan

Im Personalplan erfolgt eine erste Zuordnung von Aufgaben zu Personen und, bei größeren Projekten, eine Einteilung in Arbeitsgruppen (Designteam, Chief-

Programmer-Team, Testteam usw.). Bei dieser Zuordnung muß auf die Persönlichkeitseigenschaften der Mitarbeiter Rücksicht genommen werden, ja bis zu einem gewissen Grad wird die Organisation von den Mitarbeitern abhängig sein.

Die Planung von Neuaufnahmen bzw. die Schaffung neuer Stellen wird in den Personalplan aufgenommen. Dabei ist zu beachten, daß bei Durchlaufen der üblichen Personalanforderungs- und Einstellungsprozeduren die Neuaufnahme eines Mitarbeiters etwa 6 bis 12 Monate dauert. Das beeinflußt natürlich auch den verplanbaren Arbeitsaufwand.

Entsprechend den drei Hauptaktivitäten des Projektes (Planung, Entwicklung und Test) können die Organisation, Teamzusammensetzung und Verantwortung verschieden sein.

Die Größe eines Teams sollte 8 Personen nicht übersteigen, sonst ist die Möglichkeit der Führung und Überwachung nicht mehr gegeben.

Besonders bei größeren Projekten ist eine Aufstellung mit Kenntnissen und Erfahrungen der Projektmitarbeiter („*skill inventory*") wertvoll, um spätere Zuordnung von Aufgaben und Verantwortung begründet durchführen zu können, um im Notfall (Krankheit, Unfall, plötzliche Schwierigkeiten) rasch ohne vorherige Umfrage einen Mitarbeiter mit den benötigten Kenntnissen zu finden.

5.3.10 Sicherheitsplan

Die von der Durchführung eines DV-Projekts betroffenen Stellen lassen sich in vier Wirkungskreise zusammenfassen [88]:

- Projektziel (also das zu entwickelnde System)
- Projektteam und Projektorganisation
- bereits bestehende Systeme
- Unternehmen als Ganzes

Es sind vier Formen von Gefährdungen zu beachten:

- als Einwirkungen auf Systeme, Datenträger, Daten usw.
  - durch fahrlässig herbeigeführte, zufällige oder nicht verhinderbare Ereignisse (Zerstörung, Beschädigung, Fehler, Verlust, höhere Gewalt usw.)
  - durch vorsätzliche oder betrügerische Handlungen (Mißbrauch, Sabotage, Vertrauensbruch, Verfälschung, Verletzung von Datenschutzgrundsätzen usw.)
- als Auswirkungen auf Personen (natürliche und juristische)
  - auf Anwender (durch den oder in dessen Interesse das System erstellt oder betrieben wird)
  - auf Betroffene (deren Daten im System bearbeitet werden)

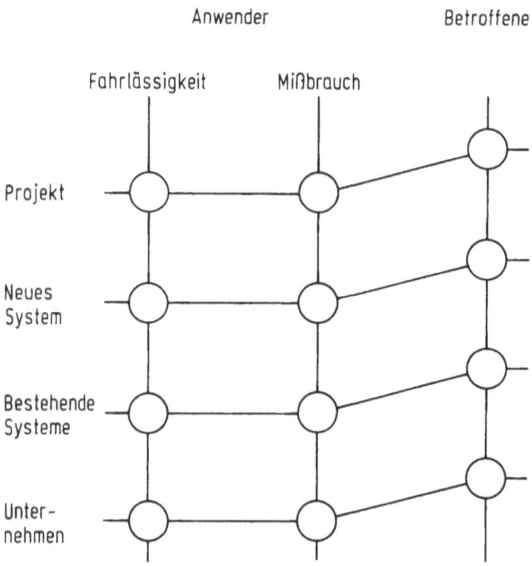

Abb. 5-8. Problemkreise im Sicherheitsplan.

Von diesen 16 möglichen Kombinationen von Wirkungsbereichen und Gefährdungen lassen sich, aus der Sicht des Projektleiters, fahrlässig und vorsätzlich herbeigeführte Auswirkungen auf den Betroffenen zusammenfassen, sodaß sich 10 Problemkreise ergeben, die für das jeweilige Projekt mehr oder weniger bedeutend sein werden (Abb. 5-8.). Die Verletzung von Rechtsansprüchen in bestehenden Systemen sowie im Unternehmen liegt nicht im Verantwortungsbereich des Projektleiters

- Fahrlässige Beeinträchtigung des Projekts, wie
  - irrtümliches Ändern oder Löschen von Testdaten,
  - Verlust von Unterlagen, Dokumentation usw.
  - mangelnde Sicherheit von Ausweicharbeitsplätzen, Versuchsanlagen usw.
- Mißbräuchliche Beeinträchtigung des Projekts wie
  - Mißbrauch von Testzeit,
  - Betrügerischer Verbrauch von Testzeit,
  - Sabotage aus Rachsucht,
  - Zerstörung, Beschädigung und Diebstahl im allgemeinen
- Verletzung von Rechtsansprüchen im Projekt, wie
  - Mißbrauch echter Daten als Testdaten ohne besondere Vorkehrungen,
  - Unklare Trennung zwischen Projekt und Systemnutzung,
  - Mißachtung oder Umgehung von Copyright-Bestimmungen,

- o Fahrlässige Beeinträchtigung des neuen Systems, wie
  - Verlust oder Beschädigung von Datenträgern, besonders anläßlich der Übergabe,
  - Nicht kontrollierter Wechsel von Programmversionen,
  - Unzureichende Sicherungen gegen Einwirkungen,
- o Mißbräuchliche Beeinträchtigung des neuen Systems, wie
  - Programmanipulation
  - Spionage bei Programmentwicklung
  - Mißbrauch von Kenntnissen über Sicherungen und Schwachstellen des neuen Systems,
- o Verletzung von Rechtsansprüchen durch das neue System
- o Fahrlässige Beeinträchtigung bestehender Systeme
  - besonders bei Testarbeiten
- o Mißbräuchliche Beeinträchtigung bestehender Systeme, wie
  - Kopieren von Datenbeständen für zweckfremden Gebrauch
  - Manipulation gemeinsamer Datenbestände
  - Unterschieben manipulierter Programmversionen
  - Eingriffe in laufende Programme
- o Fahrlässige Beeinträchtigung des Unternehmens, wie
  - Weitergabe von firmeneigenen oder geheimen Informationen
  - Verfälschung von Abrechnungen
  - Preisgabe vertraulicher Informationen auf ausgemusterten oder beschädigten Datenträgern

Die hauptsächlichen Schutzmaßnahmen sind

- o Funktionstrennung durch Organisationsform der DSL
- o Auswertung der Statistiken über Testzeitverbrauch, fehlerhafte Durchläufe, verwendete Datenträger und Datenbestände (z. B. aus SMF-Informationen des Operating System)
- o Zutrittskontrollen und Kontrollen von Materialbewegungen
- o Verwendung von Testdaten, Remote-Job-Entry, Bereitstellen von Mitteln zur vertraulichen Vernichtung.
- o Spezielle Testgruppe zur Überprüfung der Sicherungsmaßnahmen (Penetration Team)
- o Programmrevision
- o Löschen aller Speicherbereiche und Datenträger vor Weiterverwendung oder Weitergabe
- o Sorgfältige Auswahl der Projektmitarbeiter
- o Archivierungsbestimmungen bzw. Definition von Zugriffsberechtigungen für Datensegmente.

Die Problemkreise sind während der Projektdurchführung zu verschiedenen Zeiten wirksam. Neben der laufenden Überwachung ist es zweckmäßig, sie in zwei speziellen Sicherheitsreviews zu überprüfen. Das erste Sicherheitsreview ist zu Projektbeginn, das zweite vor Beginn der Testarbeiten durchzuführen (Vgl. Abschn. 5.3.3 Reviewplan).

Auf die Prüfung von Versicherungsmöglichkeiten sollte nicht verzichtet werden.

In einem speziellen Teil des Sicherheitsplans sollte man Alternativen für „unvorhergesehene Ereignisse" vorbereiten, Aktionsmöglichkeiten für den Fall, daß die zukünftigen Benützer die Termine für Lieferung von Informationen und Spezifikationen oder Überprüfung von Vereinbarungen nicht einhalten. Ebenso Reaktionsmöglichkeiten, wenn Hardware, Software oder Unterstützungen, von denen das Projekt abhängt verspätet eintreffen sowie zum Ausgleich von ungenügenden Hilfsmitteln, die auf qualitative oder quantitative Schätzfehler zurückzuführen sind. Alle Formen von Katastrophen, Verlust, absichtlicher oder unabsichtlicher Zerstörung soweit sie nicht schon berücksichtigt sind.

Ebenso sind die Kriterien zu fixieren, bei deren Zutreffen das Eintreten einer Notsituation wahrscheinlich wird.

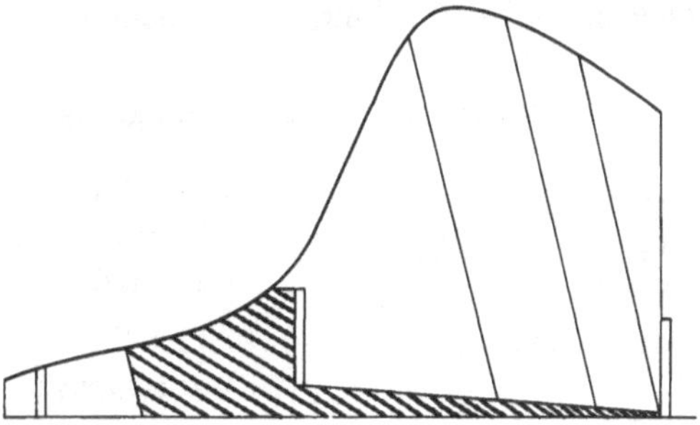

6. Systementwicklung

Die Ziele der Projektphase Systementwicklung sind

- Umsetzen der im Systemanforderungskatalog spezifizierten Ziele (WAS) in Wege, sie zu erreichen (WIE)
- Auswahl eines DV-Verfahrens (sofern nicht vorgegeben oder bereits entschieden)
- Beobachtung der Annahmen aus der Durchführbarkeitsstudie, ob sie sich als realistisch erweisen
- Weitere Verfeinerung des Projektplans

Das Umsetzen der Ziele in Vorgangsweisen erfolgt in zwei Stufen. Die erste, als Erstellung der *funktionellen Spezifikationen* (oder Grobkonzept [38]) in der Systementwicklung. Die zweite, die eigentliche *Programmierung*, als Erstellung der Detailspezifikationen in der Detailentwicklung.

Die Systementwicklung wird von einem Systemdesigner oder einem Designteam durchgeführt.

Die Systementwicklung wird grundsätzlich mit der Projektfreigabe abgeschlossen. Allerdings muß wegen später noch auftauchender Änderungswünsche mit teilweise notwendigen Wiederholungsarbeiten gerechnet werden. Dem trägt die hier verwendete Darstellung des Projektzyklus (Abb. 2-3) insofern Rechnung, als die Projektphase Systementwicklung über die Projektfreigabe hinaus mit abnehmenden Aufwand bis zum Abnahmetest hinreicht.

Die Aktivitäten der Systementwicklung sind

- Entwurf der Systemfunktionen als genereller Ablauf
- Entwurf aller Eingabe- und Ausgabeformate
- Entwurf aller Datenbereiche, Tabellen und Feldbeschreibungen
- Entwurf der Datenbestandsbeschreibungen

Abgrenzung der Tätigkeiten zur Erstellung eines Programmsystems:

Projektphase bzw. Tätigkeit	Erklärung
Systemplanung	Erstellung des Systemanforderungskatalogs als Sammlung der gewünschten Ziele (= Systemzustände)
Systementwicklung	Erstellen der funktionellen Spezifikationen als Zusammenstellung der Vorgangsweisen zur Zielverwirklichung (= Systemfunktionen) und Gruppierung der Systemfunktionen zu Moduln
Detailentwicklung	Eingehende Definition der DV-mäßigen Logik der einzelnen Moduln (= Programmierung)
Kodierung	Umsetzung des programmierten Ablaufs in eine spezielle Programmiersprache.
Umwandlung	Umsetzung der formal in einer speziellen Programmiersprache definierten Abläufe in ein maschinell verarbeitbares Programm

In vielen Fällen gehen Detailentwicklung und Kodierung ineinander über, wenn z. B. von einem Grobblockdiagramm ausgehend, direkt Anweisungen in einer speziellen Programmiersprache geschrieben werden. Diese Vorgangsweise entspricht der Ungeduld des Entwicklers bzw. Programmierers, Ergebnisse sehen zu wollen. Besonders im europäischen Sprachgebrauch wird unter Programmierung fälschlicherweise auch, oder ausschließlich, Kodierung verstanden. Eine Trennung dieser Tätigkeiten kommt einer systematischen Vorgangsweise entgegen, bei der nicht die Logik des Ablaufs und die Besonderheiten einer Programmiersprache einander gegenseitig nachteilig beeinflussen.

Eine wichtige Rolle bei Systementwicklung und Programmierung spielen *Standards* [48]. Durch sie wird erreicht:

- Erleichterung der Wartungs- und Änderungsarbeiten,
- geringere Abhängigkeit vom Spezialwissen eines einzelnen Mitarbeiters, dadurch ist er früher für andere Projekte frei.
- leichtere Einarbeitung für neue Mitarbeiter.

Standards sollten in jeder EDV-Abteilung vorgeschrieben sein. Nur in besonderen Fällen wird die Entwicklung von Standards zu den Projektaktivitäten gehören. In den übrigen Fällen ist die Überwachung des Einhaltens eine der Aufgaben des Projektleiters. Das Abgehen von Standards sollte nur genehmigt werden wenn:

- eine wesentliche und notwendige Einsparung bei Programmieraufwand oder Durchführungszeit erzielt werden kann *und*

- das Abgehen nicht Inkompatibilität mit anderen Systemteilen verursacht *und*
- der Leiter der DV-Abteilung zugestimmt hat.

Die beste Prüfung der Zweckmäßigkeit eines Standards ist die Frage, ob die Einhaltung leichter ist als die Ausnahme.

In jeder EDV-Abteilung sollte ein Mitarbeiter für die Entwicklung, Koordinierung, Begründung und Erläuterung von Standards verantwortlich sein. An diesen sind alle Anregungen und Ergänzungen zu richten. Er seinerseits hilft bei der Einhaltung. Eine interessante Alternative ist die personelle Trennung von Entwicklungs- und Wartungsarbeiten, wobei von der Wartungsgruppe auch die Vorschläge für Standards kommen [70].

6.1 Designteam

Um die Arbeit des Designteams so wirkungsvoll wie möglich zu machen, empfiehlt es sich einige Grundsätze zu beachten.

Das Designteam soll so klein wie möglich sein. Jeder zusätzliche Mitarbeiter bringt eine unverhältnismäßig große Zahl von Wechselwirkungen in das System „Projekt". Ab einer durchschnittlichen Gruppengröße von etwa 8 Mitarbeiter kann ein zusätzlicher Mitarbeiter fast nichts mehr zur Qualität des Arbeitsergebnisses beitragen [41].

Andererseits muß das Designteam groß genug sein, so daß Mitarbeiter mit Erfahrungen auf dem Projektgebiet, aber auch Mitarbeiter mit ganz anderen Erfahrungen am Design mitarbeiten können. Die Mitarbeit von Unternehmensfremden wird neue, interessante Ideen in das Projekt bringen, sofern es gelingt, eine kreative Atmosphäre des „alles-in-frage-Stellens" zu schaffen.

Meist werden die Mitglieder des Designteams feststehen, wenn aber eine Auswahl möglich ist, sollte man darauf achten, daß

- sie sich ausdrücken, das heißt ihre Ideen leicht faßbar darlegen können
- sie Erfahrungen nicht nur im Entwurf sondern auch in der Implementierung haben, damit sie die Konsequenzen ihrer Aktionen abschätzen können
- sie kreativ sind und ihnen das Problemlösen Spaß macht, sofern das feststellbar ist
- ein Teamleader ernannt wird, der Konflikte schlichten und Kompromisse herbeiführen kann.

Die Mitarbeit der zukünftigen Benützer ist unter allen Umständen anzustreben. Von Beginn an, wenn der Ausbildungsstand dafür ausreicht, zumindest aber bei den abschließenden, zusammenfassenden Diskussionen. Jedes „friß Vogel oder stirb"-Verhalten ist zu vermeiden.

Der Projektleiter wird dafür sorgen, daß alle Störungen vom Designteam ferngehalten werden und alle Probleme ohne Zeitdruck ausdiskutiert werden können.

6.2 Designgrundsätze

Die wichtigsten Grundsätze beim Design eines DV-Systems sind

- *Benutzung des Vorhandenen*

  Besonders in der Datenverarbeitung wird jeden Tag das Rad neu erfunden. Teils aus Unkenntnis, weil die in Frage kommenden Programme kaum übersehbar und durch den Mangel einer ausreichenden Dokumentation nicht miteinander vergleichbar und als passende Lösung erkennbar sind. Teils tobt sich aber auch der Erfindungsgeist der besonders kreativen Programmierer unter dem Deckmantel der unabdingbaren Benutzerwünsche aus. Ein vorhandenes Programm auf seine Anwendbarkeit geprüft und anschließend den Anforderungen entsprechend adaptiert zu haben, scheint weniger schmeichelhaft als der Erfinder einer neuen Routine zu sein. Es wäre zu überlegen, die Leistungsbeurteilung in der DV darauf hin abzuändern, daß jemand, der ein vorhandenes Programm einsetzen kann höher bewertet wird, als jemand, der stets alles von Grund auf neu schreibt.

  Dennoch muß bei anscheinend passenden Lösungen der Aufwand für die Anpassung beurteilt werden (vgl. Abschn. 12.2.1). Bei schlecht dokumentierten Programmen, und die Wahrscheinlichkeit dafür ist beträchtlich, kann der Aufwand der Anpassung größer sein als das Neutschreiben. Sehr generell angelegte Programme mögen andererseits den Leistungsanforderungen nicht genügen.

  Ein wirtschaftlich denkender Projektleiter wird daher jede Gelegenheit für ein Plagiat sorgfältig überprüfen. Besondere Bedeutung beim Erfassen dieser Gelegenheiten kommt der Literatursammelstelle (vgl. Abschn. 5.3.2 Kommunikationsplan) zu (vgl. Abschn. 6.4.1 Standardsoftware).

- *Strukturierung* und *Top-Down*-Design [85]

  Zu Beginn sieht das zu entwerfende System völlig unübersichtlich und riesig aus. Keiner weiß recht, wo er anfangen kann und soll. In solchen Situationen stürzt sich der Mensch vorzugsweise auf das Bekannte, Vertraute und Gewohnte. Dies führt dann dazu, daß bei der Systementwicklung jeder mit den Problemen beginnt, die ihm am angenehmsten sind, die er schon einmal gelöst hat, oder auch die am meisten fordernd und interessant erscheinen. Diese Vorgangsweise bewirkt nicht nur große Unterschiede im Fortschritt, je nach „Beliebtheit“ der Programmteile, sondern auch große Schwierigkeiten beim Zusammenfügen der wild gewucherten Moduln.

Daher ist es zweckmäßig, die Logik eines Systems vom Betriebssystem ausgehend zu entwerfen und über Hauptprogramm(e), Unterprogramme, Blöcke und Funktionen immer weiter zu detaillieren. Es müssen erst alle Moduln einer Ebene behandelt worden sein, bevor die nächste in Angriff genommen werden darf. Große Bedeutung kommt dabei der Strukturierung in Moduln zu.

Eine Ausnahme existiert zum Prinzip der Top-Down-Entwicklung sobald ein neues System in ein bestehendes eingebaut werden muß. Da in diesem Fall nicht mehr mit der höchsten Ebene begonnen wird, können Entscheidungen im Entwurf Einfluß nicht nur auf niedrigere Ebenen haben, sondern auch Änderungen in höheren Ebenen bedingen.

○ *Modularität*

Dies ist ein theoretisch allgemein anerkannter und doch nur zu oft nicht realisierter Grundsatz. Ebenso wie es notwendig ist, ein Projekt in Teilprojekte zu teilen, ist es zweckmäßig, die Funktion eines Systems auf Subsysteme und Moduln aufzuteilen, und damit mögliche Wechselwirkungen gering zu halten. Ein modular aufgebautes System ist leichter verständlich, überblickbar, zu testen und zu ändern, letzteres auch nach Projektende. Es gibt nur sehr wenige Entwicklungen, bei denen Speichergrößen oder Durchführungszeiten Argumente sind, von einem streng modularen Aufbau abzugehen. Und von diesen Systemen gibt es wiederum nur sehr wenige, bei denen die dann nötigen Entwicklungs-, Wartungs- und Änderungskosten nicht höher wären als der Preis für einen entsprechenden Ausbau der Hardware.

Es gibt keine allgemein gültige Regel, aus der Größe und Aufbau von Moduln logisch zu einer „richtigen“ Lösung hin entwickelt werden können. Aber einige Erfahrungen erlauben, Größe und Aufbau von Moduln empirisch festzulegen.

- jeder Modul erledigt einen logisch abgegrenzten Teil der Gesamtverarbeitung
- jeder Modul hat die Form eines Unterprogramms
- jeder Modul hat nur einen Eingangs- und einen Ausgangspunkt
- jeder Modul arbeitet so, daß das Resultat am Ausgangspunkt nur von den Eingaben am Eingangspunkt abhängt und nicht von irgendwelchen vorgegebenen Systemzuständen
- jede Ein/Ausgabe erfolgt durch einen gesonderten Modul
- es gibt eine Hauptlinie der Logik, von der aus die abhängigen Moduln aufgerufen werden

  - jeder Modul ist nicht größer als etwa 200 Anweisungen einer höheren Programmiersprache. (Es gibt Anregungen die Modulgröße mit etwa 100 Anweisungen zu begrenzen, entsprechend der Größe von zwei Seiten Ausdruck einer Umwandlungsliste, sodaß der gesamte Modul ohne Umblättern gelesen werden kann, doch scheint dies etwas zu klein).

- *Einfachheit*

Der einfachen, übersichtlichen und leicht verständlichen Lösung ist immer der Vorzug vor einer trickreichen, hochgezüchteten zu geben, die im Augenblick hinsichtlich Verarbeitungsgeschwindigkeit oder Speichergröße Vorteile verspricht. Diese Vorteile gehen durch den erhöhten Aufwand bei Test- und späteren Änderungsarbeiten mehr als verloren.

Vor allem bei Verwendung von virtuellen Betriebssystemen ist die Zusammenfassung mehrerer Funktionen zu einem Unterprogramm unvorteilhaft, weil dadurch oftmalige Sprünge im Programm und damit Pagingaktivität verursacht wird. Nur wenige Systeme rechtfertigen ein Optimieren um jeden Preis (Marslandung usw.!). Zusätzlich wird in solchen Fällen das System von der Erreichbarkeit einer oder mehrerer Personen abhängig, die als einzige mit Aufbau und Zusammenhängen vertraut sind. In der Biologie gibt es das Fisher'sche Grundgesetz, wonach spezialisierte Lebewesen weniger anpassungsfähig sind als nichtspezialisierte. Ähnliches gilt auch in der Datenverarbeitung. Hochgezüchtete Systeme stützen sich auf die Eigenschaften einzelner Hardware-Bestandteile, teilweise nützen sie Lücken in der Software aus, sodaß bei Veränderungen (z. B. Releasewechsel des Betriebssystems) kostspielige Adaptierungen notwendig werden. Auf längere Sicht ist ein grundsätzlich einfacher Entwurf des Systemablaufs noch immer das Beste.

Die funktionellen Spezifikationen sind die Arbeitsgrundlage für die Detailentwicklung. Die benötigten Funktionen sollen so einfach und verständlich wie möglich beschrieben werden. Besonderen Wert muß der Projektleiter darauf legen, daß alle Begriffe einheitlich in derselben Bedeutung und Abkürzungen nur im unbedingt notwendigen Ausmaß verwendet werden. Für Abkürzungen empfiehlt sich ein Glossar.

Ein einfacher Entwurf bedeutet auch, nur die Funktionen zu definieren, die benötigt werden, um das Problem zu lösen. Ein Superunterprogramm, das alles kann ist viel schwerer zu testen, als mehrere einfache. Am schlimmsten ist man mit Spezialisten dran, die in einer Routine die Aufgaben für mehrere Projekte lösen wollen oder über dem Lösungsversuch mit einer möglichst eleganten Methode die eigentliche Aufgabe aus den Augen verlieren. Das soll aber nicht bedeuten, daß nun für jeden Verarbeitungszweig eine eigene Routine vorgesehen werden soll. Die Regeln für die Moduldefinition geben einen guten Anhalt dafür, wie weit Funktionen innerhalb einer vernünftigen Modulgröße zusammengefaßt werden können. Andere Aufgabenstellungen mitzulösen bedeutet aber jedenfalls, sich zusätzliche Schwierigkeiten aufzuladen, die mit dem Projekt nichts zu tun haben und die im günstigsten Fall die rechtzeitige Fertigstellung nicht gefährden.

Trotz aller Gegenwartsbezogenheit wird aber ein gewisses Streben nach *Generalität* im Hinblick auf spätere Änderungen und Erweiterungen zweckmäßig sein. Hier sind vor allem Projektdauer und Projektziel in die Überlegungen einzubeziehen. Bei einem kurzen Projekt, mit dem eine konventionelle DV-Anwendung realisiert werden soll kann Generalität eher außer acht gelassen werden, als bei einem lang dauernden, mit dem auf Datenverarbeitungsneuland vorgestoßen wird.

Als prinzipielle Möglichkeiten, ein System neuen Anforderungen anzupassen kann man unterscheiden [28]:

- *Inklusion.* Das bedeutet Einfügen neuer Programmteile, um zusätzliche Funktionen bereitzustellen. Damit ergibt sich die Gefahr unvorhergesehener Fernwirkungen auf andere Systemteile und von geändertem Systemverhalten. Inklusion als Methode verursacht im Augenblick keine Kosten, dafür sind aber Änderungen, die ja bereits während des Projekts als unabweisbare Benutzerwünsche auftreten können, am aufwendigsten.
- *Antizipation.* Hier wird bereits vom Design her eine Einbaumöglichkeit für zukünftige Inklusionen vorbereitet. Strukturierte Programmierung bewirkt eine der wesentlichsten Voraussetzungen für spätere Zusätze, nämlich Übersichtlichkeit.
- *Expandibilität.* Es werden bereits bestimmte Punkte im Programmablauf als Ausgänge und Eingänge (Userexits und -entries) vorbestimmt, an die zusätzliche, aber noch zu programmierende Funktionen angeschlossen werden können (z. B. SORT/MERGE-Hilfsprogramm).
- *Exklusion.* Es werden alle denkbaren, also auch zukünftigen Funktionen zur Verfügung gestellt, aus denen der Benutzer eine Auswahl trifft, um sein spezielles System zusammen zu stellen (z. B. Betriebssystem).
- *Parametrisierung.* Anstelle von Konstanten innerhalb von Moduln werden Werte zur Steuerung des Ablaufs von logisch übergeordneten Routinen bereitgestellt. Dadurch ist ein flexiblerer Einsatz von Moduln möglich, die dadurch aber natürlich auch fehleranfälliger werden.
- *Makros.* Erlauben außer der Vorgabe von Parametern auch eine Veränderung des Codes selbst.
- *externe Kontrolle.* Steuerung von Routinen durch Bezugnahme auf Daten, außerhalb oder durch Veränderung von Datenfeldern oder Anweisungen in einer Routine durch außerhalb befindliche Instruktionen.

- *Interpretative Systeme.* Stellen die höchstmögliche Form der Generalität dar und geben dem Benutzer die Möglichkeit, seine gewünschten Funktionen selbst zu definieren (z. B. Query Language des GIS).

Während Inklusion, als nur auf gegenwärtige Probleme konzentrierte Lösung, meist mit dem niedrigsten Bedarf an Speicher- und Durchführungszeit auskommt, steigt dieser Bedarf zusammen mit dem erreichten Grad an Generalität, um bei einem interpretativen System die höchsten Werte zu erreichen. (vgl. Abschn. 6.4.4 Wahl einer Programmiersprache). Auch hier bedarf es also sorgfältiger Prüfung, welcher Grad an Generalität in Kauf genommen werden kann.

○ *Blackbox*aufbau und *Interface*definition

Die Beschreibung von Modul beinhaltet für die Systementwicklung nur die Definition der gewünschten Funktion, das heißt, welche Ausgangswerte als Reaktion auf Werte auf der Eingangsseite erwartet werden. Die Festlegung der internen Logik eines Moduls bleibt der Detailentwicklung vorbehalten. Um zu einem einheitlichen, leicht zu überblickenden logischen Ablauf zu kommen, müssen Regeln aufgestellt werden, wie die Kontrolle zwischen den einzelnen Systemteilen übergeben wird. Eine einheitliche Form der Parameterübergabe (an Blackboxes!) und der Rückkehr vom aufgerufenen ins aufrufende Programm gewährleistet leichtes Testen und einfache Wartung.

○ *Iteration*

Oftmaliges Durchdenken derselben Abläufe verleitet dazu, die Auswirkungen von Entwurfsänderungen auf höhere Ebenen des Systems nicht mehr ausreichend zu berücksichtigen. Als Projektleiter muß man daher darauf achten, daß nach Änderung einer Komponente der gesamte Entwurf von der obersten Ebene beginnend wieder aufgerollt wird. Keinesfalls darf ungeprüft angenommen werden, eine Änderung werde keinen Einfluß auf andere Komponenten haben. Das steht auch nicht im Widerspruch zur Modularität, da diese ja nur erlaubt innerhalb von Moduln Änderungen vorzunehmen. Eine Entwurfsänderung wird aber zweifellos die Interface-Definitionen und Zusammenfassung von Funktionen zu Moduln beeinflussen.

6.3 Designhilfsmittel

Designhilfsmittel sind eigentlich nichts anderes als Kommunikationshilfsmittel, damit einerseits das Designteam gezwungen wird, seine Vorstellungen völlig zu durchdenken, andererseits eine Arbeitsunterlage für die Leute, die an der Detailentwicklung arbeiten werden, zur Verfügung steht. Grundsätzlich eignet sich dafür natürlich jede logisch einwandfreie Darstellung, aber die Erfahrung hat gezeigt, daß einige spezielle Formen leichter verständlich sind und wegen der größeren Zahl der damit vertrauten Leute auch leichter akzeptiert werden. Dazu gehören vor allem

- HIPO
- Modelle
- Entscheidungstabellen
- Datenflußdiagramme
- Programmiersprachen

6.3.1 HIPO [45, 56, 85]

Hierarchy plus *Input-Process-Output* ist eine Design- und Dokumentationstechnik, die aus der Erkenntnis entstanden ist, daß es wichtiger ist, eine Funktion zu beschreiben als reine Programmlogik darzustellen. Es ist wichtiger zu beschreiben, was das System tun soll (Design) bzw. tut (Dokumentation), als wie es das tut.

Die Hauptvorteile von HIPO für die Projektsteuerung sind:

- Klare Darstellung der benötigten Funktionen erleichtert die Kontrolle der Vollständigkeit und später die Fehlerlokalisierung.
- Die Dokumentation entsteht durch den Designvorgang und braucht nicht später an Hand des vorliegenden Codes widerwillig und oberflächlich nachgeführt zu werden.
- HIPO ist für EDV-Fachleute und Nichtfachleute gleichermaßen verständlich.

Bei der Erstellung des Systemanforderungskatalogs und beim Systementwurf hilft HIPO, daß die nötigen Systemfunktionen von Designteam und Benutzern klar verstanden werden. Die hierarchische Darstellung von über- und untergeordneten Funktionen entspricht den im Geschäftsleben üblichen Organigrammen, wodurch sie auch für Nichtfachleute verständlich sind. Dadurch ist es dem Designteam möglich, ein vollständiges Bild aller Bedürfnisse zu erhalten und sie in dem neuen System zu berücksichtigen. HIPO unterstützt das Prinzip des Top-Down-Entwurfs, da von den höheren Funktionen ausgehend, die Beschreibung immer detaillierter wird, die sog. „funktionelle Dekomposition". In einem Review werden alle Diagramme von Designteam und Benutzern nochmals durchgegangen, um fehlende oder falsch eingeordnete Funktionen zu finden.

Während Detailentwicklung und Kodierung werden die HIPO-Diagramme weiter verfeinert. Den in den Diagrammen angegebenen Funktionen werden Blöcke von Code (= Moduln) zugeordnet, wobei die Funktionen soweit detailliert werden, daß sie unmittelbar als Vorlage für die Kodierung dienen können. In Reviews werden Funktionsbeschreibung und Code verglichen, um sicherzustellen, daß alle Anforderungen erfüllt sind.

Die Einschulung zusätzlicher Projektmitarbeiter wird verhältnismäßig einfach, da die Hierarchiediagramme auf einfache Weise die Zusammenhänge zwischen einzelnen Moduln und einzelnen Arbeitsgebieten zeigen.

Während der Testphase und für Wartungsarbeiten nach Projektende können Funktionen, die zu ändern sind, rasch identifiziert und lokalisiert werden. Eine Änderung im Code wird meist nur wenig Änderungen in der Dokumentation erfordern, da die HIPO-Technik dokumentiert, was getan wird und nicht wie es getan wird. HIPO-Diagramme erleichtern es der Wartungsgruppe, die nicht an der Entwicklung beteiligt war, ein System zu übernehmen.

Zur leichteren Anwendung von HIPO existieren eigene HIPO-Entwurfsblätter sowie HIPO-Schablonen (Abb. 6-1)*.

Die Elemente der HIPO-Technik sind:

- Hierarchische Darstellung des Zusammenhangs der Systemfunktionen (Abb. 6-2.).
- Für jede Funktion im Hierarchiediagramm ein oder mehrere IPO-Diagramme, mit der Darstellung welche Daten (Input) verarbeitet werden (Process) und welche Ausgabedaten dabei entstehen (Output) (Abb. 6-3).

6.3.2 Modelle

Modelle sind Abbildungen des zu schaffenden Systems, mit dem Zweck, die Durchführbarkeit einer Lösung entweder überhaupt zu beweisen oder sich Informationen über Vor- und Nachteile dieser Lösung zu verschaffen. Obwohl der Aufwand für die Erstellung solcher Modelle meist groß ist, macht er sich im späteren Projektverlauf wieder bezahlt. Ihr Hauptvorteil liegt daran, daß funktionierende Modelle vollständig sein müssen. Das zwingt zum Durchdenken des gesamten Systems und zu einem kompletten Entwurf ohne Rücksicht auf Langeweile oder Zeitdruck. Der Vorgang der Systementwicklung kann nicht in absichtlicher oder unabsichtlicher Selbsttäuschung abgekürzt oder abgebrochen werden.

Mit Hilfe von Modellen ist es möglich, verschiedene Varianten eines Systementwurfs auszuprobieren. Sie geben eine Voraussagemöglichkeit für das zukünftige Verhalten eines Systems, daher werden sie besonders oft angewandt, um für Da-

* Es ist allerdings meine Überzeugung, daß, vor allem in der Einführungsphase der HIPO-Technik einige wenige Zeichen der Schablone (dicke und dünne Pfeile, Konnektoren) sowie karriertes Papier ausreichen. Die übrigen Symbole und die Regeln über die Führung von Verbindungslinien, Datenfluß usw. komplizieren die Anwendung zu sehr.

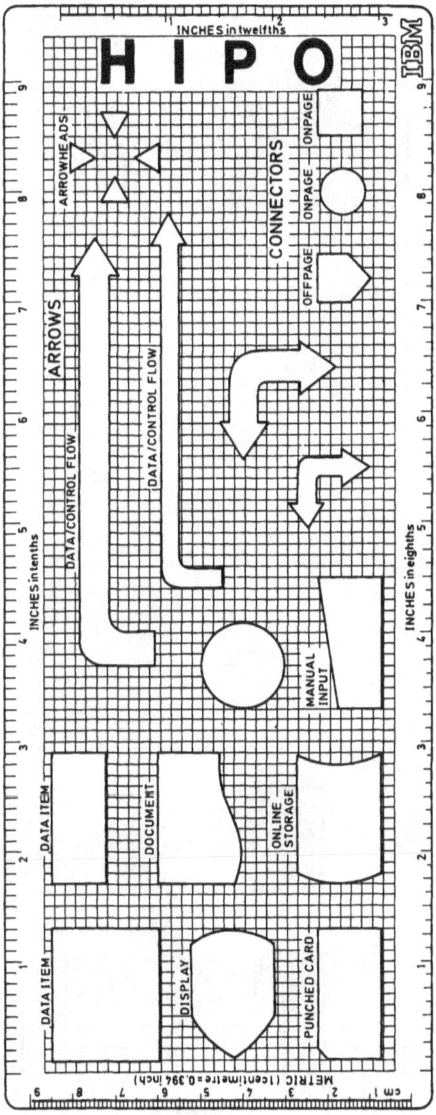

Abb. 6-1. HIPO-Schablone.

tenfernverarbeitungssysteme die möglichen und wahrscheinlichen Leistungseigenschaften zu ermitteln.

Modelle geben auch Hinweise, welche Systemteile sich mehr, welche sich weniger kritisch auf das Systemverhalten auswirken und ermöglichen es derart, daß

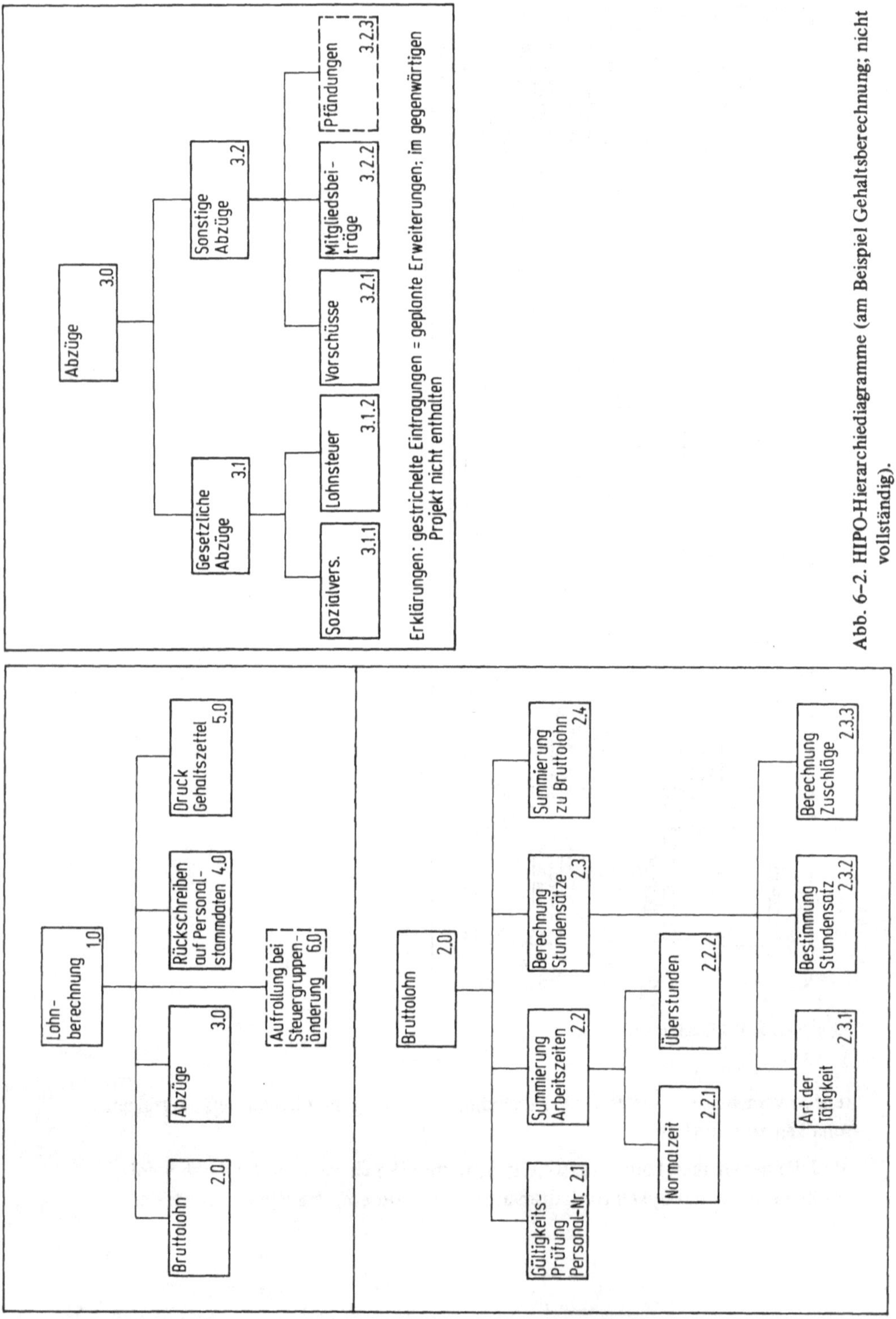

Abb. 6–2. HIPO-Hierarchiediagramme (am Beispiel Gehaltsberechnung; nicht vollständig).

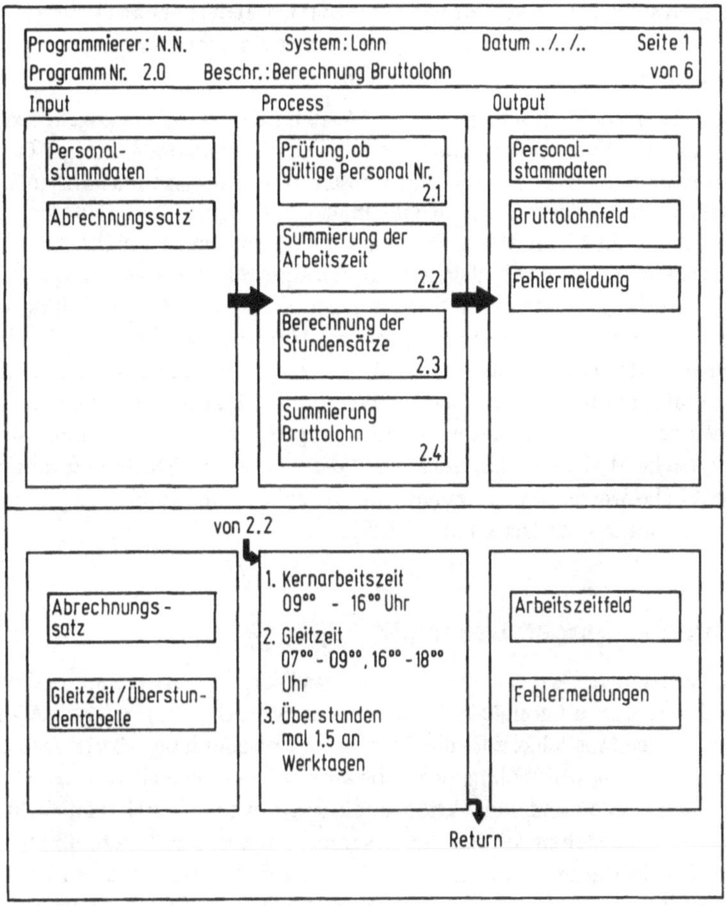

Abb. 6–3. HIPO-Diagramme.

später bei Detailentwurf und Kodierung die Aufmerksamkeit den richtigen Aktivitäten gewidmet wird.

Schließlich stellen Modelle eine laufende Vergleichsbasis für Änderungen dar, da die Wirkung jeder Änderung noch vor der eigentlichen Durchführung getestet werden kann.

Prinzipiell gibt es für DV-Verfahren zwei Arten von Modellen [76]:

- Analytische Modelle und
- Simulationsmodelle

In analytischen Modellen werden Annahmen über das Verhalten von Systemkomponenten getroffen und in Form von Gleichungssystemen beschrieben. Sofern das künftige System sich so verhält wie angenommen, liefert ein analytisches Modell sehr rasch und mit geringem Aufwand (bei sehr einfachen Systemen sogar ohne maschinelle Hilfsmittel) brauchbare Werte.

Für ein Simulationsmodell brauchen keine Werte für das Verhalten angenommen werden, sondern es können die tatsächlichen Werte für Wartezeiten, Zugriffszeiten, Verarbeitungszeiten usw. eingesetzt werden. Wegen der zahlreichen, unüberschaubaren Systemkomponenten, die eine manuelle Durchrechnung unmöglich machen, kommen für Simulationsmodelle nur Durchführungen auf DV-Anlagen in Frage. Das Modell simuliert, gleichsam in Zeitlupe, die Vorgänge im System. Das Zeitverhältnis dabei ist etwa 1:50, das bedeutet, um eine Sekunde wirklichen Betrieb zu simulieren benötigt man etwa 1 Minute Maschinenzeit. Um für das Systemverhalten einigermaßen brauchbare Werte zu erhalten, müssen wenigstens einige Minuten Betrieb simuliert werden, sodaß Simulationszeiten von einigen Stunden notwendig sind. Besonders zum Vergleich mehrerer Varianten sind daher analytische Modelle vorzuziehen, nur liefern sie eben nicht immer hinreichend verläßliche Werte. Eine übersichtliche Darstellung und Einführung in Modellverfahren zum System-Design bietet [29].

6.3.3 Entscheidungstabellen [37, 43]

Schon bei der Istzustandsaufnahme zeigt sich das Problem, auftretende Bedingungen und daraus resultierende Aktionen in übersichtlicher Form darzustellen. Eine zweckmäßige Möglichkeit ist die Form einer Entscheidungstabelle. Dabei erfolgt eine Trennung von Bedingungen, die bei der Kodierung als Abfragen formuliert werden würden und von Aktionen, die sonst in den THEN- oder ELSE-Teilen der Abfragen stehen würden. Im Gegensatz zur verbalen Beschreibung oder einem Blockdiagramm oder auch den Strukturen der strukturierten Programmierung lassen sich Entscheidungstabellen durch einen formatierten Aufbau auch formal auf Vollständigkeit, Redundanz und Widersprüche überprüfen. Im Idealfall sind sie praktisch unverändert in die Kodierung übernehmbar. Durch die formatisierte und standardisierte Sprache erleichtern sie die Kommunikation zwischen Benutzer und Designer bzw. Programmierer und machen später die Wartungsarbeiten einfacher.

Eine Entscheidungstabelle enthält Bedingungen und Aktionen. Beide sind in Beschreibungen und Eintragungen gegliedert, sodaß im Normalfall in einer Entscheidungstabelle vier Felder enthalten sind (Abb. 6.4.). Die im Eintragungsteil entstehenden Kombinationen von Bedingungen und Aktionen bezeichnet man auch als Lösungsregeln.

Von einer *begrenzten Entscheidungstabelle* spricht man, wenn sowohl Bedingungen als auch Aktionen so formuliert sind, daß in den Regelspalten die Eintragungen „JA" für zutreffend bei Bedingungen bzw. „durchführen" bei Akti-

Abb. 6-4. Gliederung von Entscheidungstabellen.

onen, „NEIN" für nichtzutreffend bzw. „nicht durchführen" und „–" für belanglos bei Bedingungen ausreichen (Tab. 6-1.).

Von einer *erweiterten Entscheidungstabelle* spricht man, wenn in den Eintragungsteil Teile der Beschreibungen eingearbeitet sind (Tab. 6-2.).

Eine *gemischte Entscheidungstabelle* enthält sowohl begrenzte Eintragungen (z. B. bei „Warteliste") als auch erweiterte Eintragungen (z. B. bei „verfügbar") (Tab. 6-2.).

Erweiterte und gemischte Entscheidungstabellen sind zwar kleiner als entsprechende begrenzte Entscheidungstabellen, doch leidet die Übersichtlichkeit.

Tab. 6-1. Beispiel einer begrenzten Entscheidungstabelle für Flugticketbuchung.

	Lösungsregeln			
	1	2	3	4
verlangt 1. Klasse	J	J	N	N
verfügbar 1. Klasse	J	N	–	–
verfügbar Economy-Klasse	–	–	J	N
ausgeben Ticket 1. Klasse	J			
ausgeben Ticket Economy-Klasse			J	
auf Warteliste setzen		J		J

Tab. 6-2. Beispiel einer gemischten Entscheidungstabelle

verlangt verfügbar	1. Klasse 1. Klasse	1. Klasse nicht 1. Klasse	Economy Economy	Economy nicht Economy
ausgeben Ticket für auf Warteliste setzen	1. Klasse –	– J	Economy –	– J

Natürlich können nicht alle in einem Programm auftretenden Entscheidungen an einer Stelle zu einer Entscheidungstabelle zusammengefaßt werden, oder eine Tabelle würde zu umfangreich werden. Daher kann eine Entscheidungstabelle in mehrere zerlegt werden, und verschiedene Entscheidungstabellen können ähnlich Unterprogrammen miteinander verknüpft werden [87].

Jedenfalls stellen Entscheidungstabellen eine sehr übersichtliche sich selbst dokumentierende und wartungsfreundliche Möglichkeit der Programmierung dar, die durch zahlreiche Standardprogramme (z. B. IBM DECTAT) unterstützt wird, wobei die Formulierung von Bedingungen und Aktionen in viel verwendeten höheren Programmiersprachen (z. B. PL/I oder COBOL) erfolgt.

6.3.4 Datenflußdiagramme

Durch die Verwendung von HIPO und Pseudocode ist die Verwendung von Flußdiagrammen zur Darstellung logischer Abläufe unnötig geworden. Zur Darstellung von Datenflüssen sind Flußdiagramme weiterhin nützlich, vor allem weil aus dieser Darstellung der erste Schritt des Top-Down-Design, die Erstellung des Interface zum Betriebssystem in Form von Job-Control-Anweisungen erfolgt. Zusammen mit Datenstrukturen (= Datensatzbeschreibungen) und Konfigurationsdiagrammen helfen Datenflußdiagramme beim Festlegen der Quellen für Eingaben und bei der Anpassung eines Systems an eine gegebene Konfiguration.

6.3.5 Problembeschreibungssprachen

Problembeschreibungssprachen oder sog. Pseudocode sind ein weiteres Hilfsmittel der Improved Programming Techniques. Arbeitsabläufe und Programmvorgaben werden mit diesen Sprachen unter Verwendung mathematischer und logischer Symbole so dargestellt, daß sie einerseits für den Benutzer noch überprüfbar, andererseits auch für den Programmierer verständlich und eindeutig sind Interessant scheint der Einsatz einer interpretativen Sprache (z. B. APL) zur Modellbildung. So wurde ein Auswertesystem für die österreichische Nationalratswahl 1975 mit 2 Mannwochen Aufwand in APL kodiert und getestet und anschließend mit 5 Mannwochen in PL/I-Programme umgesetzt.

6.4 Entscheidung für ein bestimmtes DV-Verfahren [2, 55, 62]

In der Projektphase Systementwicklung ist der letzte Zeitpunkt sich für ein bestimmtes DV-Verfahren zu entscheiden. Diese Entscheidung schließt die Wahl zwischen Standardsoftware, anzupassender Software und selbständiger Programmierung, die Wahl zwischen einzelnen Programmiersprachen, sowie die Wahl von Hardware-Komponenten ein. Selbstverständlich können zwischen den erwähnten Teilentscheidungen Zusammenhänge bestehen, insoweit z. B., die Wahl eines Softwarepakets eine bestimmte Hardwarekonfiguration bedingt.

6.4.1 Standardsoftware

[62, 27, 55]

Die Verwendung von Standardsoftware bringt eine Reihe von Vorteilen mit sich.

- billiger als Eigenerstellung. Der Preis für ein Standardsoftwarepaket beträgt erfahrungsgemäß nur etwa 1/3 der Kosten für die Eigenerstellung.
- in kürzerer Zeit verfügbar. Je größer das Projektziel ist, desto günstiger ist das Verhältnis der Beschaffungsdauer von Standardsoftware zur Dauer der eigenen Programmierung. Durch frühere Installation werden viele Vorteile früher eintreten (vgl. Abschn. 3.2 Nutzen).
- Fixpreis. Der Aufwand für die Erstellung braucht nicht geschätzt und in Geldwert umgerechnet werden, sondern der Kauf- oder Mietpreis des Paketes ist bekannt und kann in alle Kosten/Nutzenrechnungen unveränderlich eingesetzt werden.
- Geringerer Installationsaufwand. Im günstigsten Fall entfällt die Notwendigkeit eines Projekts überhaupt. Sicherlich aber können wesentliche Teile des noch bevorstehenden Aufwands eingespart werden.
- Geringeres Installationsrisiko. Die relevanten Daten des Standardsoftwarepakets brauchen nicht geschätzt oder mittels Simulation mühsam bestimmt werden, sondern sind bereits bekannt (Laufzeit, Speicherbedarf, Konfiguration, Installationsdauer). Es gibt bereits Erfahrungen und in vielen Fällen standardisierte Netzpläne für die Implementierung.
- Bessere Dokumentation. Die Schwierigkeiten zu einer brauchbaren Dokumentation zu gelangen sind bekannt und wurden auch schon beschrieben. Für Standardsoftware liegt die Dokumentation bereits vor.
- Wartung durch Hersteller. Ein Projekt ist mit Projektende noch lange nicht wirklich abgeschlossen. Für lange Zeit danach ist mit Wartungsaufwand zur Fehlerbehebung zu rechnen. Im Fall eines Standardsoftwarepakets übernimmt der Hersteller diese Arbeiten.

- Weniger Schulung. Für Spezialgebiete müssen zur Eigenerstellung Spezialisten oft mit großen Aufwand eingeschult werden. In der späteren Folge ist man vom Verbleib dieser Spezialisten für Wartungsarbeiten abhängig.
- Benötigte Mitarbeiter können andere, gewinnbringende Arbeiten durchführen. Nicht nur, daß die Kosten für die Beschaffung geringer sind, können die benötigten Mitarbeiter in der für die Projektdurchführung veranschlagten Zeit andere Arbeiten durchführen und dort Einnahmen oder Einsparungen erzielen.

Wie immer stehen dem Vorteil auch einige Nachteile gegenüber

- Standardsoftware ist allgemein konzipiert, daher entsteht Anpassungsaufwand. Ein Standardsoftwarepaket ist auf die möglichen Bedürfnisse vieler verschiedener Benützer hin ausgerichtet. Es muß daher mit mehr oder weniger großem Aufwand an die Bedürfnisse des speziellen Benutzers angepaßt werden (wie z. B. ein Betriebssystem an eine bestimmte Hardwarekonfiguration). Dieser Aufwand sollte für gute Pakete in der Schätzung von 1/3 der Eigenerstellung bereits enthalten sein.
- Aufwendiger als für spezifische Problemlösung nötig. Infolge der Allgemeingültigkeit wird ein Standardsoftwarepaket hinsichtlich Speicherbedarf und Laufzeit nicht optimal sein. Der Beweis läßt sich meist unschwer führen, daß ein selbst erstelltes Programm die eigene Hardwarekonfiguration besser nützt (doch vgl. Abschn. 6.2 Fisher'sche Regel). Die Vielzahl der angebotenen, aber nicht benutzten Funktionen läßt Gedanken an einen unrentablen Preis aufkommen. Aber auch bei nur teilweiser Ausnützung ist ein Standardsoftwarepaket billiger.
- Kompromisse zwischen Benutzerforderungen und Leistungsangebot nötig. Organisatorische Kompromisse können erforderlich sein, wenn das Standardsoftwarepaket nicht mit dem bestehenden organisatorischen Ablauf übereinstimmt, die nötige Eingabe nicht zur Verfügung steht und erst aufbereitet werden muß, und wenn die Ausgabe hinsichtlich Darstellungsform, Zeit und dergleichen nicht den Benutzergewohnheiten entspricht. Technische Kompromisse sind erforderlich wenn die Hardwarekonfiguration des Benutzers nicht mit den Erfordernissen des Paketes übereinstimmt, das Paket eine andere Programmiersprache benutzt und wenn für verschiedene Systeme verschiedene Versionen notwendig sind.
- Psychologische Widerstände ergeben sich in einer kreativen EDV-Abteilung durch den Unwillen, etwas Fertiges übernehmen zu sollen. Sie machen sich in mannigfachen, sachlich scheinenden Einwänden bemerkbar.
- Einschränkung in den Benutzungsrechten. Standardsoftwarepakete verbleiben oft im Eigentum der Lieferfirma, dürfen nur auf einem System eingesetzt werden, dürfen nicht verändert oder weitergegeben werden usw.
- Schwierigkeit und zeitlicher Aufwand, das Angebot von Standardsoftware vollständig zu erfassen und die einzelnen Angebote eingehend zu prüfen.

Eine gute Übersicht der einzelnen Benutzerorganisationen und sonstigen Softwarequellen findet sich bei Jonas et al [55]. Bei mehreren in Frage kommenden Standardsoftwarepaketen muß mittels einer geeigneten Nutzwertmatrix (vgl. Abschn. 6.4.2 Systemauswahlverfahren) eine Entscheidung getroffen werden. Ein brauchbarer Katalog zur Softwareauswahl, vor allem im kommerziellen Bereich findet sich bei Hartmann [35].

6.4.2 Systemauswahlverfahren

Zweck aller Systemauswahlverfahren ist die Zerlegung der Gesamtbeurteilung in voneinander unabhängig durchführbare Teilbewertungen. Dabei muß sichergestellt sein, daß

- eine in die Beurteilung einbezogene Systemeigenschaft überhaupt bewertbar ist. Man unterscheidet [83].
  - *qualitative*, auch klassifikatorische *Merkmale* (z. B. vorhanden/nicht vorhanden, oder Feststellung welche von möglichen Ausprägungen einer Eigenschaft vorliegt, z. B. Start-Stop, BSC, SDLC bei DFV-Verbindungen). Qualitative Merkmale sollten nur zur Ausscheidung von Verfahren dienen, die unabdingbare Forderungen nicht erfüllen.
  - *ordinale Merkmale*, bei denen eine Rangfolge in der Ausprägung von Eigenschaften feststellbar ist (z. B. sehr gut/ausreichend/ungenügend). Bei ordinalen Merkmalen läßt sich der Abstand zwischen den Bewertungen nicht feststellen. Ist sehr gut dem ausreichend um ebensoviel überlegen, wie ausreichend dem ungenügend? Hilfestellung kann hier das Anbieten einer Notenskala (Tab. 6–3) geben, durch die der subjektive Eindruck quantifiziert wird. Diese Notenskala sollte nicht weniger als 5 und nicht mehr als 10 Werte umfassen. Wegen der letztlich doch subjektiven Beurteilung wäre eine genauere Einteilung Vorspiegelung einer nicht erreichbaren Genauigkeit. Weiterhin sollte eine derartige Bewertung nur durch mehrere Personen durchgeführt werden, damit Unterschiede in der subjektiven Bedeutung der Skalenwerte selbst einander aufheben. Für besonders komplexe Entscheidungsprobleme kann die Anwendung der Delphi-Methode empfehlenswert sein.

    Der Bewertung ordinaler Merkmale kommt bei der Systemauswahl entscheidende Bedeutung zu, da viele Eigenschaften eines DV-Verfahrens oder eines Angebots nicht meßbar sind (z. B. Qualität der Wartung, der angebotenen Schulung).
  - *quantitative*, auch metrische *Merkmale*. Diese Werte lassen sich objektiv feststellen (z. B. Durchführungszeit, Preis).
- keine wesentliche Systemeigenschaft unberücksichtigt bzw. unbeurteilt bleibt. Unerwünschte Eigenschaften müssen, wenn vorhanden als negative

Tab. 6–3. Quantifizierung ordinaler Merkmale.

quantitative Bewertung „Note"	Bedeutung
1	ausgezeichnet, alle denkbaren Eigenschaften vorhanden
2	sehr gut, alle wünschenswerten Eigenschaften vorhanden
3	gut, alle notwendigen Eigenschaften vorhanden
4	befriedigend, fast alle notwendigen Eigenschaften vorhanden
5	ausreichend, einige notwendige Eigenschaften vorhanden
6	unbefriedigend, fast alle notwendigen Eigenschaften fehlen
7	schlecht, alle notwendigen Eigenschaften fehlen

Werte berücksichtigt werden. Die Auswahl der zur Beurteilung heranzuziehenden Eigenschaften muß vor Beginn des Bewertungsverfahrens erfolgen, um subjektive Einflüsse zu vermeiden. Brauchbare, wenn auch anpassungsbedürftige Aufstellungen von Kriterien zur Systemauswahl finden sich in der Literatur [89].

- eine Trennung von objektiven (= meßbaren) und subjektiven Wertungen erfolgt. Bei den einzelnen Kriterien ist nicht nur der quantifizierbare Wert ausschlaggebend, sondern auch der Nutzen, den diese Kriterien im DV-Verfahren darstellen. Dazu erfolgt die Quantifizierung durch entsprechende Fachleute, die Gewichtung der einzelnen Kriterien durch ein Gremium von Benutzern bzw. durch das Management.
- eine Trennung zwischen Festlegung und Durchführung des Auswahlverfahrens erfolgt. Die subjektive Nutzenbewertung ist erwünscht. Darüber hinausgehende Beeinflussungsversuche, vor allem in Richtung auf die gewünschte Wahl eines persönlich bevorzugten Systems, müssen aber verhindert werden. Das bedeutet, daß die Festlegung eines Kriterienkatalogs und der Kriteriengewichtung ohne Kenntnis der möglichen Einflüsse auf das Bewertungsergebnis erfolgen muß. Am zweckmäßigsten legt man das Auswahlverfahren vor Beginn der Informationssammlung (z. B. Ausschreibung, Studium von Prospekten) fest.
- Vor- und Nachteile des einen Systems in geeigneter Weise gegen Vor- und Nachteile anderer Systeme aufrechnen. Dazu werden quantifizierte Werte und Gewichtungsfaktoren zu einer Nutzwertmatrix zusammengestellt (Tab. 6–4.). Da die einzelnen Werte größenordnungsmäßig nicht miteinander

Tab. 6–4. Beispiel einer Nutzwertmatrix (stark vereinfacht) [21].

Kriterium	Gewichtung	Varianten A		B		C		D	
Kosten									
einmalig	10	1	10	0.8	8	0.6	6	0.8	8
laufend	20	0.8	16	0.8	16	0.8	16	1	20
HW-Leistung									
CPU	10	1	10	1.3	13	1.3	13	1.6	16
Peripherie	15	1.3	19.5	1.3	19.5	1.3	19.5	1.3	19.5
SW-Leistung									
Betriebssystem	5	1.25	6.25	1	5	1	5	1	5
Dienstprogramm	5	1.25	6.25	1	5	1	5	1.25	6.25
Compiler	10	1	10	1	10	1.25	12.5	1.25	12.5
Anwendungsprogramme	10	1.5	15	1	10	1	10	2.5	25
Service									
Wartung	8	1	8	1.3	10.4	1.3	10.4	1	8
Unterstützung	4	1	4	2	8	1.25	5	1.25	5
Schulung	3	1.25	3.75	1	3	1	3	1.5	4.5
Summe			108.75		107.9		105.4		129.75
Rang			2		3		4		1

vergleichbar sind, Zugriffszeiten werden bei 10^{-3} Sekunden, Preise bei 10^5 Währungseinheiten liegen, ist es nötig, die Werte zu normieren. Dazu erhält der günstigste Wert die Note 1, die anderen Werte Noten im entsprechenden Verhältnis. Dabei muß auch berücksichtigt werden, daß bei manchen Kriterien hohe Werte z. B. Leistung, bei anderen niedere Werte z. B. Preis erwünscht sind.

Ein Auswahlverfahren kann auch in der Durchführung von Paarvergleichen für alle möglichen Systempaare bestehen [83]. Dabei wird jeweils für zwei in Frage kommende Systeme das überlegene festgestellt. Der Vorteil dabei ist, daß zusätzlich zur Trennung von subjektiver und objektiver Wertung, das Endergebnis des Auswahlverfahrens schwierig abzusehen ist. Nachteilig ist der größere Aufwand, sowie die Möglichkeit, daß sich bei längerem Verfahren die subjektive Bedeutung ordinaler Skalen verschieben kann.
kann.

- Die Bewertung soll unempfindlich gegen Fehler bei den subjektiven Einschätzungen sein. Um das zu überprüfen, gibt es zwei Möglichkeiten, die zweckmäßigerweise beide angewendet werden sollen.
  - Sensibilitätsanalyse
  - Verwendung einer Verzichtsrangfolge

Bei der Sensibilitätsanalyse werden subjektive Beurteilungen innerhalb geschätzter Fehlergrenzen verändert. Damit kann geprüft werden, ob sich die Rangfolge ändert, und gegen welche Änderungen die Rangfolge am empfindlichsten ist (Tab. 6-5.).

Tab. 6-5. Sensibilitätsanalyse der Nutzwertmatrix aus [21].

Kriterium	Gewichtung	Varianten A		B		C		D	
Kosten									
einmalig	5	0.8	4	1	5	0.8	4	1	5
laufend	30	0.8	24	0.8	24	1	30	0.8	24
HW-Leistung									
CPU	5	1	5	1	5	1.3	6.5	1.6	8
Peripherie	10	1.3	13	1.6	16	1	10	1.3	13
SW-Leistung									
Betriebssystem	5	1.3	6.5	1.3	6.5	1.3	6.5	1.3	6.5
Dienstprogramm	5	1.25	6.25	1	5	1	5	1	5
Compiler	10	1	10	1	10	1.3	13	1.6	16
Anwendungsprogramm	15	1	15	1	15	1.5	22.5	2.5	37.5
Service									
Wartung	10	1	10	1.3	13	1	10	1	10
Unterstützung	2	1	2	1.3	2.6	1.6	3.2	1.6	3.2
Schulung	3	1.3	3.9	1	3	1	3	1.3	3.9
Summe			99.65		105.1		113.7		132.1
Rang			4		3		2		1

In diesem Beispiel zeigt sich, daß die Bewertung zwar in Bezug auf die Variante D stabil ist, hinsichtlich der Varianten A, B und C aber sensibel. Das bedeutet, daß das Auswahlverfahren keine eindeutige Lösung geliefert hätte und nochmals überprüft werden müßte, wenn nur die Varianten A, B und C zu beurteilen gewesen wären.

Bei der Verwendung einer Verzichtsrangfolge wird geprüft, ob das Weglassen von Kriterien etwas an der Rangfolge ändert [83]. Als Verzichtsrangfolge kann, wie im Beispiel (Tab. 6-6), die prozentuelle Gewichtung herangezogen werden. Oder es muß bereits Teil der Festlegung des Auswahlverfahrens sein, welche Eigenschaft von den zur Beurteilung herangezogenen die unwichtigste, welche die nächstunwichtige usw. ist. In dieser Reihenfolge werden die Kriterien weggelassen und die Rangfolge neu ermittelt. Im Beispiel zeigt sich, daß Variante D eindeutig überlegen ist, bei den Va-

Tab. 6–6. Untersuchung der Nutzwertmatrix aus Tab. 6–4. nach Verzichtsrangfolge.

Kriterium	Gewichtung	Varianten A	B	C	D
Ergebnis der Nutzwertmatrix		108.75	107.9	105.4	129.75
Rang		2	3	4	1
– Schulung	3	- 3.75 105.0	- 3 104.9	- 3 102.4	- 4.5 125.25
Rang		2	3	4	1
– Unterstützung	4	- 4 101.0	- 8 96.9	- 5 97.4	- 5 120.25
Rang		2	4	3	1

rianten B und C aber die Überlegenheit wechselt. Daher müßte bei einem Vergleich der Varianten B und C das Ergebnis bezweifelt werden. Keine der beiden Varianten kann als eindeutig überlegen angesehen werden.

Das hier beschriebene Systemauswahlverfahren setzt voraus, daß ein einmal bestimmter Wert sicher ist. Wesentlich komplizierter wird die Systemauswahl, wenn zusätzlich auch noch Wahrscheinlichkeiten, mit denen bestimmte Eigenschaften gegeben sein werden (z. B. endgültige Projektkosten) mit in die Auswahl einbezogen werden müssen.

Diese sog. „Entscheidungen unter Risiko" sollen hier nicht näher behandelt werden.

Eine detaillierte Darstellung verschiedener Formen der Kosten/Nutzenrechnung im Rahmen eines DV-Projekts findet sich bei Dworatschek und Donike [22].

6.4.3 Systemvergleichsverfahren

Die reinen technischen Kennziffern der einzelnen Hardwarekomponenten eines Computersystems wie Zykluszeit, Zugriffszeit, Hauptspeichergröße usw. haben durch die starke Verflechtung mit Softwarekomponenten ihre Bedeutung als Bewertungsgrundlagen verloren. Weiterhin hängt der wirtschaftliche Einsatz einer Anlage nicht von der Leistungsfähigkeit der Hardwarekomponenten ab, sondern allenfalls vom jeweiligen Leistungsengpaß. So ist die Zykluszeit für Ein/Ausgabe intensive Anwendungen ebenso bedeutungslos wie die Plattenzugriffszeit für rechenintensive [32] und eine Angabe der Hauptspeichergröße ist nur relevant im Zusammenhang mit der Größe des Betriebssystems. Zur Beurteilung der Systemleistung muß daher in geeigneter Weise die Geschwindigkeit herangezogen werden, mit der das System die Anforderungen der Benutzer erfüllen wird. Um diese Geschwindigkeit zu schätzen existieren mehrere Möglichkeiten [90, 16, 92].

- *Formeln.* Dies ist der einfachste Weg, bei dem Parameter wie Speichergröße, Zykluszeit, Wortgröße, Zeit für die Durchführung einzelner Instruktionen usw. mit entsprechenden Gewichtungsfaktoren zu einer Formel zusammengestellt werden, welche die Leistung beschreibt. Allerdings sind solche Formeln sehr ungenau und auch nicht geeignet Multiprogramming, asynchrone Verarbeitung usw. zu beschreiben.
- *Schreibtisch-Timing.* Dabei werden Anwendungsprogramme analysiert, die Instruktionsart, -zahl und -länge sowie die Zugriffshäufigkeit zu externen Speichern geschätzt und daraus die Durchführungszeit bestimmt. Diese Methode wird häufig bei Datenbanksystemen zur Bestimmung der sogenannten „*path length*" angewendet. Obwohl auch diese Methode wenig genauer ist als Formeln und ebenso Multiprogramming nicht erfassen kann, ist sie besonders für kleinere Systeme mit überwiegend Ein/Ausgabeaktivität ein rascher und billiger Weg zur Leistungsbestimmung.
- *Instruktionsmixes.* Dies ist ein Satz von Instruktionen, von dem angenommen wird, daß er repräsentativ für die Anwendungsprogramme ist. Da jedoch von der Durchführungszeit relativ weniger Instruktionen eine Extrapolation auf die Anwendungsprogramme erfolgt, ist diese Methode zwangsläufig ungenau. Unterschiedliche Wortlängen, Ein/Ausgabebefehle, Peripherie und Multiprogramming sind nicht berücksichtigt. Dennoch gibt es zahlreiche Mixes, und dieses Vergleichsverfahren ist weit verbreitet. Mixkennzahlen sind brauchbar für den relativen Vergleich von Zentraleinheiten aber wenig aussagekräftig für die Ermittlung der Leistungsfähigkeit in Hinblick auf die Abarbeitung eines vorgegebenen Jobprofils [36].
- *Kernels.* Ein Kernel ist ein kleines Programm, von dessen Durchführungszeit auf die Leistungsfähigkeit geschlossen wird. Typische Kernels sind Matrixinversionen, Quadratwurzelberechnungen, Polynomentwicklungen usw. Vorteilhaft ist, daß die Systemleistung dabei in Bezug auf ein Problem gemessen wird, unabhängig von den zur Ausführung kommenden Hardwareinstruktionen. Schwierigkeiten mit unterschiedlichen Wortlängen. Auswahl geeigneter Befehle aus einer Menge ähnlicher Befehle usw. entfallen. Zur Abschätzung der Leistungsfähigkeit in Bezug auf ein Jobprofil müssen allerdings mehrere Kernels mit unterschiedlicher Gewichtung eingesetzt werden, wodurch bereits wieder ein subjektives Moment dazukommt. Das Ergebnis ist auch stark von der Qualität der Programmierung abhängig, da für verschiedene Anlagen meist auch eigene Programme erstellt werden müssen, wodurch die Qualität der verwendeten Compiler einen zusätzlichen Einfluß ausübt. Insofern können Kernels einmal untereinander ungleichgewichtig sein, andererseits brauchen sie nicht den Ausbildungsstand der später eingesetz-

ten Programmierer repräsentieren. Weitere Nachteile sind, daß Multiprogramming nicht berücksichtigt ist, sowie daß nur die Leistungsfähigkeit der Zentraleinheit bewertet wird. Es bestehen starke Zweifel, daß Kernels für ein spezielles Jobprofil repräsentativ sind. Da sie vor allem aus wissenschaftlichen Berechnungen bestehen, erscheinen sie ungeeignet für den Vergleich kaufmännisch genützter Systeme.

- *Benchmarkgenerierung.* Darunter versteht man ein Simulationsprogramm, das nach Eingabe von Parametern über Zugriffshäufigkeiten, Programmgrößen usw. ausführbare Programme generiert. Hauptvorteil dieser Methode ist die leichte Einsetzbarkeit auf verschiedenen Systemen. Andererseits ist es schwierig, das Simulationsprogramm so einzurichten, daß die generierten Programme für die tatsächliche Arbeitsbelastung repräsentativ sind. Selbst wenn das gelingt, ist es in einer Diskussion schwer zu beweisen, sodaß Vergleichsergebnisse, die so gewonnen wurden, leicht verworfen werden. Zweckmäßigerweise werden Benchmarkgenerierungsprogramme eingesetzt, um aus vielen zur Auswahl stehenden Systemen diejenigen auszusuchen, auf denen dann ein echter Benchmark gefahren wird.
- *Standardbenchmark.* Dies ist ein Satz echter, also nicht simulierter bzw. generierter Programme, der im Umfang über einen Satz von Kernels hinausgeht. Vor allem Herstellerfirmen besitzen Standardbenchmarks, um die unterschiedlichen Leistungen verschiedener Modelle zu vergleichen. Auch große Anwenderorganisationen (z. B. Auerbach-Corporation) besitzen Standardbenchmarks zum Vergleich von Systemen verschiedener Hersteller. Bei derartigen Vergleichen kommt es stark auf Präferenzen an, welche Ergebnisse als repräsentativ dargestellt werden. Natürlich leidet die Genauigkeit der Ergebnisse wieder darunter, daß ein Standardbenchmark nicht aus tatsächlichen Anwendungsprogrammen abgeleitet wird.
  Für Auswahlverfahren in Projekten ist die Erstellung eines Standardbenchmarks meist zu aufwendig.
- *Echte Benchmarks.* Nach Untersuchung der durchgeführten Arbeiten einer längeren Zeit werden typische Programme aus repräsentativen Anwendungsgebieten ausgewählt und zu einer echten Benchmark zusammengestellt. Zwar ist diese Methode die einzige einigermaßen repräsentative, bringt aber auch eine Menge von Nachteilen mit sich. Echte Benchmarks sind aufwendig vorzubereiten, insbesonders wenn sie auf verschiedenen Anlagen laufen sollen. Zusätzlich tritt dabei das Problem auf, daß die Hersteller Veränderungen an den ausgewählten Programmen vornehmen müssen, wobei aber gewährleistet bleiben soll, daß die Programme weiterhin repräsentativ sind. Überhaupt werden Benchmarks meist von bestausgebildetem Herstellerpersonal in wochenlanger Arbeit optimiert. Dabei werden Techniken und Wissen angewendet, die dem durchschnittlichen Anwender entweder nicht zur Verfügung stehen, oder die er aus irgendwelchen Gründen gar nicht anwen-

den möchte [16]. Dinge, wie Benutzerfreundlichkeit und leichte Handhabung, die später Turnaroundzeiten viel stärker beeinflussen als reine Ausführungszeiten, bleiben unberücksichtigt. Wie wird die Systemleistung sein, wenn jeder zweite Job wegen eines Jobcontrolfehlers abstürzt?

Die Reihenfolge der Durchführung der einzelnen Programme stellt ein weiteres Problem dar. In einem Multiprogrammingsystem wird wahrscheinlich ein Programm nach Ende der übrigen noch für einige Zeit laufen (Abb. 6-5). Dadurch wird das Ergebnis mehr oder weniger stark verfälscht, da im echten Betrieb, die freie Kapazität durch andere, im Benchmark nicht berücksichtigte Programme verwendet worden wäre.

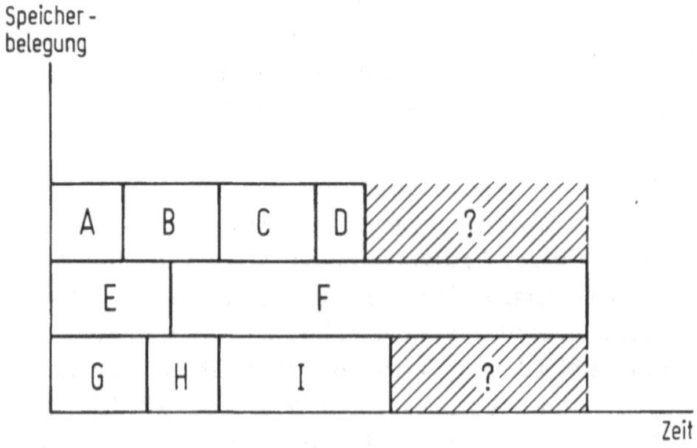

Abb. 6-5. „Tailing"-Problem bei Benchmarktests.

In einem Projekt wird zusätzlich die Schwierigkeit auftreten, daß entweder alle Hardwarekomponenten der zu vergleichenden Systeme, oder die noch zu entwickelnden Anwendungsprogramme nicht verfügbar sind.

- *Simulation.* Bei Simulationsverfahren zur Systemauswahl werden nicht nur die Anwendungsprogramme simuliert (wie bei Benchmarkgenerierung) sondern auch das System wird durch ein Simulationsprogramm dargestellt. Abgesehen von der im Vergleich zu Benchmarks einfachen Durchführung ist Simulation die einzige Möglichkeit, die Leistung noch nicht entwickelter Systeme zu vergleichen. Die Fehlergrenzen werden mit etwa ± 30% angegeben. Bekannte Methoden sind SCERT [90, 36], COSMA [36], CASE und SAM [90]. (SCERT = Systems and Computers Evaluation and Review, COSMA = Computer Selection mit Matrizenmodellen, CASE = Computer Aided Systems Evaluation, SAM = Systems Analyses Machine).

- *Analytische Modelle*. Es gab auch einige Versuche, analytische Modelle als Systemauswahlverfahren einzusetzen, da sie die bereits diskutierten Vorteile über Simulationsmodelle haben [90]. Allerdings scheinen analytische Modelle für Systemvergleiche nicht über ein Entwurfsstadium hinausgekommen zu sein.

Gleichgültig welche Systemvergleichsverfahren angewendet werden, darf der Projektleiter nicht vergessen, daß

- reine Durchführungsleistung, egal wie gemessen, einen immer geringen Einfluß auf die Leistungsfähigkeit eines Systems ausübt. Andere Qualitäten, wie Benutzerfreundlichkeit, einfache Wiederanlaufsverfahren, Schulung, Wartung und Erfahrung sind wesentlich wichtiger.
- ein Systemvergleichsverfahren nur die Leistung für ein bestimmtes Jobprofil messen kann. Erfahrungsgemäß ändern sich die Anforderungen an ein System während seiner Lebenszeit stark, nicht zuletzt durch den Einfluß den das System selbst mit seinem Leistungsangebot ausübt.
- vor allem bei Preisvergleichen, aber auch bei Leistungszusagen, ein Angebot das stark von den übrigen abweicht, mit besonderer Vorsicht geprüft werden sollte. „Die meisten Niedriggebote entstehen durch Mangel an Verständnis für die Komplexität eines Problems oder stammen von einem Unternehmen, das verzweifelt versucht im Geschäft zu bleiben [7]“. Knapp kalkulierte Angebote verursachen oft zusätzliche Entwicklungskosten durch die Notwendigkeit besonderer Optimierungstricks (vgl. Abschn. 14).
- nicht nur die gegenwärtigen Angebote verglichen werden sollten, sondern auch die mögliche zukünftige Entwicklung in alle Überlegungen einbezogen werden muß. „Eine bedeutende Zahl von Hardwareherstellern, ‚turn key‘-Lieferfirmen und Softwarehäusern waren nicht fähig ihr Unternehmen ökonomisch zu führen und verschwanden freiwillig oder unfreiwillig vom Markt [7]“.

  Auch hier gilt Fisher's Gesetz, daß die am stärksten angepaßten Systeme, die am wenigsten flexiblen sind. Daher muß überlegt werden, wie ausbaufähig ein System bzw. die Produktlinie ist, und welche Umstellungskosten bei einem eventuellen Wechsel entstehen. Natürlich wird dies durch die Unkenntnis und Unsicherheit der zukünftigen Entwicklung erschwert, wodurch breiten Produktangeboten und kompatiblen Produktlinien der Vorzug zu geben ist. Nur schwer können Vor- und Nachteile der Neuheit eines Systems bewertet werden. Einerseits bietet eine relativ junge Systemreihe die Wahrscheinlichkeit, daß sie noch längere Zeit angeboten und erweitert wird, andererseits benötigt insbesondere die Systemsoftware einige Zeit, um einigermaßen fehlerfrei zu sein.

Unter Berücksichtigung dieser Einschränkungen sollte dem reinen Hardwarevergleich kein allzu großes Gewicht bei der Systemauswahl beigemessen werden.

6.4.4 Wahl einer Programmiersprache

Bei der Wahl von Programmiersprachen müssen folgende Punkte beachtet werden

- Kompatibilität zu gegenwärtig eingesetzten Sprachen
- Vergleich von Entwicklungskosten und Betriebskosten
- Verfügbarkeit von Personal

Natürlich sind bereits eingesetzte Programmiersprachen ein starker Motivator, dabei zu bleiben („Tradition"), und sie verursachen keinen zusätzlichen Implementierungsaufwand für Schulung und Installation der entsprechenden Compiler. Trotzdem sollte man nicht darauf verzichten, auch andere verfügbare Sprachen in Erwägung zu ziehen, insbesondere wenn es auf rasche Entwicklung oder geringe Entwicklungskosten ankommt. Bei einem vergleichenden Versuch einer amerikanischen Bank wurde das gleiche Programm in den Sprachen ALGOL, FORTRAN, APL und POL (Procedure Oriented Language = eine Makrosprache, in der ohne Rücksicht auf Ein/Ausgaben kodiert werden kann) gelöst (Tabelle 6–7.).

Tab. 6–7. Vergleich von Entwicklungs- und Ausführungsaufwand in verschiedenen Programmiersprachen [17].

Sprache	Entwicklungszeit (Stunden)	Ausführungszeit (Sekunden)	Entwicklungskosten ($)	Ausführungskosten ($)
POL	3	192	190	28,80
POL	5	53	200	7.95
APL	5.5	4	240	0.44
ALGOL	8.5	1.3	315	0.21
FORTRAN	20	0.5	600	0.11
ALGOL	29	5	680	0,75

Dabei zeigten sich Verhältnisse zwischen den jeweils günstigsten und ungünstigsten Ergebnissen von

1:10 bei der Entwicklungszeit
1:384 bei der Ausführungszeit
1:3,6 bei den Entwicklungskosten
1:262 bei den Ausführungskosten.

Bei einem Vergleich von APL und FORTRAN zeigt sich, daß hinsichtlich der Kosten das optimale FORTRAN-Programm etwa 1000mal durchgeführt werden müßte bis die Summe von Entwicklungs- und Ausführungskosten gleich der des APL-Programms ist.

Diese Ausführungen müssen wohlgemerkt ohne zwischenzeitliche Änderungen erfolgen, eine Voraussetzung, die nicht oft gegeben sein wird. Für zeitunkritische Programme, also im allgemeinen Programme, die nicht im Realzeitbetrieb durchgeführt werden, sind interpretative Sprachen eine beachtenswerte Alternative.

Ein weiterer Gesichtspunkt bei der Wahl einer Programmiersprache ist die Verbreitung ihrer Anwendung, das heißt, wie viele Kodierer sie beherrschen. Es gibt zahlreiche Spezialsprachen, die sich hinsichtlich einfacher Kodierung und effizienter Programmdurchführung hervorragend für ein bestimmtes Anwendungsgebiet eignen würden. Allerdings begibt man sich damit in eine Abhängigkeit vom Spezialwissen einiger weniger Leute, eine Abhängigkeit, die sich vor allem bei späterer Wartung auswirken kann.

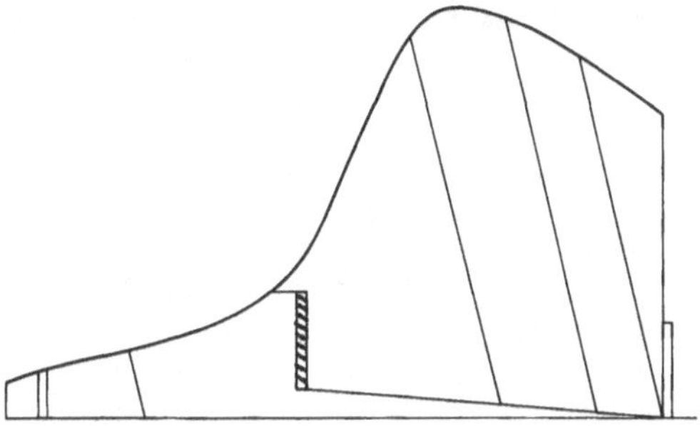

7. Projektfreigabe

Am Ende der Projektphase Systementwicklung steigen der Arbeitsaufwand und die Kosten steil an. Die wichtigsten und kostspieligsten Hilfsmittel sind jetzt verplant und müssen vertraglich oder vereinbarungsmäßig fixiert werden. Die Entscheidung über das anzuwendende DV-Verfahren und damit über die zukünftige Systemkonfiguration ist gefallen und fixiert. Jedes Problem und jede Änderung, die jetzt auftreten können wesentliche Teile der bisher durchgeführten Arbeit wertlos machen und drohen somit kostspielig zu werden.

Zu diesem Zeitpunkt können gültige Schätzungen über die Leistung des zu entwickelnden Systems und über den zur Entwicklung nötigen Aufwand gemacht werden (vgl. Abschn. 12.2 Schätzungsverfahren für die Phase II). Dadurch ist eine Überprüfung der seinerzeit bei der Projektgründung gemachten Annahmen möglich. Die Einsetzung der bis zur Projektfreigabe ermittelten Werte bestätigt oder widerlegt die Rentabilität des Projekts.

Die Wahl des Zeitpunkts für das Projektfreigabereview wird von zwei Faktoren bestimmt. Einerseits muß er vor dem Verbrauch des Großteils der Hilfsmittel liegen, andererseits müssen genügend Informationen als Entscheidungsgrundlagen vorliegen. Man muß sich aber vor dem Irrglauben hüten, durch Hinauszögern der Entscheidung würden wesentlich mehr Informationen zur Verfügung stehen (Abb. 7-1.).

Mit der Freigabe des Projekts wird ein „point of no return" überschritten, von dem an ein Abbruch nicht mehr sinnvoll, praktikabel oder möglich ist. Folgeschäden kommerzieller und sozialer Art, Prestigeverlust bei den Benutzern und Imageverlust für das Unternehmen auf dem Markt bis hin zum Verlust ganzer Märkte sowie die Notwendigkeit der Vertragserfüllung machen einen Projektabbruch ab nun unmöglich.

Für ganz spezielle Notfälle mag es die Möglichkeit geben, das Projekt „einzufrieren", also die Abwicklung auf einen späteren Zeitpunkt zu verschieben [21].

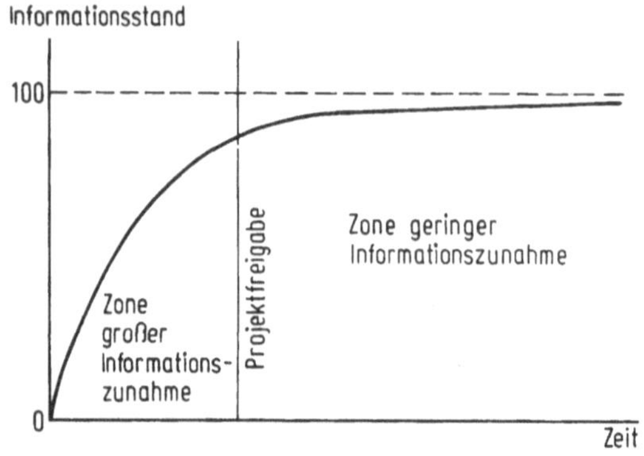

Abb. 7-1. Veränderung des Informationsstands während der Projektdurchführung.

Sicherlich können einige Projektteile eingefroren werden (Zeichnungen, Modelle, Prototypen usw.). Andere Projektteile können nicht zusammengehalten werden, diese sind das Projektteam, dessen Mitglieder an anderen Projekten zu arbeiten beginnen, weiterhin der Wissenstand, der bei Nichtbeschäftigung dem Vergessen anheim fällt. Schließlich lassen sich natürlich auch gleichlaufende Bemühungen der Konkurrenz zur Entwicklung eines ähnlichen Systems nicht verhindern.

Eine Wartungsgruppe kann dazu eingesetzt werden, wenigstens bei der technischen Entwicklung auf dem Laufenden zu bleiben (vgl. Abschn. 5.3.2 Literatursammelstelle).

Für das Projektfreigabereview gelten die gleichen Regeln wie für alle Reviews. Es muß schon von Projektbeginn an fest eingeplant sein, um zu vermeiden, daß Mitarbeiter sich überprüft fühlen. Der Teilnehmerkreis sollte nicht nur Projektmitarbeiter sondern auch alle Beteiligten und Betroffenen umfassen. Um die große Bedeutung dieses Reviews herauszustreichen sollte genügend Zeit dafür reserviert werden und die Abhaltung nicht am normalen Arbeitsplatz erfolgen.

Das Ergebnis ist nicht nur eine Entscheidung über die Chancen der Projektrealisierung sondern auch wieder ein gemeinsamer Wissenstand für das gesamte Projektteam und alle Beteiligten.

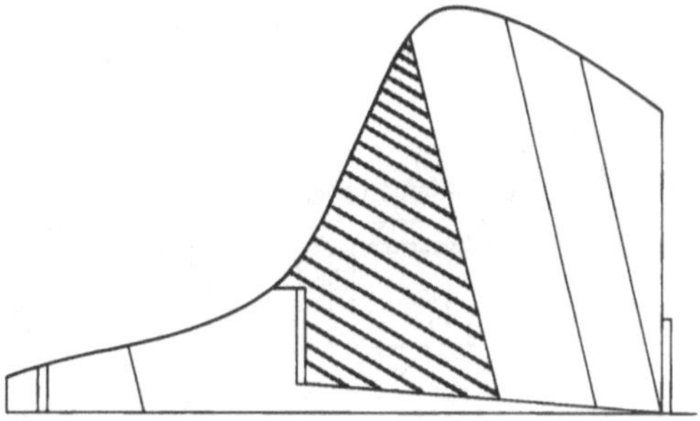

8. Systemimplementierung

In der Projektphase Systemimplementierung wird

- die interne Verarbeitungslogik der in den funktionellen Spezifikationen festgelegten Moduln entwickelt (Detailentwicklung = Programmierung)
- diese Logik in die jeweilige Programmiersprache umgesetzt (Kodierung)
- und dieser Modul in einer vom Programmierer erstellten Umgebung getestet (Einzeltest).

Die Hauptfunktion des Projektleiters während der Phase Systemimplementierung sind

- Überwachung einer vollständigen Programmierung und Kodierung
- Überwachung der Dokumentation (das heißt, daß dokumentiert wird und daß Standards eingehalten werden)
- Kontrolle der Veränderungen in Systemanforderungskatalog und funktionellen Spezifikationen
- Überwachung des Arbeitsfortschritts und des Projektplans
- Sicherstellung des Berichtswesens.

Aus den Programmiererfahrungen der vergangenen Jahre haben sich einige Organisationsformen und Vorgangsweisen als besonders vorteilhaft für Systemimplementierung und die darauf folgende Testphase erwiesen:

- Development Support Library und Chief Programmers Team
- Strukturierte Programmierung
- TopDown-Entwicklung

8.1 Development Support Library [4]

Bei der Organisationsform der Development Support Library (DSL) (Abb. 8–1) schiebt sich zwischen den Programmierer bzw. die Programmiererteams und das

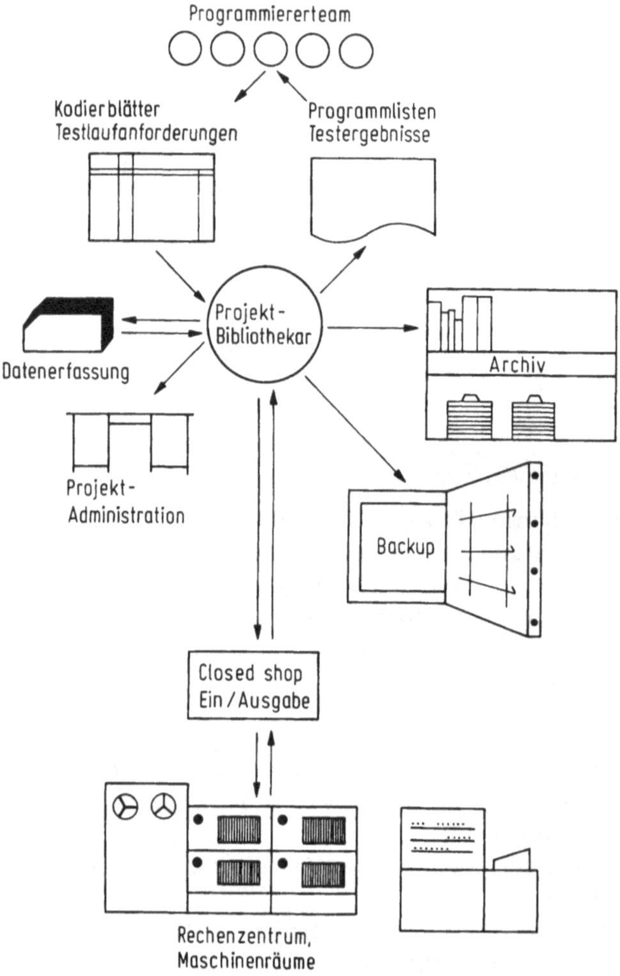

Abb. 8-1. Organisationsform der Development Support Library, Stellung und Funktion des Projektbibliothekars.

System, auf dem die Testarbeiten durchgeführt werden, ein sog. *Projektbibliothekar*. Er hat als einziger Zugriff zu maschinlesbaren Daten, das heißt insbesondere, daß alle Testanforderungen und -vorbereitungen über ihn gehen müssen. Damit sind folgende Vorteile verbunden:

- Entlastung der Programmierer von administrativer Arbeit (z. B. Backup-Kopien auf letztem Stand halten, Fortschrittsbereichte, Kommunikation mit Datenerfassung und Arbeitsvorbereitung, Maschinenzeitabrechnungen)

- Unterstützung der Programmierer bei Problemen mit Betriebssystem, Konfiguration Standardsoftware und Hilfsprogrammen (z. B. Vorbereitung und Aufruf von JobControl-Prozeduren, Zuordnung und Aufbau von Dateien)
- jederzeit gültige Information über den Stand der Entwicklung. Da alle Testanforderungen und alle Ergebnisse über ihn laufen, hat der Projektbibliothekar stets einen Überblick über den Fortschritt. Besonders bei der Verfolgung von Änderungsarbeiten kann so leicht die Übersicht behalten werden und der Übergang von einer Version des Systems zur nächsten kontrolliert erfolgen. Gegebenenfalls ist auch ein Zurückgehen auf eine frühere Version leicht möglich.
  Wichtig ist es allerdings, daß der Projektbibliothekar nicht in den Ruf des Aufpassers kommt, daher muß seine Rolle von Beginn an offen besprochen werden und die Betonung auf Entlastung und Unterstützung liegen (wie bei Reviews).
- Einhaltung von Standards. Der Projektbibliothekar kann als zentrale Stelle auch die Einhaltung aller Standards (Parameterübergabe, Programmierstandards, Aufruf von Programmen usw.) leicht überwachen und die Programmierer dabei unterstützen.
- Schutz vor überhasteten Änderungen und ihren Folgen. Wenn die Programmbibliotheken dem unmittelbaren Zugriff der Programmierer entzogen sind, kann es nicht zu überhasteten Änderungen und nicht durchdachten „Verbesserungen" kommen, die ein bereits funktionierendes System wieder außer Betrieb setzen.
- Rationelle Ausnützung von Maschinenzeit. Durch die Vermeidung rein formaler Fehler bei der Systembenutzung (z. B. Job Control Fehler) und die Möglichkeit verschiedene Tests in einem Testlauf zusammenzustellen (z. B. gemeinsame Benützung von Test- und Arbeitsdatenbeständen), kann die zur Verfügung stehende Maschinenzeit besser ausgenutzt werden.
- Größere Sicherheit nach Zerstörung oder Verlust von Daten oder Programmen. Die sonst unter Zeitdruck gerne vergessenen Sicherungsmaßnahmen für Backup-Kopien werden vom Projektbibliothekar routinemäßig durchgeführt und gewährleisten dadurch ein reibungsloses Wiederaufsetzen.
- Größere Sicherheit gegen die meisten Fälle von Mißbrauch durch Funktionstrennung (vgl. Abschn. 5.3.10 Sicherheitsplan).

Im Fall der Dialogprogrammierung (Abb. 8-2) hat der Projektbibliothekar die Aufgaben

- die Programmierer bei der Benutzung des Dialogsystems zu beraten und zu unterstützen
- die verschiedenen Datenbestände zu warten
- als fertiggemeldete Programmoduln in Bibliotheken zu übertragen, in denen sie nicht mehr verändert werden können

○ die statistischen Angaben, die das Dialogsystem liefert (Maschinenzeit, Zugriffe usw.) auszuwerten.

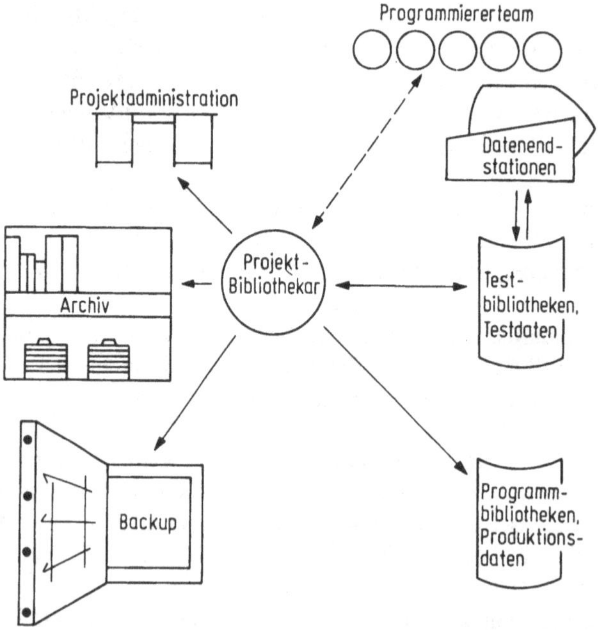

Abb. 8–2. Organisationsform der Development Support Library bei Dialogprogrammierung.

Die schwierigste Aufgabe für den Projektleiter bei der Einrichtung der Organisationsform der DSL ist, einen geeigneten Projektbibliothekar zu finden. Dies sollte ein erfahrener Programmierer mit genügend Betriebssystemkenntnissen sein, also einer, den man lieber bei der Produktionsarbeit sähe. Auch dieser Programmierer selbst wird sich zu Beginn nur schwer damit abfinden können, auf eine rein unterstützende Rolle beschränkt zu sein. In dem Maße, in dem es dem Projektleiter jedoch gelingt, die Bedeutung der Teamarbeit herauszustellen, wird die Aufgabe einen geeigneten Mitarbeiter zur Übernahme dieser Aufgabe zu motivieren leichter, umso mehr als es zu einer bald feststellbaren Produktivitätssteigerung führt.

Zur Unterstützung der Bibliothekarsfunktion sind einige Standardsoftwarepakete auf dem Markt. Vor deren Beschaffung sollte man allerdings die Möglichkeiten des vorhandenen Betriebssystems prüfen, ob nicht durch geeigneten Einsatz oder einfache Erweiterungen von Hilfsprogrammen (Utilities) ein geeignetes Paket zusammengestellt werden kann [58].

8.2 Chief Programmers Team Organisation [4]

Die Zusammenfassung mehrerer, oft unerfahrener Programmierer zu einem Projektteam, unter der Führung eines fachlich wenig informierten Projektleiters, bringt erfahrungsgemäß Nachteile mit sich, die sich durch die Organisationsform der Chief Programmers Team Organisation (CPTO) vermeiden lassen. In dieser Organisationsform gibt es vier Rollen (Abb. 8-3.).

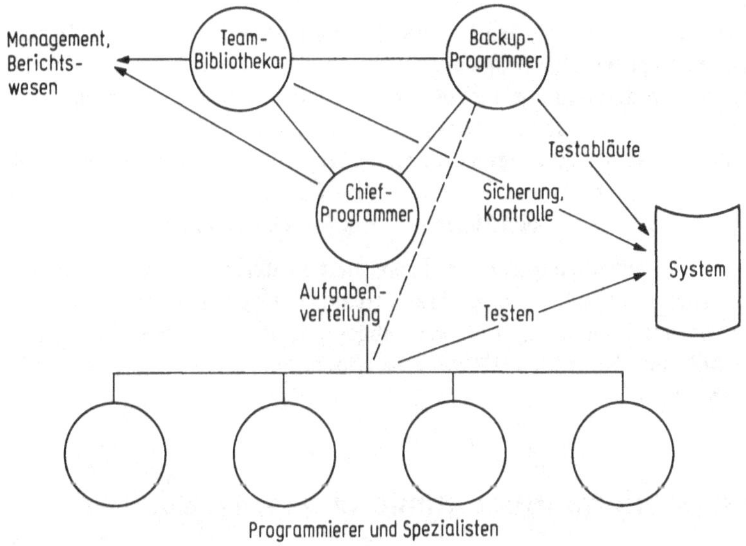

Abb. 8-3. Chief Programmers Team Organisation.

Den *Chief-Programmer*, der als erfahrener Fachmann mit guten Kenntnissen der eingesetzten Programmiersprachen und des Betriebssystems die Strukturierung des seinem Team übertragenen Problems übernimmt. Kritische Teile dieses Systems sowie Programme, die auf dem kritischen Weg (vgl. Abschn. 5.3.4 Netzplantechnik) liegen, werden von ihm programmiert und kodiert. Weiterhin berät er seine Teammitarbeiter und sorgt zusammen mit dem Bibliothekar für das Berichtswesen.

Der *Backup-Programmer* ist ebenfalls ein erfahrener Fachmann mit Kenntnissen, die ihn befähigen, den Chief-Programmer zu vertreten oder im Falle von Beförderung, Krankheit oder Kündigung zu ersetzen und so die Kontinuität des Projekts zu gewährleisten. Zusätzlich sorgt er für das Zusammenstellen von Testabläufen.

Der *Teambibliothekar* übernimmt Wartungs- und Dokumentationsaufgaben (vgl. Abschn. 8.1 DSL) und unterstützt den Chief-Programmer im Berichtswesen.

Die Programmierer sind entweder noch relativ unerfahrene Mitarbeiter, die unter Anleitung an einfacheren Problemstellungen arbeiten, oder Spezialisten, die sich nur um ihr Spezialproblem aber sonst um keine projektbezogenen Details kümmern.

Je nach Projektgröße können mehrere Chief-Programmer-Teams zur Bearbeitung von Teilprojekten zusammengefaßt sein.

Ein schwieriges Problem für den Projektleiter in Zusammenhang mit DSL und CPTO ist, einen geeigneten Projekt- bzw. Team-Bibliothekar zu finden. Nicht nur das, sondern den dafür geeigneten Programmierer davon zu überzeugen, daß dies eine dankbare Aufgabe sei. Dies ist teilweise auf das Wort „Bibliothekar" und die damit assozierten untergeordneten Tätigkeiten zurückzuführen. Cooke [18] zitiert einige dafür typische Argumente: „Eine Frau ist wohl am besten geeignet" oder „Machen wir den Meier zum Bibliothekar, dann kündigt er!".

Es wird vom Fingerspitzengefühl des Projektleiters abhängen diese wichtige Position innerhalb und außerhalb des Projektteams richtig einzuführen. Dazu kann auch ein besserer Titel als Bibliothekar einiges beitragen. Cooke schlägt „Administrator" und „Koordinator" vor, eine andere brauchbare Alternative wäre „Projekt-Support".

8.3 Strukturierte Programmierung [4, 47, 84]

Strukturierte Programmierung beruht auf dem Strukturtheorem von Böhm und Jacopini [12], in dem bewiesen wird, daß jedes Programm mit einem Eingang und einem Ausgang (vgl. Abschn. 5.2 Modularität) ungeachtet seiner Größe und Komplexität durch drei elementare logische Strukturen (Abb. 8-4.) darstellbar ist. Das Strukturtheorem ist seit jeher in der Schaltungstechnik bekannt, in der sämtliche Schaltungen aus den elementaren Strukturen AND, OR und NOT aufgebaut werden.

Durch Schachtelung der elementaren logischen Strukturen ist es möglich, beliebig komplizierte Programme zu erstellen (Abb. 8-5.).

Bei diesen elementaren logischen Strukturen wird keine GOTO-Anweisung mehr benötigt, daher wird diese Art der Programmierung oft *GOTO-lose Programmierung* genannt. Damit entfällt auch die Notwendigkeit von Label-Angaben, wodurch die Übersichtlichkeit des Programms verbessert wird, da nicht erst mittels Cross-Referenzlisten festgestellt werden muß, wie die Kontrolle an eine bestimmte Stelle im Programm gelangt.

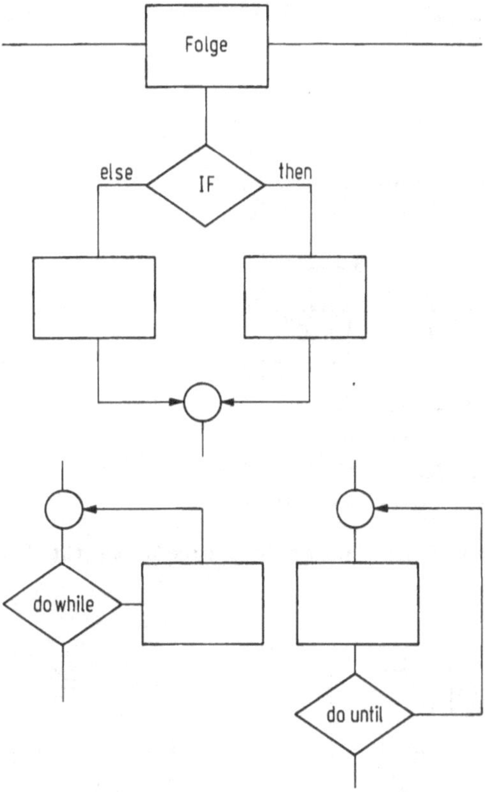

Abb. 8–4. Elementare logische Strukturen der Strukturierten Programmierung.

Bedingungen, unter denen eine Verzweigung durchgeführt werden soll, stehen stets unmittelbar bei dieser Verzweigung (in der IF- oder DO-Anweisung). So kann der Programmlogik stets leicht gefolgt werden. Die Verwendung von sogenannten „Schaltern" ist verboten. Bedingungen müssen überall dort abgefragt werden, wo sie den Kontrollfluß steuern [8].

In jüngster Vergangenheit sind Zweifel am Vorteil des IF/THEN/ELSE Grundablaufs entstanden [9] der auf das reine IF/THEN beschränkt werden soll (Abb. 8–6.).

Der Einsatz strukturierter Programmierung ist nicht auf höhere Programmiersprachen allein beschränkt, sondern durch entsprechende Makros auch in Assembler-Sprachen möglich [78].

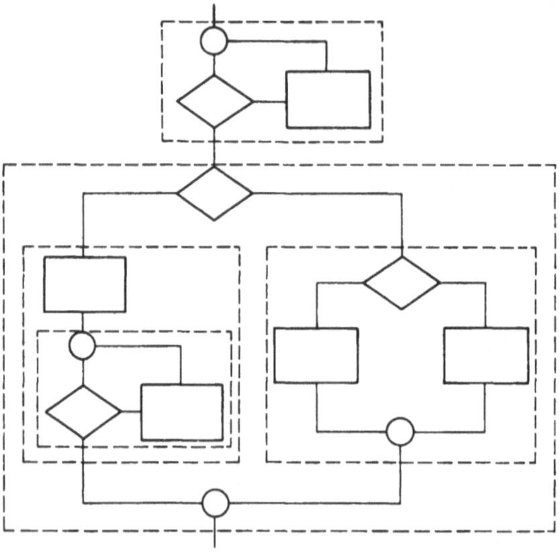

Abb. 8-5. Aufbau einer komplizierteren Struktur aus den elementaren logischen Strukturen.

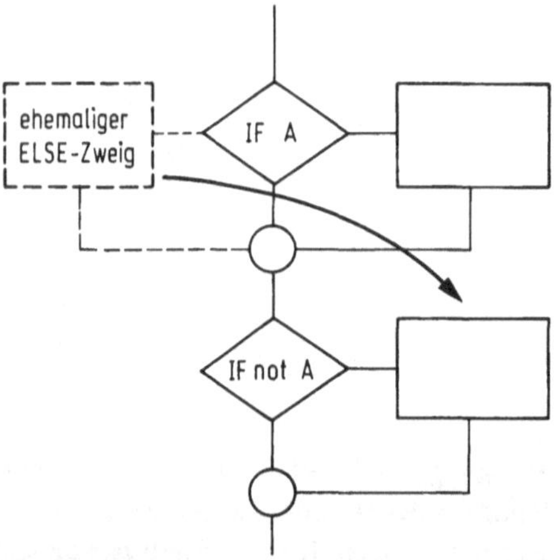

Abb. 8-6. Eliminierung des ELSE-Zweigs.

Die durch Strukturierte Programmierung erzielbaren Einsparungen beim Testaufwand zeigen Studien, die einige Zeit vor der Entwicklung dieser Technik entstanden (Tab. 8-1) [80, 81].

Aus diesen Zahlen läßt sich zunächst ableiten, daß durch Strukturierte Programmierung nur etwa 1/4 der auftretenden Fehler betroffen wird (Programmlogik), so daß auch der Einsatz dieser Technik keine Garantie für fehlerfreie Programme ist. Fehler der Programmlogik erweisen sich aber als hartnäckiger als andere.

Tab. 8-1. Relative Häufigkeit von Fehlerursachen in verschiedenen untersuchten Programmen

Sprache bzw. Programm	7 Batch Programme		Space Booster Control Programm	
	PL/I	COBOL FORTRAN JOVIAL	Benchmark	On Board Validation
Fehlerursachen	Fehler in %			
Berechnungen und Anweisungen	9	25	28	20
Programmlogik	20	17	27	51
Ein/Ausgabe	8	8	7	6
Deklarationen	32	35	38	16
Interpunktion	31	15	x	x
Fehlerkorrektur	x	x	x	7
Fehler absolut	214	140	313	87

Auch Fehler bei Rechenoperationen und Zuweisungen sind in strukturierten Programmen leichter zu finden, und die Wahrscheinlichkeit, durch eine Korrektur neue Fehler zu bewirken sinkt (vgl. Abschn. 9.1).

Trotz aller Vorteile, welche die Strukturierte Programmierung und die Improved Programming Techniques bieten, muß die Einführung vorsichtig und mit einem relativ hohen Schulungsaufwand erfolgen. Dieser Schulungsaufwand entsteht weniger durch die Kompliziertheit der Techniken, tatsächlich sind sie sehr einfach und viele Programmierer werden einzelne Techniken als „alten Hut" identifizieren, sondern durch die Notwendigkeit zu überzeugen und zu motivieren. Entsprechende Schulung muß Alternativen zur herkömmlichen Art zu programmieren zeigen, sonst fällt durch die IPT-Restriktionen, also insbesondere das GOTO-Verbot, die Produktivität stark ab [65].

Ein Projektleiter, der erfahrene Programmierer um sich versammelt, die Ärmel hochkrempelt und ausruft: „Ab heute wird IPT eingesetzt" macht sich bestenfalls insoweit lächerlich, als seine Mitarbeiter so weiterarbeiten wie sie es für gut finden. Im schlechtesten Fall erzeugt er so viel Widerstände bei seinen Mitarbeitern, daß diese alles daransetzen, die neuen Techniken ad absurdum zu führen. Darunter leidet das Projekt beträchtlich [74, 95].

8.4 Topdown-Entwicklung

Die Programmierung und Kodierung werden ebenso „topdown" durchgeführt wie das Design. Der Hauptvorteil dabei liegt in der Einsparung des sonst nötigen Integrations- oder Gesamttests, durch den das Zusammenwirken der verschiedenen unabhängig voneinander entstandenen Programmoduln getestet werden muß (Abb. 8-7.). In diesem Fall müssen zum Test der Programme A, B, C sowohl Dummy-Unterprogramme als auch Simulationsprogramme, sogenannte Driver erstellt werden, ein zusätzlicher, unerwünschter Aufwand. Erfahrungsgemäß stellt sich beim Herausnehmen der Testmoduln und Zusammenfügen der Produktionsprogramme heraus, daß die Dummyprogramme und Driver eben doch die echten Moduln nicht vollständig simulieren konnten, so daß die jetzt auftretenden Inkompatibilitäten erst mit aufwenigen Änderungsarbeiten beseitigt werden müssen.

Bei der Topdown-Entwicklung werden nur die jeweils aufgerufenen Unterprogramme durch sogenannte „stubs" (stub, engl. Astende) ersetzt und sobald die

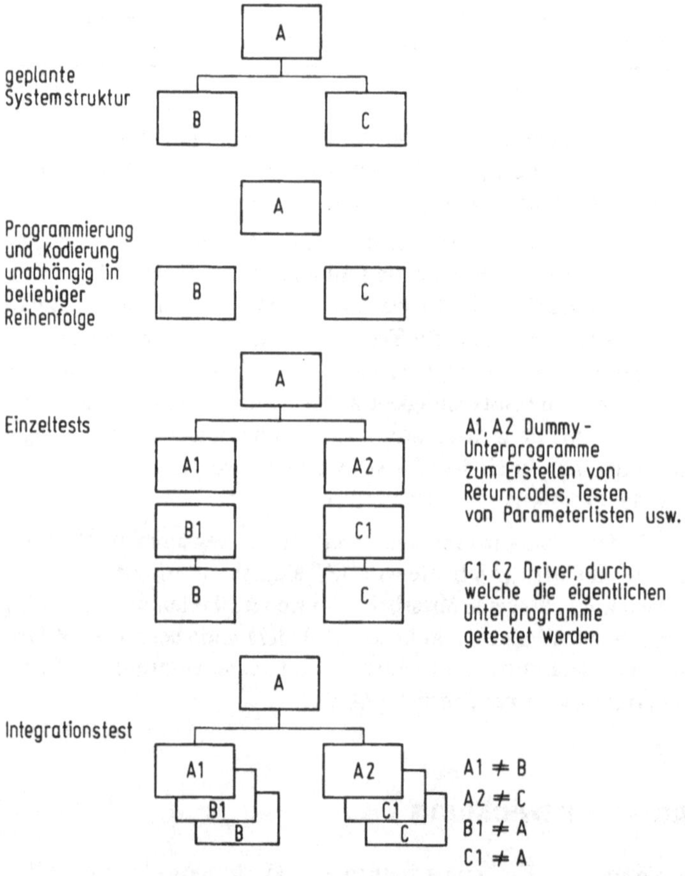

Abb. 8-7. „Bottom-up" Programmierung.

Kodierung soweit fortgeschritten ist, durch die echten Unterprogramme ersetzt. Für diese entfällt das Erstellen von Drivern völlig. Auf diese Weise werden auch die logisch höher liegenden Ebenen gleichsam automatisch unter allen möglichen Betriebszuständen getestet, ohne daß eigene Testfälle dafür erstellt werden müssen.

8.5 Struktogramme [25, 26]

Struktogramme sind Darstellungen von Programmabläufen, die logisch der strukturierten Programmierung entsprechen jedoch eine andere Darstellungsform benutzen (Abb. 8-8., 8-9.). Während die elementaren Strukturen der Strukturierten Programmierung eher den gewohnten Blockdiagrammen entgegenkommen und hinsichtlich des Ablaufs übersichtlicher scheinen, bieten Struktogramme mehr Platz für Text und sind wegen des gleichbleibenden Formats und Informationsgehalts je Seite ablagefreundlicher. Letztlich bleibt die Entscheidung für Strukturierte Programmierung oder Struktogramme Geschmackssache.

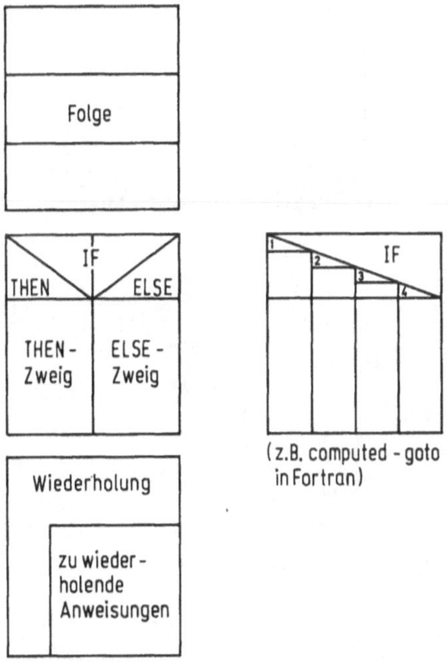

Abb. 8-8. Elementare logische Strukturen in Struktogrammen.

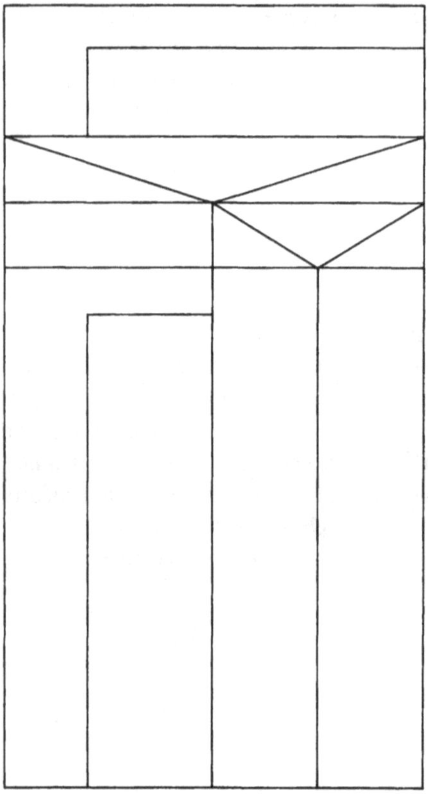

Abb. 8-9. Kompliziertere Struktur aus Abb. 8-6. in Form eines Struktogramms.

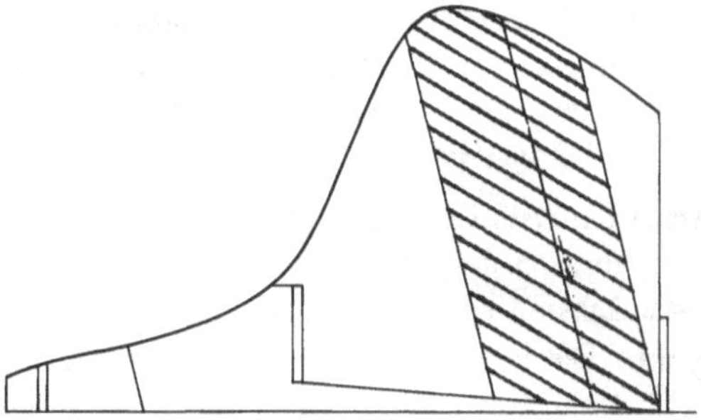

9. Testphase

Im letzten Drittel des Projektzyklus liegt das Schwergewicht der Tätigkeiten bei

- Testarbeiten
- Änderungsüberwachung
- Fertigstellung der Dokumentation

Eigentlich sollte ja mit dem Einfügen des letzten Moduls im Zuge der Topdown-Entwicklung die prinzipielle Arbeitsfähigkeit des Systems gegeben sein. Trotzdem gibt es viele Ursachen, warum ein System im echten Betrieb nicht funktionniert.

Zunächst haben Spezialisten einen zu engen Blickwinkel, um die Fehler und Schwächen ihrer Produkte zu erkennen. Das bedeutet, daß Programmierer das programmieren, was sie glauben, verstanden zu haben. Unklare Spezifikationen werden willkürlich gedeutet. Beim Benutzer werden Kenntnisse vorausgesetzt, die er nicht hat. Für selten auftretende Bedingungen wird zu wenig vorgesorgt, und diese werden auch nur ungenügend getestet.

Weiterhin kann der Arbeitsablauf im echten Betrieb unterschiedlich zu dem in kontrollierter Umgebung sein (z. B. Datenstationsbedienung durch ungeschulte Kräfte, Beleglesung von zerknitterten, verschmutzten Belegen).

Das Systemverhalten kann sich bei längerem Betrieb, vor allem durch bei kurzen Testläufen nicht erkannte Fehler ändern (z. B. wenn in einem System mit dynamischer Speicherzuordnung Speicherbereiche zwar reserviert aber durch einen Programmfehler nicht mehr frei gegeben werden, kann die Systemleistung nach längerem Betrieb durch Mangel an verfügbaren Speicher stark absinken).

Zuletzt ist es durchaus möglich, daß der Systemanforderungskatalog schlecht, unvernünftig oder widersprüchlich spezifiziert war.

Vergessene Testhilfen rufen beim Benutzer auch bei sonst korrektem Betrieb einen ungünstigen Eindruck hervor. Im Zusammenhang mit Tests und Fehlern taucht die Frage auf: Wann ist ein Programm gut? Wann hat ein Programmierer gute Arbeit geleistet?

Das wichtigste Kriterium für ein gutes Programm ist, daß es läuft. Für ein nicht funktionierendes Programm sind alle noch folgenden Kriterien bedeutungslos. Das nächste Kriterium ist die rechtzeitige Fertigstellung zum geplanten Zeitpunkt. Das bedeutet, daß dem möglicherweise einsparbaren Aufwand an Maschinenzeit usw. bei der Ausführung die Kosten, bzw. der entgangene Gewinn gegenüberzustellen sind, die durch verzögerte Fertigstellung entstehen. Drittes Kriterium ist Generalität in der Bedeutung, daß spätere Änderungen und Hinzufügungen einfach möglich sind und daß das System den Wechsel auf andere Systemsoftware (neue Release) oder neue Hardwarekonfiguration leicht (d. h. idealerweise maximal durch Neuumwandlung) mitmachen kann. (vgl. Abschn. 6.2 Generalität).

Generalität als Anpassungsfähigkeit an den augenblicklichen Bedarf ist die nächste Forderung. Das bedeutet, daß ein Programm einmal mit viel Speicheraufwand in kürzester Zeit, das andere Mal mit einem Minimum an Speicher überhaupt durchführbar sein sollte. Ganz zuletzt kommen Effizienz und Optimierung im absoluten Sinn, als maximal erreichbare Werte unter ganz bestimmten Bedingungen. Darin liegt auch die Schwäche von Benchmarks (vgl. Abschn. 6.4.3 Systemvergleichsverfahren), nämlich das sie nur Werte für einen ganz speziellen Sonderfall messen können, jedoch keine Auskunft über Anpassungsfähigkeit und Anpassungsaufwand geben.

Man muß sich jedenfalls vom Design weg darüber im klaren sein, daß Optimierung und Wartungsfreundlichkeit, Betriebskosten und Wartungskosten, Betriebskosten und Entwicklungskosten sowie Ausführungszeit und Speicherbedarf jeweils im Widerspruch zueinander stehen (Abb. 9-1.) [84].

Wenn Probleme mit Ausführungszeit oder Speicherbedarf auftreten, kann eine Optimierung in drei Stufen durchgeführt werden, wobei im allgemeinen jede Stufe weniger bringt als die vorhergehende.

- Organisationsoptimierung
- Globaloptimierung
- Lokaloptimierung [24]

Bei der Ausführung eines Programms lassen sich drei Phasen unterscheiden (Abb. 9-2.).

Die Turnaroundzeit ist für den Benutzer am interessantesten. Es ist die Zeit zwischen Anliefern einer Arbeit, Stellen einer Anfrage usw. bis zum Abliefern der Ergebnisse. Sie enthält nicht nur die Zeit, die das Programm in irgendeiner Form im System zubringt, sondern als größten Teil die Zeit der Arbeitsvorbereitung

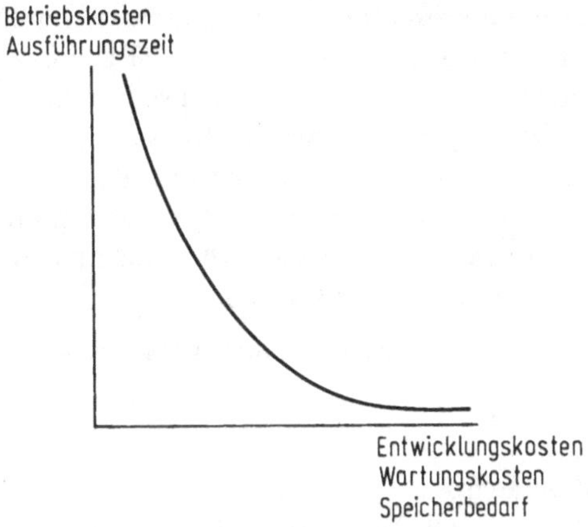

Abb. 9-1. Gegensatz und Unverträglichkeit möglicher Projektziele.

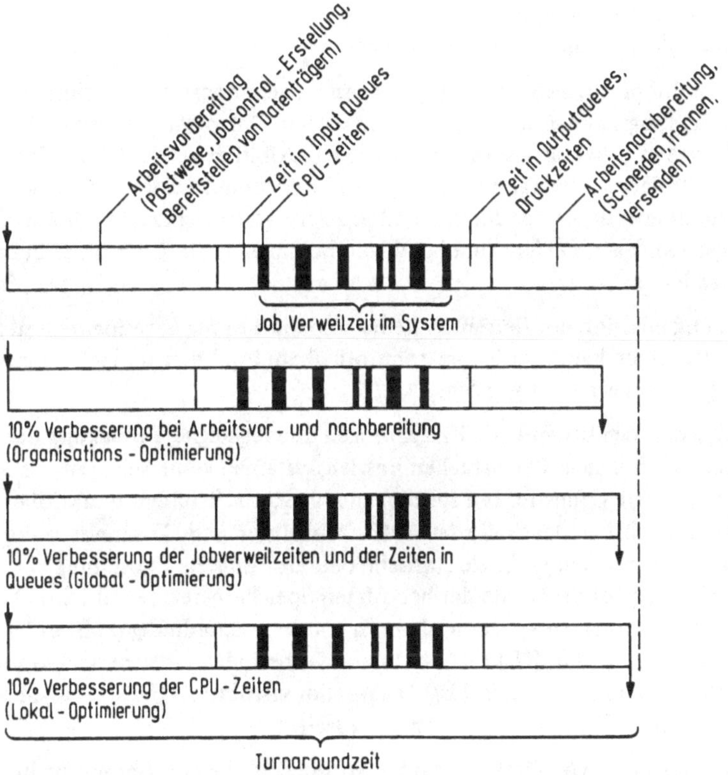

Abb. 9-2. Einfluß von Verbesserungen durch verschiedene Maßnahmen auf die Turnaroundzeit.

und -nachbereitung. Daher sind auch mit prozentuell geringen Verbesserungen große absolute Verbesserungen der Turnaroundzeit möglich. Hierfür gibt es zahlreiche Maßnahmen, organisatorische (z. B. Verbesserung des firmeninternen Postdienstes, Remote-Job-Entry-Stationen) und datenverarbeitungsbezogene in der Arbeitsvorbereitung (z. B. Einsatz von Prozeduren zum vereinfachten Programmaufruf, Vergabe von Prioritäten, damit kürzere Verweilzeiten in Input- bzw. Outputqueues). Bei Realtime-Programmen kann die Optimierung natürlich erst auf der nächsten Ebene als Globaloptimierung einsetzen.

Die Verweilzeit eines Programmes im System wird bestimmt durch

- Jobprofil zur Zeit der Durchführung
- Organisation des Betriebssystems
- Ein/Ausgabeaktivitäten des Programms
- Programmaufbau, der mehr oder weniger Paging-Aktivität in virtuellen bzw. Overlay-Aktivität bei realen Betriebssystemen bewirkt.
- Wartezeiten auf angeforderte Speicherbereiche
- Zuordnung von Datenbeständen
- Kommunkation mit dem Systembediener

Obwohl das Jobprofil, also das Verhältnis von rechenintensiven und ein/ausgabeintensiven Programmen sowie die Benutzung von Datenständen großen Einfluß auf die Verweilzeit hat, sollte im Interesse der Flexibilität verzichtet werden, starre Arbeitspläne („Programm A nur neben Programm B" usw.) festzulegen. Neu hinzukommende Anwendungen sind in solche starre Schemata nur schwierig einzupassen. Nach Fehlern und bei Wiederholungen gerät die gesamte Planung durcheinander.

Auch die Organisation des Betriebssystems, also die Teilung in residente und nichtresidente Routinen hängt stark vom Jobprofil ab und sollte daher nicht zugunsten eines Programmes geändert werden.

Hingegen lassen sich bedeutende Einsparungen durch geeignete Blockung der Ein/Ausgabedaten erreichen. Bei virtuellen Betriebssystemen verursachen oftmalige Sprünge über weite Codestrecken zeitraubende Pagingaktivitäten. Funktionen sollten daher möglichst an der Stelle des Aufrufs lokalisiert sein. Die meisten Programmiersprachen erlauben heute statische oder dynamische Zuordnung von Speicherbereichen. Bleibt die Größe der benötigten Speicherbereiche während der Ausführung einigermaßen konstant, dann ist statische Zuordnung (z. B. in PL/I Deklarationsattribut STATIC), bei stark wechselndem Speicherbedarf die dynamische Zuordnung (z. B. in PL/I Deklarationsattribut AUTOMATIC bzw. ALLOCATE- und FREE-Anweisungen) vorzusehen.

Auch die Zuordnung von Datenbeständen kostet Zeit, die bei Jobs mit mehreren Jobsteps durch nur einmalige Zuordnung und anschließende Weitergabe verringert werden kann. Ebenso kann durch Zusammenlegung von Arbeitsbereichen

Zeit gespart werden. Nicht zuletzt ist zu prüfen, wieweit Kommunikation mit dem Systembediener durch Vorlaufkarten und dergleichen ersetzt werden kann, wodurch nicht nur Zeit sondern wahrscheinlich auch Prüfroutinen gespart werden können.

Erst nach Ausschöpfung aller dieser Möglichkeiten der Globaloptimierung ist es sinnvoll, im Zuge der Lokaloptimierung einzelne Anweisungen zu untersuchen und gegebenenfalls zu verändern. Lokaloptimierung ist auch deswegen mit Vorsicht anzuwenden, weil Codeänderungen neue Tests nötig machen.

Nach Kopetz [60] war es 1965 noch sinnvoll, als Programmierer/Kodierer einen Tag lang darüber nachzudenken, wie zwei Befehle einer höheren Programmiersprache, entsprechend etwa 10 Bytes Hauptspeicher eingespart werden könnten. 1970 mußte in der selben Zeit bereits eine Einsparung von 5 Befehlen erreicht werden, 1975 eine solche von 30 Befehlen, und 1980 werden es mehr als 200 Befehle, also ein ganzer Modul sein müssen.

9.1 Testarbeiten

Die Testarbeiten beginnen bereits bevor das Programm in maschinlesbarer Form vorliegt als sogenannte „*Schreibtischtests*". Dabei geht der Programmierer seine Logik anhand einiger ausgewählter Fälle gleichsam „zu Fuß" durch.

Daran schließt sich die Formalprüfung durch das Übersetzungsprogramm. Wichtig ist dabei die volle Ausnutzung der durch das jeweilige Programmiersystem gegebenen Möglichkeiten, z. B. Crossreferenzen, Attributlisten usw. Diese Möglichkeiten, sogenannte „options", lassen sich bei den meisten Programmiersystemen ausschalten, wodurch eine Ersparnis an Umwandlungszeit und Papierverbrauch erzielt werden kann, die aber durch erhöhten Zeitaufwand des Programmierers und Unsicherheiten in der Interpretation der Ergebnisse wieder mehr als wettgemacht wird.

Als letzter Schritt des *Einzeltests* wird der Modul in einer vom Programmierer erstellten Testumgebung getestet, sofern nicht im Zuge der Topdownentwicklung bereits der Einbau in das System möglich ist.

Sobald alle Module fertigkodiert und erfolgreich eingebaut sind, funktioniert auch das gesamte Programmsystem, zumindest was die hauptsächlichen Verarbeitungszweige betrifft. Der bisher notwendige Integrationstest kann dadurch eingespart werden.

Der *Systemtest* hat den Zweck

- sicherzustellen, daß das Programmsystem alle Forderungen des Systemanforderungskatalogs erfüllt

- einen Test im „echten“ Betrieb ohne Annahmen und Simulationen durchzuführen
- das zukünftige Benutzerpersonal zu trainieren
- letzte Vereinbarungen für den Abnahmetest festzulegen
- den Übergabe- und Wartungsplan fertigzustellen
- die Dokumentation zu überprüfen und zu komplettieren
- das Systemverhalten in Ausnahmesituationen zu überprüfen (Programmabbruch, Systemausfall, Fehlen von Datenträgern, Fehler der Eingabedaten, Versuche die Sicherungsmaßnahmen unwirksam zu machen usw.)

Als Testverfahren sind prinzipiell möglich:

- Openshop-Tests (jeder Programmierer testet selbst)
- Closedshop-Tests (jede Ausführung durch eigenes Personal, eventuell zu gesondert bestimmten Zeiten)
- Dialogprogrammierung und -test. (die Programmierer haben über Datenstationen Zugriff zum DV-System)

Jedes dieser Verfahren bringt Vor- und Nachteile mit sich, die bei Vergleichen je nach Neigung des Betroffenen in Diskussionen angeführt werden.

- *Openshop-Tests*:
  - \+ auftretende Fehler werden sofort erkannt
  - \+ sofortige Entscheidung über Fortsetzung, Wiederholung oder Abbruch des Tests möglich
  - \+ leichtere Erkennung bzw. leichteres Auffinden fehlerhafter Programmschleifen
  - \+ Programmierer befaßt sich intensiv mit der Systembedienung und gestaltet seine Programme und Beschreibungen benutzerfreundlich und realitätsbezogen

Dem stehen als schwerwiegende Nachteile gegenüber:

  - – Tendenz zu mangelhafter Vorbereitung. Das Wissen jederzeit anwesend zu sein, verleitet vor allem unter Zeitdruck, Vorbereitung durch Improvisation zu ersetzen.
  - – Tendenz zur Durchführung überhasteter und unüberlegter Änderungen. Das schlechteste Gewissen hat ein Programmierer, wenn während seiner Arbeitszeit das Stoplämpchen leuchtet und anzeigt, daß der mehrere Millionen kostende Computer auf neue Arbeit wartet. Um diese Zeit möglichst kurz zu halten, wird eine vermutete Fehlerursache probeweise beseitigt und den Anzeichen für weitere oder versteckte Fehler nicht mehr nachgegangen. Um ein Warten des Systems überhaupt zu vermeiden, werden oft zwei oder mehr Programme überlappt getestet, das heißt, während eines umgewandelt wird, denkt der Programmierer über das andere nach und bereitet Karten für den nächsten Lauf vor. Das

ist ein Wettlauf mit der Zykluszeit der Maschine, den diese unweigerlich gewinnt. Ein derart rasches „Umschalten" von einer Problemstellung auf die andere ist psychologisch fast unmöglich.

- Tendenz zu unproduktiver Arbeit und Spielerei. Die Anwesenheit im Maschinenraum gibt Gelegenheit, mal dies, mal das auszuprobieren, das der Programmierer schon lange wissen wollte.
- Sicherheitsrisiko. Sowohl für fahrlässige als auch böswillige Beeinträchtigung bestehender und noch zu entwickelnder Systeme ergibt sich eine Vielzahl von Gelegenheiten und Möglichkeiten (vgl. Abschn. 5.3.10 Sicherheitsplan).

○ Im *Closedshop-Test* verkehren sich die Vorteile in Nachteile und umgekehrt.

- die Turnaroundzeit ist scheinbar länger. Das bedeutet allerdings nur, daß sich der Programmierer bei Openshop-Tests die Zeit hektischer und vielleicht auch amüsanter vertreibt. Der Zeitraum, der zwischen der Behebung zweier Fehler vergeht dürfte gleichbleiben. Oder bei Closedshop-Tests sogar kürzer sein, wenn man in Betracht zieht, daß dabei das Zuziehen anderer möglich ist.
- auch fehlerhafte Tests werden vollständig ausgeführt. Ein echter Nachteil, den jeder kennt, der bereits einmal vor hunderten Seiten mit einer gleichbleibenden Textzeile gesessen hat, weil sich das Programm in einer Endlosschleife verfangen hat. Allerdings bieten die meisten Betriebssysteme und Programmiersprachen Möglichkeiten, die Menge der Ausgaben bzw. die Ausführungszeit zu beschränken (z. B. TIME- und OUTLIM-Parameter im Operating System). Die meisten Umwandlungsprogramme liefern Informationen über ausgeführte und nichtausgeführte Anweisungen und über die Häufigkeit der Ausführungen, so daß die Diagnose von Programmschleifen unschwer möglich ist (z. B. im PL/I-Checkout-Compiler).
- Beeinträchtigung anderer Arbeiten durch fehlerhafte Tests. Dies erzwingt lediglich die Einstellung von Produktionsarbeiten zugunsten der Tests, erfordert aber keinesfalls die Anwesenheit des Programmierers im Systemraum.
- \+ Testbetrieb kann in die zweite oder dritte Schicht verlegt werden. Tagsüber wird das System üblicherweise für den Produktionsbetrieb zur Verfügung stehen müssen. Daher fallen Testarbeiten meist in Abend- oder Nachtstunden. Programmierer sind nun meist besser bezahlt als Systembediener, welche die Testarbeiten innerhalb ihrer normalen Arbeitszeit (Schichtbetrieb) erledigen.
- \+ Schwankungen in der Systembelastung können leicht ausgeglichen, ja oftmals ausgenutzt werden. Blockzeiten für Openshop-Tests beschränken die Systemverfügbarkeit, hingegen können bei Closedshop-Tests je nach der Systembelastung Testläufe kurzfristig zurückgehalten werden.

+ Planung und Zusammenstellung von Tests erfolgt im Hinblick auf schnellstmöglichen Ablauf. Der Projektbibliothekar hat die Übersicht über alle gerade laufenden Tests und kann sie derart zusammenstellen, daß Testdatenbestände nur einmal erstellt oder mehrere Tests zu einem Job zusammengefaßt werden, wodurch die Systembelastung verringert werden kann.
+ der Programmierer wartet nicht unproduktiv. Die Zeit zwischen Ablieferung und Wiederanlieferung eines Tests verbringt der Programmierer an seinem Arbeitsplatz ohne ständige Unterbrechungen durch Anforderungen des Computers. In dieser Zeit ist die Beschäftigung mit anderen Problemen, eventuell auch einem zweiten Programm sehr wohl möglich.
+ Systembedienung durch dafür geschultes Personal. Es wird nicht Zeit dadurch verschwendet, daß ein Programmierer manche Arbeiten (z. B. Papiereinspannen) schlechter kann als ein geübter Systembediener. Oder manchmal durch eine unerwartete, nie zuvor gesehene Aktion des Betriebssystems um 2 Uhr morgens in seinen weiteren Bemühungen lahmgelegt wird.
+ bessere Einhaltung der Sicherheitsmaßnahmen. Eine der grundsätzlichen Maßnahmen ist die Funktionstrennung. Diese ist bei Closedshop-Tests gewährleistet.

Voraussetzung für eine optimale Ausnützung der Closedshop-Tests ist eine „vernünftige“ Turnaroundzeit“. Sie sollte mehr als eine Stunde und weniger als einen Tag betragen. Bei Turnaroundzeiten von weniger als einer Stunde besteht die Gefahr, ähnlich wie bei Openshop-Tests, daß nachlässig oder überhastet gearbeitet wird. Dauert es länger als einen Tag bis Testergebnisse vorliegen, so wird der Programmierer versuchen, möglichst viel Information aus einem Testverlauf herauszuholen, und durch den daraus resultierenden komplizierten Testaufbau werden zusätzliche Fehler entstehen.

○ *Dialogprogrammierung* und -test
  + Vermeidung der meisten Nachteile von Closedshop- und Openshop-Tests.
  + Verbesserung der Testmöglichkeiten durch Programmablauf unter Kontrolle des Programmierers. Die Compiler für Dialogprogrammierung bieten zahlreiche Möglichkeiten, in laufende Programme einzugreifen, die in den Batchversionen, also für Openshop- und Closedshoptests nicht zur Verfügung stehen. Dadurch ist oft eine schnellere Fehlererkennung möglich.
  + Verringerung der Turnaroundzeiten. Durch die Möglichkeit unmittelbar Ausbesserungen vorzunehmen, daß heißt unter Ausschaltung des Umwegs über die Datenerfassung, läßt sich die Zeit zwischen der Ausbesserung zweier Fehler verringern.

+ Verringerung des Aufwands für die Testdatenerstellung. Die Möglichkeit unmittelbar in den Programmablauf einzugreifen bedeutet auch, daß z. B. Daten in Eingabebereichen von der Datenstation aus verändert werden können, so daß die Notwendigkeit zur Erstellung umfangreicher Testdatenbestände entfällt.
+ genauere Verfolgung des Projektfortschritts durch die Protokollierungsmöglichkeiten des Dialogsystems.
– Betriebssystemaufwand für das Dialogsystem. Der Einsatz von Dialogsystemen wird im allgemeinen erst ab mittleren Systemgrößen und für eine größere Zahl von Programmierern wirtschaftlich sein.
– Tendenz zu schlechter geplanten Tests. Ebenso wie bei Openshop-Tests vermittelt Dialogprogrammierung das Gefühl, jederzeit improvisierend eingreifen zu können. Durch den Wegfall der Vorbereitung von maschinenlesbaren Datenträgern steigt die Versuchung, sich nur auf das Gedächtnis zu verlassen.
– Versionswechsel bei Übergang vom Einzeltest zum Systemtest. Das gesamte System wird meist nicht mehr im Dialogbetrieb getestet werden können, sondern es wird ein Übergang zu einer Art Closedshop-Betrieb nötig sein. Damit ist oft auch ein Wechsel in den Versionen der Compiler nötig, die nicht immer in allen Eigenschaften übereinstimmen. Dadurch können in an sich ausgetesteten Programmen neue Fehler auftreten.

Unter den heute verbreiteten Dialogsystemen (z. B. TSO oder VM/370 rechnet man für je 2 bis 3 Programmierer eine Datenstation. [5] Weniger Datenstationen behindern die Programmierer.

Unglücklicherweise kann Testen stets nur das Vorhandensein von Fehlern, nie jedoch Fehlerfreiheit beweisen. Es gibt auch nur wenig Anhaltspunkte, wieviele Fehler man erwarten muß. So rechnet man in Systemprogrammen mit etwa 2 Fehlern je 1 K Bytes, die sich klarerweise mit fortschreitenden Tests in wenig benutzten Programmabschnitten verbergen (Tab. 9-1.).

Tab. 9-1. Fehlerhäufigkeiten [24]

Anwendungsgebiet	Raumfahrt	Systemprogrammierung
Programmiersprache	FORTRAN	IBM/370 Assembler
Anzahl der Instruktionen	100 000	250 000
Anzahl nach dem Abnahmetest gefundener Fehler	224	432

Nach den Untersuchungen von McGonagle muß man sogar einen Fehler je 100 bis 200 Anweisungen erwarten, wohlgemerkt nach dem Abnahmetest (Tab. 9-2.).

Tab. 9–2. Fehleranfälligkeit von Softwareänderungen [67].

	HW-Diagnostics	Betriebssystem	Benutzerprogramme	Summe
	Fehler (% von allen Fehlern)			
Unerwartete Nebeneffekte von Änderungen	5	25	10	19
Programmlogik	10	25	10	20
HW-Unverträglichkeit	40	0	20	11
Unverträglichkeit von Entwurf und Implementierung	5	30	10	22
Lochfehler	40	20	50	28
innerhalb von drei Jahren gefundene Fehler (absolut)	36	108	18	162
Zahl der Instruktionen	4000	10000	10000	24000

Interessanterweise ist die Zahl der Fehler bezogen auf die Anzahl der Anweisungen bei Verwendung von Assemblern und höheren Programmiersprachen etwa gleich [24]. Das bedeutet aber eine Reduzierung der absoluten Fehlerzahl auf etwa ein Drittel bis ein Viertel bei Verwendung einer höheren Programmiersprache (vgl. Abschn. 13 Programmiererproduktivität). Es ist Aufgabe einer guten Testplanung, Tests so zusammenzustellen, daß möglichst jeder Programmabschnitt unter allen Bedingungen getestet wird [33]. Allerdings ist es unmöglich, ein größeres Programm wirklich „vollständig", das heißt jeden Programmzweig unter allen Bedingungen zu testen (Abb. 9-3.) [11]. Das längste Programm, dessen Fehlerfreiheit bewiesen werden konnte, ist ein ALGOL-Programm mit 433 Anweisungen, wobei der theoretisch geführte Beweis 46 Seiten mathematisch-logistischer Ableitungen benötigt [11].

Eine interessante Information über die Wahrscheinlichkeit, einen Fehler zu beheben, liefert ebenfalls Boehm [11] (Abb. 9–4.). Danach ist die Chance eines erfolgreichen Laufs nach der Korrektur von etwa 5 Anweisungen am größten. Daß diese Chance mit steigender Zahl der geänderten Anweisungen sinkt, ist einleuchtend. Fehler, die so umfangreiche Änderungen nötig machen, sind sehr komplex und verdecken wahrscheinlich auch noch andere bisher unentdeckte Fehler. Zusätzlich steigt natürlich auch die Wahrscheinlichkeit, bei der Korrektur selbst neue Fehler zu machen (Tab. 9–2.). Hingegen dürften einfach erscheinende Korrekturen von ein oder zwei Anweisungen zur Unterschätzung verleiten.

Es gibt zwei Möglichkeiten, den Zeitpunkt für den Beginn des Systemtests festzulegen. Einerseits nach Abschluß aller vorhergehender Aktivitäten, das heißt, alle

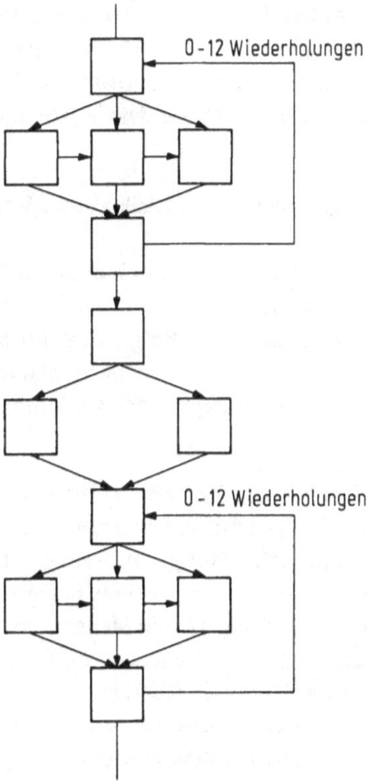

Abb. 9-3. Durch diese Programmlogik sind etwa 10^{20} verschiedene Wege möglich. Könnte man einen Weg je Nanosekunde testen, so hätte man etwa zu Christigeburt beginnen müssen, um heute mit dem Testen halb fertig zu sein.

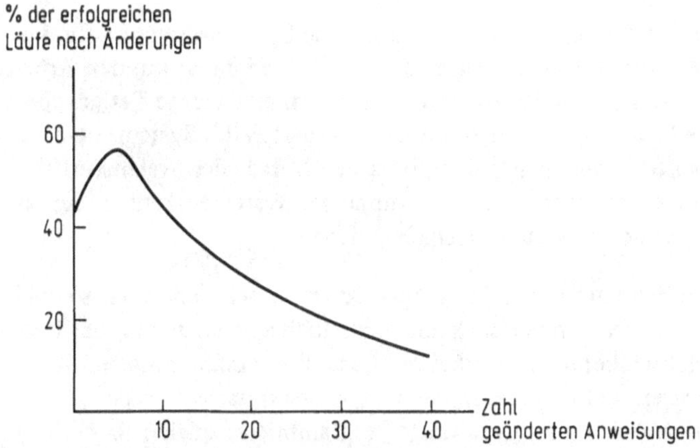

Abb. 9-4. Chance der endgültigen Fehlerbehebung in Abhängigkeit von der Zahl der geänderten Anweisungen.

Programme sind kodiert und einzelgetestet. Das hat den Vorteil, daß der Systemtest von Beginn an systematisch geplant werden kann. Andererseits kann auch mit einem noch unvollständigen System begonnen werden. Dies wird umso leichter sein, je mehr dem Grundsatz der Modularität gefolgt wurde. Die Vorteile bei dieser Vorgangsweise sind:

- je früher ein Problem erkannt wird, desto geringer ist das Risiko einer Verzögerung,
- der Systemtest ist derart komplex, selbst wenn nur wenige Fehler auftreten, daß nicht früh genug damit begonnen werden kann,
- nach Abschluß der Einzeltests ist es schwierig, die guten Programmierer beim Projekt zu behalten, weil sie sofort zu neuen Projekten abwandern. Dadurch entsteht das Problem, wer gegebenenfalls Ausbesserungen oder Änderungen durchführen soll.

Ein besonderes Problem in der Testphase stellt die Sicherheit dar. Zeitdruck angesichts des bevorstehenden Endes und drohende Terminüberschreitungen führt zu ungenauer Handhabung der Sicherheitsvorschriften. Häufige Änderungen lassen die Übersicht über die Programmversionen verlieren. Wechselndes Personal und wechselnde Arbeitszeit erschweren die Überwachung. Große Mengen von Testoutput können Aufschluß über vertrauliche Daten, Schlüsselwörter, Zugriffsmethoden usw. geben. Die in dieser Phase meist auftretende Überlastung der Projektmitarbeiter läßt den Projektleiter auf eine weitere Erschwerung der Arbeitsbedingungen durch Kontrolle der Sicherheitsmaßnahmen verzichten.

9.2 Testgruppe und Testpaket

Im vorhergehenden Abschnitt wurde erwähnt, daß Spezialisten blind für die Schwächen ihrer Produkte sind. Das ist auch der Grund dafür, mit den Arbeiten für den Systemtest nicht die Programmierer sondern eine eigene Testgruppe zu betrauen. Diese Testgruppe soll sich mit dem Verhalten des Systems dem Benutzer gegenüber befassen, nicht mit technischen Details des Systemaufbaus. Idealerweise ist die Testgruppe mit der Gruppe der Systemanalytiker identisch, die ja das WAS des neuen Systems festgelegt haben.

Weiterhin sollen Benutzer in der Testgruppe vertreten sein, und zwar sowohl solche, die das neue System bereits kennen, als auch solche, die nur das bisherige Arbeitsverfahren kennen. Mitarbeiter, die an Programmierung und Kodierung beteiligt waren, sollten nicht in der Testgruppe mitarbeiten, sie identifizieren sich zu stark mit dem Produkt. Einige Programmierer spielen aber eine wichtige Rolle insofern, weil sie im Fall von notwendigen Änderungen wissen, welche Teile des Systems betroffen sind und erneut getestet werden müssen.

Die Arbeit der Testgruppe umfaßt sorgfältige Planung, Durchführung und Aufzeichnung der Testschritte. Bei der Verfolgung des Fortschritts hat die Stelle des Projektbibliothekars große Bedeutung. Durch ihn ist jederzeit feststellbar, welche Programmversion gerade in den Programmbibliotheken ist, welche Fehler bereits erledigt und welche noch zu behandeln sind.

Wenn die Testarbeiten in Verzug geraten, sollte trotz einer möglichen Gefährdung des Fertigstellungstermins eher neu geplant, als auf Teile der Tests verzichtet werden. Wegen eines schlecht verlaufenden Systemtests den Benutzer zu beschuldigen ist kurzsichtig. Spätestens im Systemanforderungskatalog hätte festgelegt werden müssen, welche Anforderungen der Benutzer an das System stellt. Aber auch ein anscheinend günstiger Verlauf des Systemtests soll den Projektleiter nicht zur Euphorie verleiten und in falscher Sicherheit wiegen, ebenso wenn das Benutzerpersonal vom neuen System begeistert ist. Vielleicht war die Auswahl der Mitarbeiter nicht repräsentativ, vielleicht erfolgte die Auswahl gar nicht aus dem Kreis der zukünftigen Benutzer sondern z. B. aus den Reihen des Stabspersonals.

Ein wichtiges Hilfsmittel für detaillierte Planung und optimale Durchführung des Systemtests ist ein Systemtestpaket.

Darin sind enthalten:

- Eine Testdurchführungsvorschrift (kurz „Testscript“)
- Beschreibung von Aufbau und Erstellung der Testdaten
- Interpretationsvorschriften und -verfahren für Testoutput
- Übersicht, welche Funktionen durch welche Tests überprüft werden, bzw. welche Tests nach Änderungen wiederholt werden müssen
- Simulationsprogramme zur Umweltsimulation

Das „Testscript“ beschreibt für jeden Test die Absicht und führt den Tester in mechanischem Schritt-für-Schritt-Verfahren durch den Test. Das Script soll:

- dem Tester sagen, wie auf jede Aktion des Systems zu reagieren ist
- den Test derart in Teile zerlegen, daß es nach einem Abbruch möglich ist, ohne zahlreiche Wiederholungen erneut aufzusetzen
- Formulare für standardisierte Fehlerbehandlung enthalten. Besonders das Benutzerpersonal kann im Fehlerfall nicht wissen, welche Informationen zur Fehlerfeststellung notwendig sind. Mitteilungen wie „... es geht nicht mehr“ treiben denjenigen, der einen Fehler finden soll zur Verzweiflung. Daher müssen die Informationen, die bei der Fehlereingrenzung helfen, durch eine Art Fragebogen gewonnen werden.
- die Teilnehmer für jeden Test anführen. Besonders beim Test von Dialog- und Realtime-Systemen müssen meist mehrere Datenstationen nebeneinander betrieben werden, um den echten Betrieb zu simulieren.
- die nötigen Datenträger anführen, einschließlich Arbeitsplatten, -bänder und Bedarf an Endlosformularen, Disketten, Lochkarten usw.

- die nötige Testkonfiguration anführen. Wenn neben dem Produktionsbetrieb getestet werden kann, muß auch die benötigte Peripherie geplant und der Arbeitsvorbereitung und dem Operating bekannt gegeben werden.
- Wege beschreiben, wie Ausnahmesituationen gezielt herbeigeführt werden können. Das Ansprechen selten verwendeter Fehlerroutinen muß besonders geplant werden.
- Platz lassen für Ergänzungen und Notizen.

Ein Durchspielen des Scripts spart Testzeit.
Es gibt zwei Arten von Eingabetestdaten

- tatsächliche Eingabedaten („live input“) und
- simulierte Eingabedaten (Testdaten).

Beide Arten haben ihre Vor- und Nachteile, im allgemeinen werden zu Beginn der Testarbeiten eher Testdaten, gegen Ende eher „live input“ verwendet werden.

Die Vorteile von Testdaten sind:

- Testmöglichkeit für alle Programmzweige
- Testmöglichkeit für Extremwerte
- kurze Verarbeitungszeit und ökonomisches Testen
- Sicherung der Vertraulichkeit

Dagegen können nur mit „live input“

- zufällige Kombination von Ereignissen
- unvorhergesehene Fehlerbedingungen
- zufällige Kombination von Daten

getestet werden.

Testdaten sollen jedenfalls nicht vom Programmierer erstellt werden. Sie würden sonst nur seine Auffassung der Problemstellung wiedergeben, ebenso wie das zu testende Programm selbst.

Bei den Ausgabedaten muß zwischen

- Realtime- (bzw. Dialog-) -Ausgabe und
- Stapelverarbeitungsaufgabe

unterschieden werden. Für die Realtime-Ausgabe muß dem Tester eine genaue Beschreibung gegeben werden, wie die Ausgabe zu einem bestimmten Zeitpunkt aussehen soll. Bei Stapelverarbeitungsausgabe muß vereinbart werden, wie die Testergebnisse zu interpretieren sind (eigene Analyseprogramme, Vergleich mit vorhergesagter Ausgabe, genaue Verfolgung ausgesuchter Einzelfälle oder nur Überfliegen zur Prüfung auf formale und wahrscheinliche Richtigkeit). Alle Arten von Vergleichen lassen sich beim Übergang in Form eines Parallelbetriebs besonders leicht durchführen.

9.3 Änderungsüberwachung

Auf jedes entstehende System wirken vom Abschluß der Systemplanung an Einflüsse von außen und innen. Dazu gehören von außen die

- technische Entwicklung, durch die Änderungen im Kosten/Nutzenverhältnis oder Erweiterungen der Benutzeranforderungen möglich sind
- organisatorische und geschäftliche Entwicklung des Unternehmens, wodurch Annahmen über Geschäftsumfang, Zahl von Zweigstellen usw. ungültig werden
- rechtliche Entwicklung, wodurch zusätzliche Anforderungen an DV-Verfahren gestellt werden (z. B. Datenschutzgesetz).

Von innen wirken

- erkannte Inkompatibilitäten und
- die Möglichkeit von Leistungsverbesserungen

Änderungen werden notwendig, weil

- der ursprüngliche Plan unvollständig war (d. h. eine oder mehrere Aufgaben des Systems wurden nicht berücksichtigt),
- der ursprüngliche Plan nicht detailliert genug war (d. h. eine oder mehrere Aufgaben waren nicht eingehend genug spezifiziert),
- der Benutzer seine Spezifikationen geändert hat,
- die Konsequenzen von Änderungen übersehen wurden.

Änderungswünsche sind erfahrungsgemäß äußerst unwillkommen. Die Position des Projektleiters wird weitgehend davon abhängen, ob die Benutzerwünsche im Projektkontrakt detailliert genug erfaßt worden sind, und ob ein formales Änderungsverfahren vereinbart worden ist. War der Projektkontrakt in dieser Hinsicht verschwommen, so wird jeder Änderungswunsch als geradezu selbstverständliche Ergänzung einer Aufgabenbeschreibung ausgegeben, die durch zu geringe Aufmerksamkeit des Projektleiters nicht vollständig genug durchgeführt wurde.

Entgegen landläufiger Meinung ist es nicht notwendig, zu jedem Änderungswunsch letztendlich ja zu sagen. Dem Projektleiter der immer ja sagt, geht es wie einem Mädchen das dasselbe tut. Er ist beliebt, aber sein Ruf leidet!

Natürlich kann auch bei noch so verbriefter Aufgabenstellung nicht jeder Änderungswunsch kalt abgewiesen werden. Zur Bewertung von Änderungen dient das formale Verfahren der Änderungskontrolle (Abb. 9-5.).

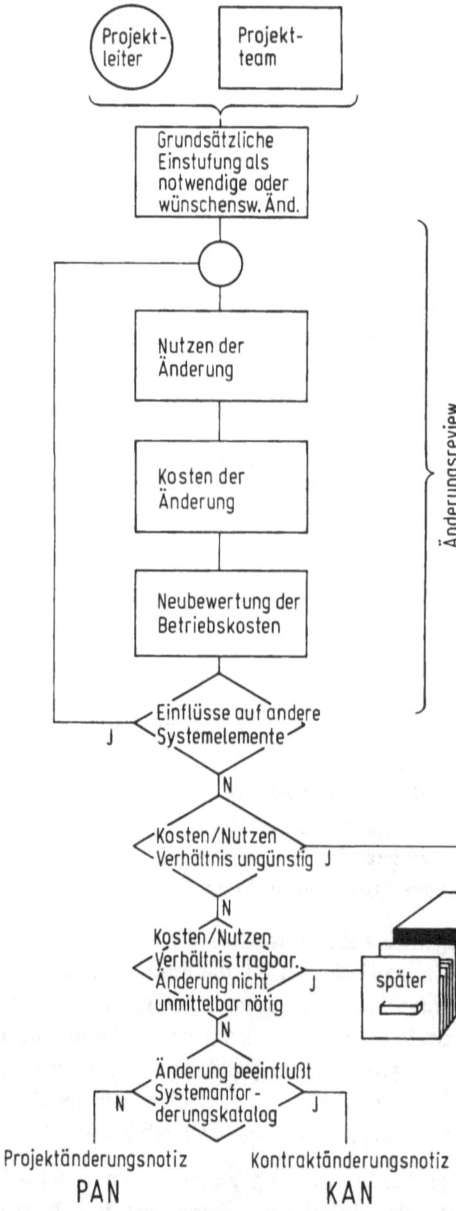

Abb. 9-5. Formales Verfahren zur Änderungsbewertung.

Dieses Verfahren wird veranlaßt durch eine *Projekt-Änderungs-Anforderung* (*PAA*) (Abb. 9-6.). Sie kann vom Benützer, aber auch von einem Projektmitarbeiter kommen. Es darf keine Änderung geben, die ohne dieses Formular durch-

Kurztitel:	PAA ××××
von wem beantragt.......... Ort/Abt. ..... Tel. ...... Datum..........	
Beschreibung des Änderungswunsches: Nachteile der gegenwärtigen / Vorteile der künftigen Lösung	
voraussichtlich betroffene Programme, Dateien, Geräte, Dokumentationen	
Bewertung: Durchführungskosten ______ Betriebskosten ______ Nutzen ______ Kosten weiterer nötiger Änderungen ______ nicht quantifizierte Vorteile: Nutzen ______	Empfehlung (ev. Abänderungen, Einschränkungen, Erweiterungen des ursprünglichen Änderungswunsches): abgelehnt ☐ verschoben ☐ (Datum der Neuüberprüfung) akzeptiert ☐ PAN ☐ KAN ☐
Unterschriften Datum	

Abb. 9-6. Projektänderungsanforderung.

geführt wird, gleichgültig wie unbedeutend die Änderung erscheint. Das Ergebnis der Bewertung des Änderungswunsches kann die Ablehnung, die Verschiebung auf später, d. h. auf eine neue Version des Systems, oder die Annahme sein. Je nachdem, wie umfangreich die Änderung ist, wird die Annahme in Form einer *Projekt-Änderungs-Notiz* (*PAN*) den Projektmitarbeitern mitgeteilt oder als *Kontrakt-Änderungs-Notiz* (*KAN*) dem Personenkreis zur Stellungnahme übergeben, der auch Projektkontrakt und Systemanforderungskatalog genehmigt hat [46].

Zweckmäßigerweise wird die endgültige Behandlung einer Änderung in Form eines Änderungsreviews durchgeführt, um zu verhindern, daß Auswirkungen auf andere Systemkomponenten übersehen werden [13].

Das Bestreben des Projektleiters muß es aber auf jeden Fall sein, Anforderungen von Seiten der Benutzer mit dem Projektfreigabereview und Änderungswünsche von Seiten der Projektmitarbeiter mit dem Ende der Detailentwicklung „einzufrieren“ (Abb. 9-7.).

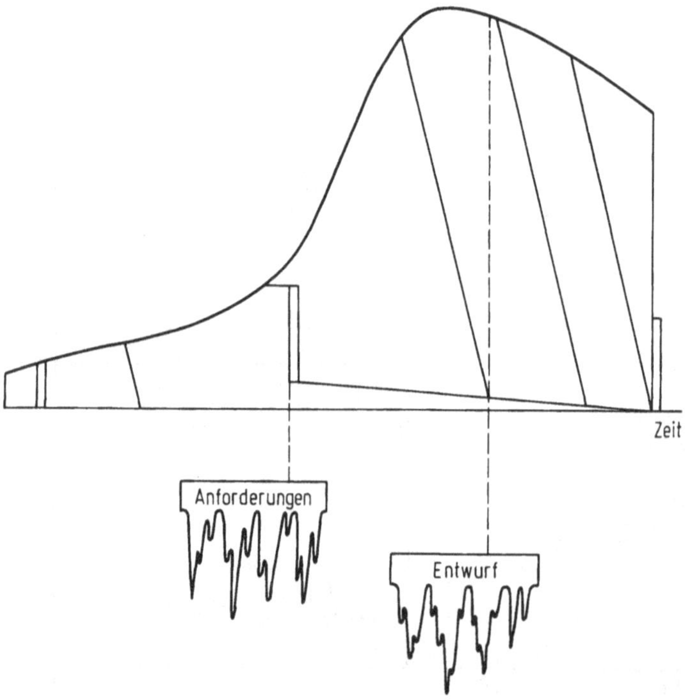

Abb. 9-7. Zeitpunkte zur Fixierung der Anforderungen von außen und von innen.

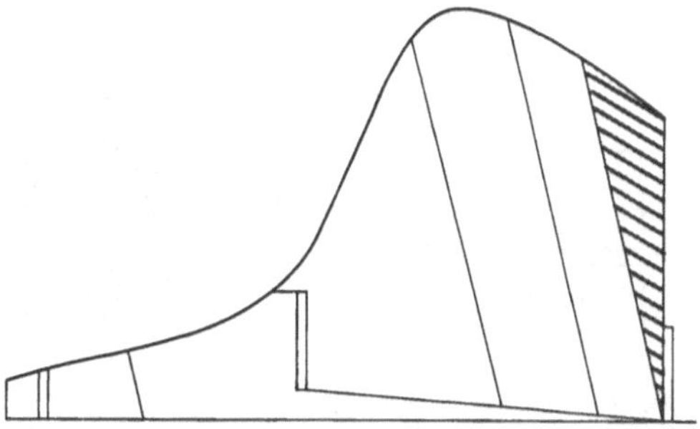

10. Abnahmetest und Übergabe

Es sei nochmals darauf hingewiesen, daß die Vereinbarungen über die Abnahmekriterien so früh wie möglich erfolgen müssen. Am besten im Projektkontrakt, spätestens während der Detailentwicklung. Je länger diese Vereinbarungen hinausgeschoben werden, desto größer ist die Wahrscheinlichkeit von Mißverständnissen und Ausflüchten.

Für die Vereinbarungen gilt dasselbe wie für den Projektkontrakt, daß sie so objektiv und quantifiziert wie möglich erfolgen müssen (z. B. „Antwortzeit 3 Sekunden", nicht „vernünftige Antwortzeit"). Weiters ist es wichtig, die „richtigen" Aktivitäten und Kriterien zu vereinbaren (z. B. bei einer Programmumstellung sind Durchsatz und Leistung der Programme wesentlich, nicht eine 1:1-Umstellung).

Jedenfalls muß alles schriftlich fixiert werden. Es darf keine gemeinsame Basis für eine Verständigung vorausgesetzt werden. Für jeden Abschnitt des Abnahmetests ist im voraus festzulegen, was einen erfolgreichen Test konstituiert. Im Nachhinein darüber zu debattieren, ob ein Test erfolgreich war oder nicht, ist nur eine Möglichkeit Meinungsverschiedenheiten herbeizuführen. Der Abnahmetest kann genauso wie ein Systemtest vorbereitet und durchgeführt werden. War der letzte Systemtest gut geplant, so ist er als Abnahmetest verwendbar.

Das Ziel des Abnahmetests ist es, vom Benutzer die schriftliche Bestätigung zu erhalten, daß das System entsprechend dem Systemanforderungskatalog funktioniert.

Für die Umstellung vom alten auf ein neues System gibt es mehrere Möglichkeiten [38]. Auch bei der Neueinführung eines DV-Verfahrens wird wahrscheinlich ein manuelles Verfahren bestehen, das umgestellt werden muß.

- *Gesamtumstellung*
  Alle Teilsysteme werden mit allen DV-Aufgaben im vollen Umfang und innerhalb eines kurzen Zeitraums umgestellt (Abb. 10-1.).

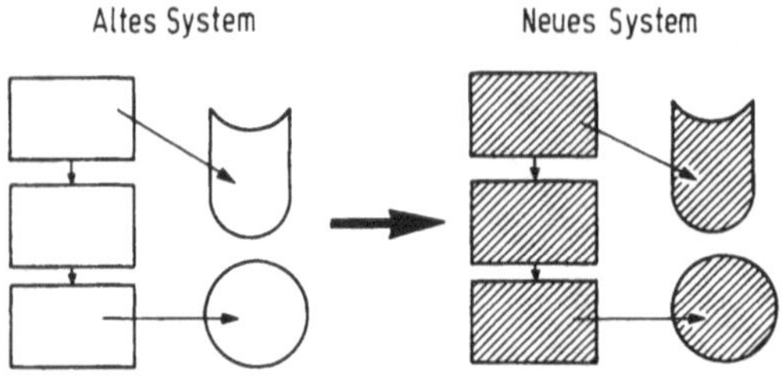

Abb. 10–1. Gesamtumstellung.

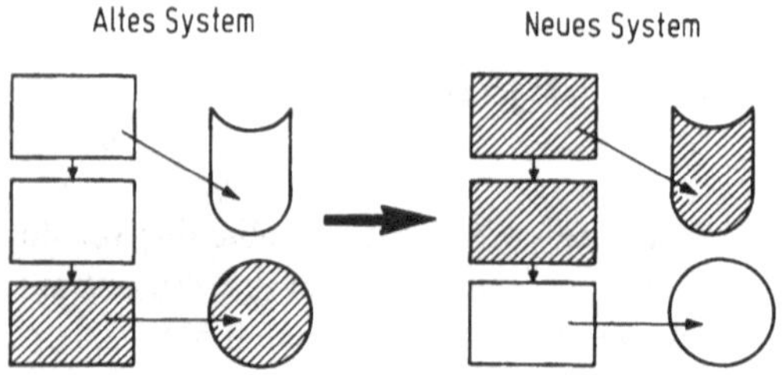

Abb. 10–2. Teilumstellung mit Gesamtdatenmenge.

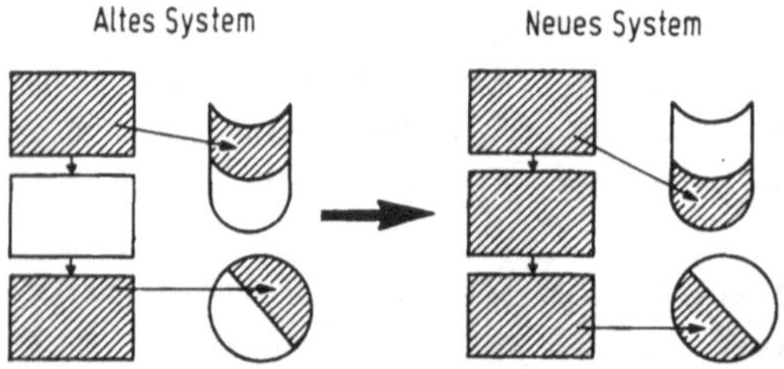

Abb. 10–3. Teilumstellung mit Teildatenmenge.

- *Teilumstellung* mit Gesamtdatenmenge
  Die einzelnen DV-Aufgaben werden nacheinander mit größerem zeitlichen Zwischenraum umgestellt (Abb. 10–2.).
- Teilumstellung mit Teildatenmenge (Abb. 10–3.).

Die Vor- und Nachteile einer Gesamtumstellung sind:

- installierte Anlagen werden sofort im geplanten Umfang ausgelastet. Damit werden Leerkosten minimiert.
- es sind keine besonderen Vorkehrungen bezüglich der zwischen einzelnen Anwendungsgebieten und/oder Teilaufgaben bestehenden Verbindungen nötig,

- kurzzeitig hohe Anforderungen an Hilfsmittel, insbesondere Personal. Dadurch gibt es keine Puffermöglichkeit bei Fehlern,
- psychologische Schwierigkeiten mit Benutzern, die ohne Gewöhnungszeit mit etwas völlig Neuem konfrontiert werden,
- wenig praktische Erfahrungen mit der Einführung komplexer Systeme.

Voraussetzungen für eine erfolgreiche Durchführung einer Gesamtumstellung sind:

- das Gesamtsystem ist nicht groß
- das alte System steht organisatorisch auf einer hohen Stufe
- alle Teilprojekte sind vollständig abgeschlossen

Die Vor- und Nachteile der teilsystemweisen Umstellung sind:

- Anforderungen an Hilfsmittel werden über einen längeren Zeitraum verteilt,
- das Projektteam sammelt Umstellungserfahrung, die bei den nachfolgenden Schritten genutzt werden kann,
- die Benutzer werden allmählich mit dem neuen System vertraut gemacht,
- die installierte Anlage wird zunächst nicht in vollem Umfang ausgelastet, dadurch entstehen Leerkosten,
- logisch miteinander verknüpfte DV-Aufgaben werden willkürlich getrennt,
- erhöhter Arbeitsaufwand zur Bewältigung der künstlichen Schnittstellen.

Die Voraussetzung für eine erfolgreiche teilsystemweise Umstellung ist, daß die einzelnen Teilsysteme wenigstens vorübergehend selbständig existieren können. Nach Möglichkeit wird die Umstellung bei dem Teilsystem mit dem geringsten Schwierigkeitsgrad beginnen.

Die Bildung von Teildatenmengen kann durch Teilung in eine konstante Anzahl von Elementen (z. B. Personalnamen von A bis F) oder durch Trennung der Elemente, die zu einer bestimmten Menge (z. B. Kundendatenbestand) gehören, erfolgen. Werden vom neuen System innerhalb kurzer Zeit alle Datensätze eines Datenbestands angesprochen (z. B. bei der Lohnverrechnung), so ist nur die Teilung entsprechend der Zugehörigkeit zu Teildatenmengen praktikabel.

Die angeführten Umstellungsmöglichkeiten können in Form

- einer *Stichtagsumstellung* oder
- eines *Parallellaufs*

erfolgen.

Bei der Stichtagsumstellung wird das alte System zu einem festgelegten Zeitpunkt außer Betrieb genommen und das neue aktiviert. Vor- und Nachteile sind:

- Entfall aller Parallelarbeiten,
- alle betroffenen Abteilungen können sich sofort auf das neue Verfahren konzentrieren,

- Fehler kommen schneller zum Vorschein und müssen unmittelbar korrigiert werden,
- Fehler wirken sich unmittelbar auf den Arbeitsablauf aus,
- notwendige Wiederholungen stören den normalen Arbeitsablauf und bringen ihn möglicherweise vorübergehend oder für längere Zeit zum Stocken,

  (z. B.: Kapazität des Systems 1000 Transaktionen/Stunde
  Arbeitsanfall 700 Transaktionen/Stunde
  Ausfallzeit 2 Stunden

  In diesem Fall werden mehr als 4 Stunden benötigt, um den Rückstand wieder aufzuholen. Derartige Überlegungen müssen bereits bei der Auslegung des neuen Systems berücksichtigt werden.)
- Fehler wirken sich wegen fehlender Kontrollmöglichkeit auch auf nicht unmittelbar Beteiligte aus (z. B. Kunden, Lieferanten, Belegschaft),

Voraussetzungen für eine erfolgreiche Stichtagsumstellung sind:

- großer Zeitabstand zwischen Bereitstellung der Primärdaten und dem Zeitpunkt, zu dem die Ausgabedaten benötigt werden. Dadurch ist die Möglichkeit gegeben, die Ausgabedaten vor der Weitergabe zu kontrollieren.
- geringe Abarbeitungsfrequenz. Dadurch werden bei Erkennen eines Fehlers keine oder nur wenige Produktionsläufe zu wiederholen sein.
- geringe Primärdatenmenge. Die Verarbeitungsdauer wird im allgemeinen proportional zur Menge der Eingabedaten sein, sodaß bei einer nur geringen Datenmenge ein Wiederholungslauf leicht möglich ist.
- einfache Kontrollmöglichkeiten für die Ergebnisse. Ein Fehler sollte durch wenige, einfache Kriterien feststellbar sein, sonst besteht bei großem Zeitverzug die Gefahr, daß mehrere zwischenzeitliche Produktionsläufe wiederholt werden müssen. Für komplexe Kontrollen wird auch der Zeitraum zwischen Erstellung der Ausgabedaten und ihrer Weitergabe nicht ausreichen.
- geringe Verflechtung mit anderen Arbeitsabläufen. Wenn auch andere Arbeitsabläufe, egal ob mit oder ohne Datenverarbeitung fehlerhaft erstellte Datenbestände benützen, wird sich die Auswirkung eines Fehlers vervielfachen.
- geringe Zahl von Empfängern der Ausgabedaten. Dadurch ist schlimmstenfalls der Aufwand für eine korrigierende Benachrichtigung nicht allzu groß.

Ein Parallellauf bietet an Vorteilen

- erhöhte Sicherheit bei der Umstellung
- bessere Kontrollmöglichkeiten durch einfachen Vergleich

Nachteilig wirkt sich hingegen der erhöhte Aufwand (3 ×!) aus, der möglicherweise aus

- personellen
- arbeitsablaufmäßigen (z. B. altes und neues System an verschiedenen Orten)

- organisatorischen (z. B. Umstellung der Datenerfassung bei inkompatiblen DV-Verfahren
- räumlichen (z. B. Schaltergröße in einer Bank)
- finanziellen (z. B. Gehalt für vergrößertes Personal, Miete für zwei Hardware-Konfigurationen) Gründen nicht tragbar ist (Abb. 10–4.).

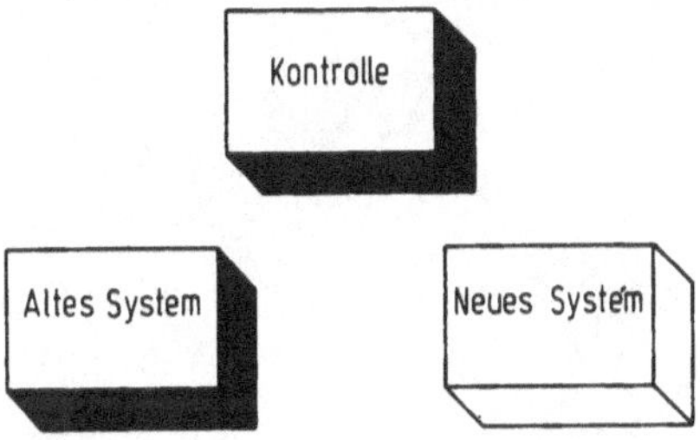

Abb. 10–4. Erhöhung des Arbeitsaufwands durch Parallellauf.

Ebenfalls unmöglich ist ein Parallellauf bei völlig neuen Anwendungen und bei vielen Anwendungen der Prozeßsteuerungstechnik.

Eine Kompromißlösung könnte in einem vorgezogenen Parallellauf bestehen. Dabei werden bereits beim Systemtest Daten aus dem alten System abgezweigt (ev. mit Hilfe eigener Konversionsprogramme) und die Ergebnisse beider Arbeitsverfahren laufend verglichen.

Im Falle eines Parallellaufs kann der Abnahmetest auch erst als Abschluß der Parallelarbeit erfolgen.

Eine große Bedeutung kommt im Rahmen der Übergabe der Revisionsabteilung zu, die anhand eines eigenen Testablaufs nicht nur die Richtigkeit sondern auch die Ordnungsmäßigkeit der neuen DV-Abläufe überprüft.

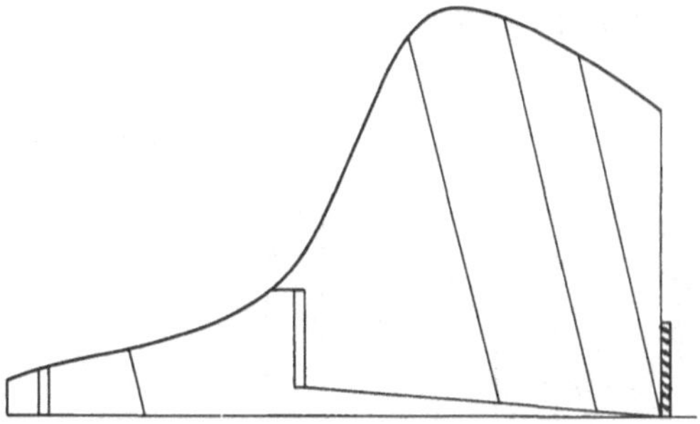

11. Projektende

Nach der Durchführung von Abnahmetest und Umstellung werden noch restliche Schulungsaufgaben für Benutzer, sowie über einen längeren Zeitraum Wartungs- und Verbesserungsarbeiten anfallen.

Wesentlich, um die gemachten Erfahrungen in das nächste Projekt einbringen zu können, ist das *Abschlußreview*.

Es sollte nach einer Erholungspause, nach der Hektik der Umstellung geplant werden, aber doch so kurz nach Projektende, daß die Erinnerungen nicht verblaßt sind (etwa 3 bis 4 Wochen). Im Abschlußreview erfolgt eine Bewertung der Projektdurchführung.

Inhalt der Abschlußreviews

- Überblick über den Ablauf des Projekts
- worin lagen Erfolge
- wo gab es Probleme
  (Zeitplan, Budget, Systembelastung, Personal, Beziehungen zwischen den Beteiligten, Unterstützung durch die Unternehmensleitung, usw.)
- was sollte anders gemacht werden, wenn Gelegenheit wäre, das Projekt nochmals durchzuführen.

Optimistischerweise steht das Abschlußreview hier am Ende eines erfolgreichen Projekts. Aber noch wichtiger wäre allerdings die Zusammenfassung von Ergebnissen nach einem Mißerfolg oder Projektabbruch.

11.1 Wartung

Die Wartung des Endprodukts nach Projektende stellt kein unmittelbares Problem für den Projektleiter mehr dar. Doch kann im Zuge der Projektsteuerung die Vor-

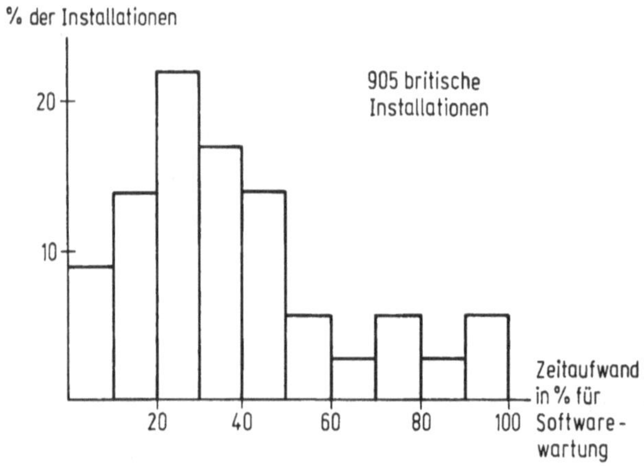

Abb. 11-1. Ergebnis der Hoskyns-Studie über den Wartungsaufwand.

aussetzungen für eine einfache oder auch schwierige Wartung geschaffen werden. Im allgemeinen werden heute etwa 30% der Arbeitskapazität einer EDV-Abteilung mit Wartungsarbeiten an den Endprodukten längst vergessener Projekte verbraucht (Abb. 11-1.). Und diese Wartung verläuft oft nicht zur Zufriedenheit aller Beteiligten. Eine einfache Überlegung erklärt das Problem mit der Wartung [73]. Unter den Annahmen, daß

- 10 Programmierer zur Verfügung stehen (das ist schon eine recht schöne Programmierergruppe),
- die durchschnittliche Projektdauer 6 Monate beträgt,
- am durchschnittlichen Projekt 4 Programmierer arbeiten,
- nach Projektende ein Programmierer 2 Systeme warten muß,
- die durchschnittliche Nutzungsdauer eines Systems 3 Jahre beträgt,

stellt sich nach etwa 3.5 Jahren ein Gleichgewichtszustand ein (Abb. 11.2.), bei dem

- etwa 40% der Arbeitskapazität für Wartungsarbeiten aufgewendet werden müssen,
- etwa 8 verschiedene Systeme gleichzeitig implementiert sind.

Die bisherigen Erfahrungen lassen durch den Einsatz von IPT folgende Änderungen bzw. zusätzliche Annahmen begründet erscheinen:

- durchschnittliche Projektdauer 5 Monate
- nach Projektende wartet ein Programmierer 4 Systeme
- die durchschnittliche Nutzungsdauer eines Systems beträgt 3.5 Jahre (durch erleichterte Wartung auch bessere Möglichkeit von Verbesserungen)

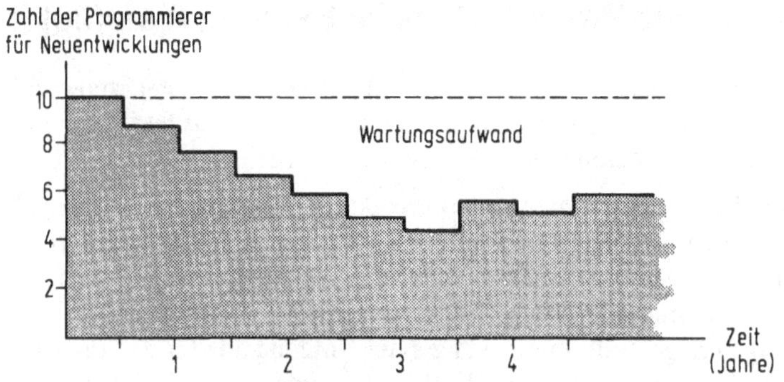

Abb. 11–2. Einschränkung der Neuentwicklungen durch laufende Wartungsarbeiten.

Unter diesen Annahmen stellt sich der Gleichgewichtszustand (Abb. 11-3.) derart ein, daß

- etwa 30% der Arbeitskapazität für Wartung aufgewendet werden (immerhin eine Verbesserung von 25% gegenüber vorher),
- etwa 13 verschiedene Systeme gleichzeitig implementiert sind (Verbesserung um mehr als 50% gegenüber vorher).

Obwohl die Annahmen natürlich stark vereinfachend sind, stimmen die Modelle doch gut mit der Wirklichkeit überein (vgl. Abschn. 13.1 Programmiererproduktivität) [70] und zeigen die Verbesserungsmöglichkeiten durch den Einsatz der IPT.

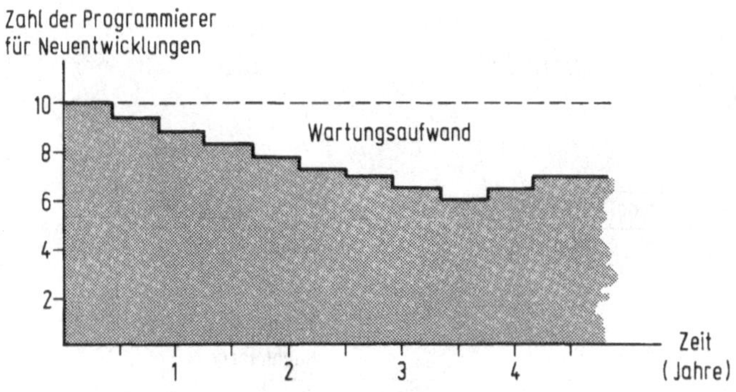

Abb. 11–3. Verbesserung des Verhältnisses zwischen Wartung und Neuentwicklung durch den Einsatz von IPT.

11.2 Stellung des Projektzyklus im Systemleben [20]

Dieses Buch behandelt zwar hauptsächlich Probleme der Projektsteuerung und der damit verbundenen Tätigkeiten, doch soll der Projektzyklus hier abschließend noch in einem größeren Zusammenhang dargestellt werden.

Die Bedeutung der einzelnen Phasen eines Projektes – Planung, Realisierung, Nutzung – wird von den verschiedenen damit befaßten Stellen in einem Unternehmen auch unterschiedlich bewertet. So ist z. B. für die Unternehmensleitung die Phase der Nutzung die wichtigste im Systemleben, weil sie nach dem geleisteten Aufwand die Erträge bringen soll. In diese Phase der Nutzung, die für den Projektleiter keine weiteren Aufgaben mehr bereithält, fallen auch sämtliche Wartungs- und Verbesserungsarbeiten, deren Umfang, wie bereits erwähnt, stark vom Systementwurf und den angewendeten Implementierungsmethoden beeinflußt wird.

Der bisherigen Erfahrung nach entspricht die Dauer der Systemnutzung für größere Systeme etwa der für Planung und für Realisierung; sie ist also etwa ebenso groß wie die Projektdauer. Dabei sei von „Dauerbrennern", wie 1400-Programme, die unter einem Emulator im V=R-Betrieb auf einer /370 laufen, abgesehen. Aus diesem Verhältnis von Nutzung zu Entwicklung folgt jedoch, daß die Planung eines Nachfolgesystems bereits während der Realisierung des vorangehenden Systems beginnen muß (Abb. 11-4). Allerdings besteht die Möglichkeit, den Einsatz eines Nachfolgesystems durch Optimierung der Systemlebensdauer zeitlich hinaus-

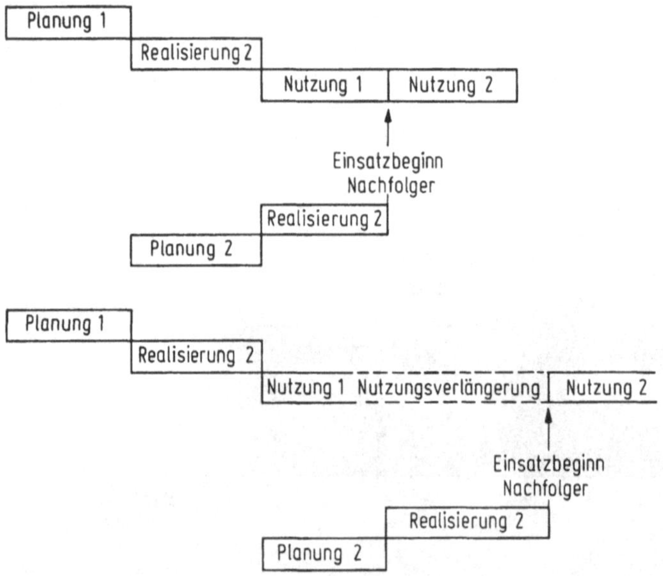

Abb. 11-4. Überlappung der Projektzyklen zweier aufeinanderfolgender Systeme.

zuschieben, jedoch nicht beliebig lange. Dies ist ein weiterer Grund, warum ein Programmabbruch nach der Projektfreigabe, also nach Beginn der Realisierung kaum mehr möglich ist.

Für Planung und Einsatz eines Nachfolgesystems sprechen folgende Gegebenheiten:

- Es existieren technisch oder wirtschaftlich günstigere Lösungen;
- das vorhandene System entspricht nicht mehr geltenden oder zu erwartenden Vorschriften und kann aus technischen oder wirtschaftlichen Gründen nicht umgestellt werden;
- Kapazitäts- oder Leistungssteigerungen sind aus technischen oder wirtschaftlichen Gründen nicht möglich;
- das System ist zwar einwandfrei, doch stellt der Hersteller wegen Auslaufens der Modellserie die Wartung ein.

Zahlreich sind die Ursachen, die den Einsatz eines Nachfolgesystems blockieren und damit zu einer verlängerten Nutzung des laufenden Systems zwingen; z. B.:

- Es gibt kein technisch günstigeres System;
- der Einsatz eines technisch günstigeren Systems ist (noch) unwirtschaftlich;
- ein Nachfolgesystem ist infolge von Planungs-, Entwicklungs- oder Einführungsschwierigkeiten noch nicht verfügbar;
- das laufende System ist noch nicht abgeschrieben;
- ein Nachfolgesystem kann nicht finanziert werden;
- die Planung für das Nachfolgesystem ist zu spät begonnen worden.

Die Planung des Nachfolgesystems beginnt jedenfalls in einem kritischen Zeitraum. Die Unternehmensleitung ist mit den Schwierigkeiten bei der Realisierung des ursprünglichen Systems beschäftigt. Die an der Realisierung Arbeitenden hätten zwar die beste fachlichen Voraussetzungen für die Nachfolgerplanung, wagen aber nicht den Planungsbeginn zu initiieren, da dies als Flucht aus der Verantwortung ausgelegt werden könnte.

11.3 Schärfe der Trennung einzelner Phasen

Bei jeder Phasentrennung stellt sich die Frage, wie scharf die einzelnen Phasen getrennt werden sollen und können.

Eine scharfe Trennung bedeutet, daß erst alle Aktivitäten, die zu einer Phase gehören abgeschlossen sein müssen, bevor eine Entscheidung über die Freigabe der nächsten Phase getroffen wird (Abb. 11-5.). Das bewirkt aber

- längere Dauer
- ungenutzte Hilfsmittel oder projektfremde Füllaktivitäten.

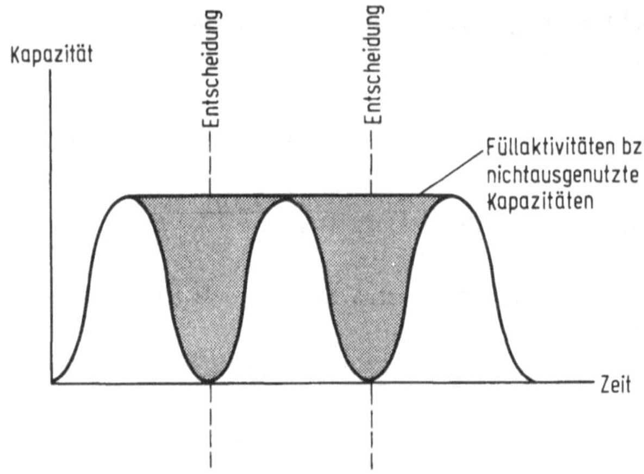

Bei einer unscharfen Trennung andererseits werden vor dem Ende einer Phase bereits Hilfsmittel zur Durchführung von Aktivitäten der nächsten in Anspruch genommen. Das führt dazu, daß mit dem Ende der letzten Aktivität meist keine negative Entscheidung mehr denkbar ist, sondern einfach mit den vorliegenden Arbeitsergebnissen weitergemacht werden muß. (Abb. 11-6.).

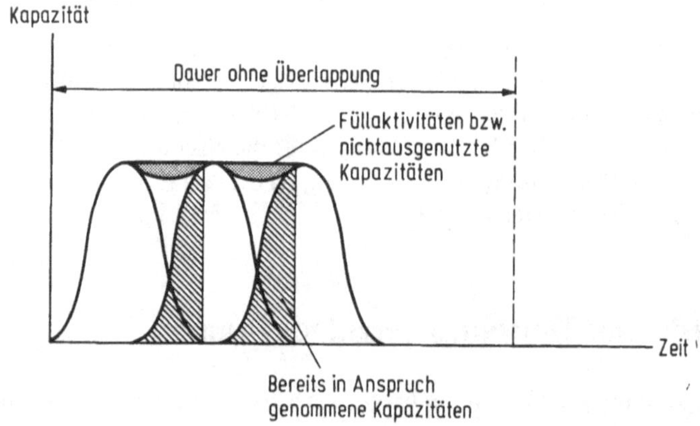

Abb. 11-6. Überlappung einzelner Projektphasen.

Es ist daher zweckmäßig, die Entscheidung am Ende einer Phase in eine

- Grundentscheidung und
- Teil- oder Finalentscheidungen

zu trennen. Die Grundentscheidung, die nach einem Review der betreffenden Phase getroffen wird, erlaubt, Aktivitäten der nächsten Phase zu beginnen, sofern ein erfolgreiches Ende absehbar ist. In den Teil- oder Finalentscheidungen werden nur mehr Vollständigkeit und Qualität der Ergebnisse geprüft (Abb. 11-7.).

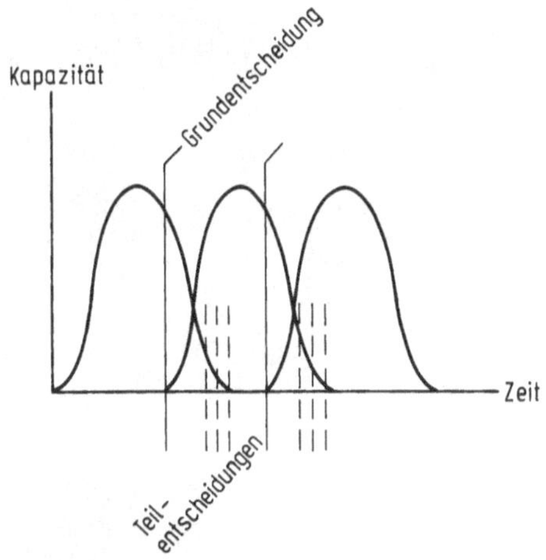

Abb. 11-7. Trennung des Phasenendes in eine Grund- und mehrere Teil- (Final-)-entscheidungen.

12. Schätzungen

Schätzungen bei EDV-Projekten beziehen sich im allgemeinen auf Software (abgesehen von besonderen Entwicklungsprojekten) und dabei vor allem auf zwei Bereiche:

- Entwicklung
  - Dauer
  - Mitarbeiter
  - Maschinenzeit
  - Kosten
  - sonstiger Aufwand (Unterstützung, Sekretariat usw.)
- Betrieb
  - Speicherbedarf (Hauptspeicher und Peripherie)
  - Durchführungszeit
  - Antwortzeit
  - usw.

Schätzungen, die sich auf die Leistungsfähigkeit des zu entwickelnden Systems, also auf seinen Betrieb beziehen, werden im Rahmen von Systemplanung und Systementwicklung durchgeführt (vgl. Abschn. 5 und 6).

Für die Projektsteuerung sind Schätzungen des Entwicklungsaufwands wesentlich. Dabei gibt es zwei Zeitpunkte, zu denen eine Schätzung besonders interessant ist (Abb. 12-1.). Einmal vor der Projektgründung, bei der entschieden werden muß, ob das angestrebte Ziel mit den zur Verfügung stehenden Mitteln in der gegebenen Zeit erreicht werden kann, bzw. welche Mittel zur Durchführung innerhalb eines geplanten Zeitraumes benötigt werden, bzw. wie lange die Durchführung bei gegebenen Mitteln dauert. Zweitens das Projektfreigabe-Review, bei dem vor Einsatz des Großteils der Mittel entschieden wird, ob der einmal gesteckte Rahmen noch immer gültig ist. Diese zweistufige Methode erlaubt es, zunächst bei Projektbeginn mit relativ wenigen und ungenauen Informationen aus-

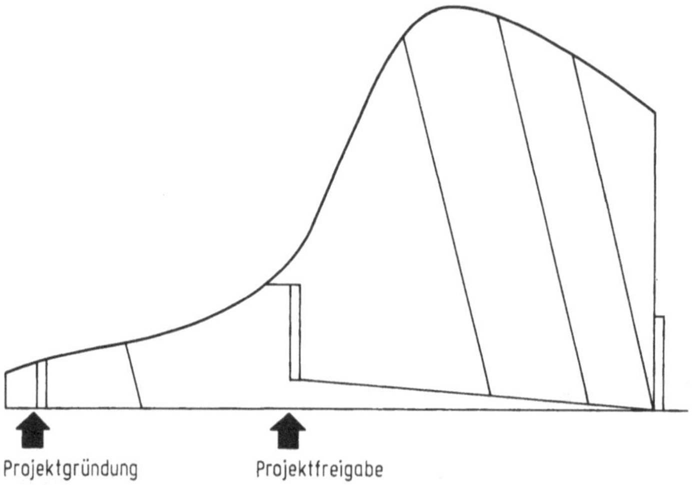

Abb. 12-1. Zeitpunkte für Schätzungen im Projektzyklus.

zukommen und die Schätzung nach den Ergebnissen von Systemplanung und Systementwicklung zu überprüfen.

Unbekannte Werte können einerseits durch Anwendung von Erfahrungen ermittelt werden. Dies setzt aber voraus, daß es sich um eine ähnliche Problemstellung, ein Projekt annähernd gleicher Größe (Vgl. Abschn. 5, Wechselwirkungen im System) und ähnlicher Spezifikationen handelt. Andererseits können die Erfahrungen anderer als quantitative Methode herangezogen werden. Diese quantitative Methode liefert brauchbare Grundlagen für Schätzungen in Bereichen, in denen keinerlei eigene Erfahrungen vorliegen. Mit zunehmender eigener Erfahrung kann dann eine Anpassung an die eigenen Verhältnisse vorgenommen werden. Quantitative Methoden sollten schließlich stets zur Überprüfung der Plausibilität von Schätzungen eingesetzt werden. Auf diese Weise sind Genauigkeiten bis zu +- 10% erreichbar. Allerdings müssen auch +- 20% in diesem Zusammenhang noch als gutes Ergebnis angesehen werden [23].

Glücklicherweise muß eine Schätzung nicht „richtig“ sein, in dem Sinn, daß der Schätzwert exakt gleich dem schließlichen Ergebnis ist. Schätzung und Durchführung stehen miteinander in einem selbstregelndem Zusammenhang, d. h. innerhalb bestimmter Grenzen tendiert der Durchführungsaufwand dazu, die ursprüngliche Schätzung zu erfüllen und damit zu rechtfertigen (Abb. 12-2.).

Außerhalb dieses selbstregelnden Bereiches kann der geschätzte Realisierungsaufwand für die gegebene Projektgröße zu groß sein. Dann tritt eins von Parkinsons's Gesetzen in Kraft: „Arbeit tendiert dazu, die dafür angesetzte Zeit auszufüllen“ [41]. Zuviel angesetzte Mitarbeiter verbrauchen ihre Zeit, um sich miteinander abzustimmen und ihre Arbeitsbereiche abzugrenzen (Vgl. Abschn. 14 optimale

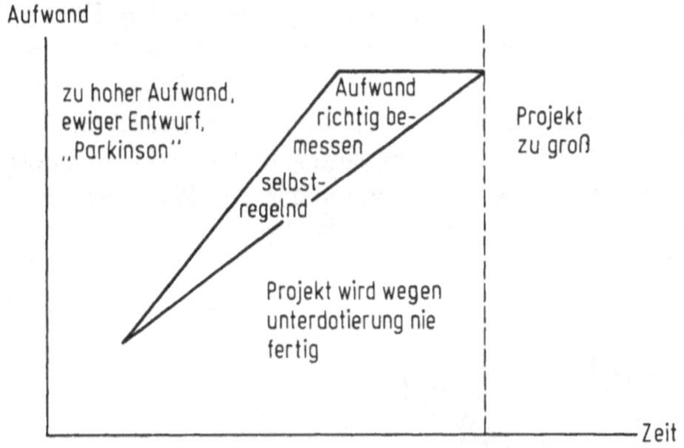

Abb. 12-2. „Richtiges" Verhältnis von Zeit und Aufwand.

Gruppengröße). Anscheinend unbegrenzt zur Verfügung stehende Zeit und Mittel führen dazu, im Entwurf eine absolute Vollkommenheit im Detail anzustreben.

Im Gegensatz dazu kann der geschätzte Realisierungsaufwand für eine gegebene Projektgröße auch zu gering sein. In diesem Fall wird das Projekt wegen Unterdotierung nicht fertig, die wenigen Mitarbeiter müssen ihre Arbeitskraft auf zuviele Aktivitäten verteilen.

Schließlich kann das Projekt unabhängig vom geplanten Aufwand absolut zu groß und damit unlenkbar sein (Vgl. Abschn. 2.3 Projektgröße) [42].

Bei einer Schätzung müssen die zwei wesentlichsten Nachteile zu optimistischer Annahme berücksichtigt werden. Erstens ist es im Zweifel besser, eine Aufgabe auf zwölf Monate zu schätzen und auch nach zwölf Monaten fertig zu sein, als sie aus Gefälligkeit auf 9 Monate zu schätzen und dann drei Monate länger zu brauchen. Zweitens ist weniger die Dauer als solche lästig, als die Abweichung. Die meisten Menschen ziehen es vor, jeden Tag fünf Minuten auf den Zug zu warten, als vier Tage eine Minute und dafür einen Tag 21 Minuten lang. In beiden Fällen ist die durchschnittliche Wartezeit fünf Minuten. Ebenso ist es den meisten Managern lieber, alle Projekte mit einem Sicherheitszuschlag durchgeführt zu bekommen, als einige Projekte erfolgreich knapp kalkuliert und eines dafür weit überzogen.

12.1 Aufwandschätzung für Systemplanung und -entwicklung [50, 51]

Zum Zeitpunkt der Projektgründung ist das Wissen um das zu entwickelnde System noch sehr vage. Daher müssen Eigenschaften und somit Entwicklungsaufwand aus den bereits bekannten Zielvorstellungen abgeleitet werden. Dazu werden die Punkte Zielvorstellung, Komplexität und Vertrautheit mit dem Arbeitsgebiet in mehrere Detailfragen unterteilt. Auf diese Weise gleichen die unvermeidlichen Schätzfehler einander soweit aus, daß die Genauigkeit der Schätzung ausreichend ist. Eine Übersicht der bei Systemplanung und -entwicklung nötigen Tätigkeiten gibt Abb. 12-3. Die Detailfragen sind in den Tabellen 12-1.–12.4. zusammengefaßt.

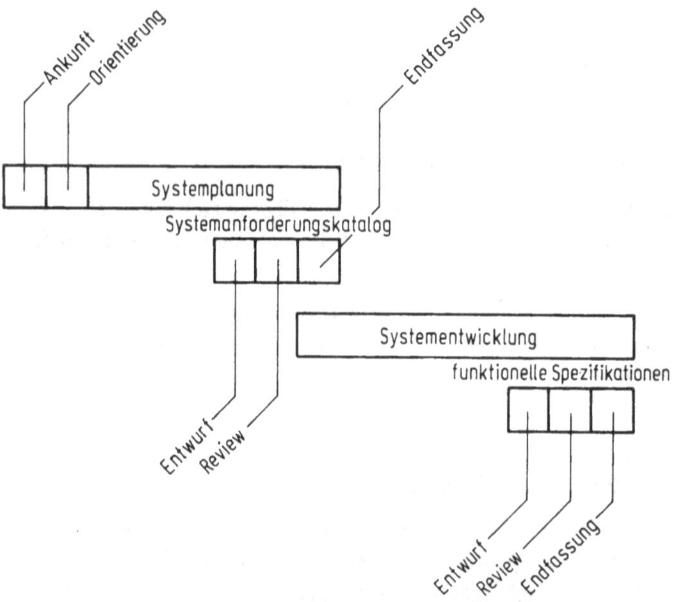

Abb. 12-3. Aufwand bei Systemplanung und Systementwicklung.

Tab. 12-1. Schätzung des Aufwands für Orientierung.

1. Wieviele Abteilungen sind beteiligt?	..... × 2 = ...
2. Wieviele Geschäftsstellen, Filialen usw. sind beteiligt?	..... × 6 = ...
3. Wieviel 100 Mitarbeiter sind durch das neue System betroffen?	.....
	t_0 = ...

ad 1. Die Zahl der entscheidungsberechtigten Abteilungen ist ein Maß für die Komplexität des Systems und die Schwierigkeit eine Einigung herbeizuführen. Dieser Wert gibt die Zahl der beteiligten Abteilungen (oder gleichwertigen Organisationsformen) in einer Unternehmensorganisation an.

ad 2. Jede Stadt stellt eine Geschäftsstelle dar, verschiedene Geschäftsstellen in derselben Stadt zählen jeweils 1/2. Dieser Wert gibt die Schwierigkeit der Kommunikation durch räumliche Distanz an.

ad 3. Bei der Orientierung muß die Zahl der betroffenen Mitarbeiter berücksichtigt werden. Diese Schätzung erfolgt für jede Abteilung getrennt und nach oben gerundet (z. B. bei zwei Abteilungen mit 35 und 50 Mitarbeitern ist dieser Wert 2).

Tab. 12-2. Schätzung des Aufwands für die Systemplanung.

1. Art des zu entwickelnden Systems batch = 0, online = 5, realtime = 10				.....
2. Komplexität der Verarbeitung	einfach /	mittel /	komplex	
Daten kombinieren, verdichten, umordnen löschen	0	2	3	.....
Daten aufsuchen (Indextabellen, Adressketten usw.)	0	3	5	.....
Prüfung auf Formate, Plausibilität, Fehlerroutinen	0	3	5	.....
Logik (Rechnen, Vergleiche)	0	2	4	.....
Ansprüche an Optimierung und Sicherung (Overlays, Checkpoints)	0	2	3	.....
3. Behandlung von Ausnahmen manuell = 0, automatisch = 10				.....
4. Systembelastung unkritisch = 0, kritisch = 5				.....
5. Zahl von Subsystemen	..... × 5 =			.....
6. Zahl der Eingaben	..... × 1.5 =			.....
7. Zahl der Ausgaben	..... × 1.5 =			.....
8. Zahl der Transaktionen	..... × 2 =			.....
9. Zahl der verwendeten Datenbestände	..... × 3.5 =			.....
	t_s =			.....

ad 1. Ein Batch-System operiert auf Jobbasis, oft nach Zeitplänen. Eingaben werden gesammelt und periodisch mit bestehenden Datenbeständen verarbeitet. Ein Online-System ist über einen längeren Zeitraum ohne Unterbrechung in Betrieb. Eingaben werden über DFV an das System herangebracht und einzeln verarbeitet. Die Antwortzeit ist unkritisch, Eingaben können leicht rekonstruiert oder neu erstellt werden.

Ein Realtime-System stellt zusätzliche Anforderungen durch den Dialog mit dem Benutzer (Antwortzeit ist kritisch, Bedienerführung ist nötig) oder durch nicht rekonstruierbare Eingaben (z. B. Nachrichtensteuerung, Reservierungssysteme).

ad 2. Einfache Verarbeitung: Programmablauf etwa als Lesen – einfache Prüfung – Verarbeitung nach einfachen Regeln mit geringen Änderungen (z. B. Summierung, Durchschnittsbildung, Umformatieren) – Änderung in einem einfach strukturierten Stammdatenbestand – einfache Berichte als Ausgabe.

Mittlere Schwierigkeit: Mehrere Eingabemöglichkeiten mit ausführlicher Fehlerprüfung. Die Verarbeitung erfolgt nach komplexen Regeln, die Eingabedaten werden entsprechend ihrem Inhalt, dem Status anderer Datenbestände und dem Systemstatus verarbeitet. Ausgaben sind komplex aufgebaut und werden oft vom System unter gewissen Bedingungen vom System selbst generiert und initiiert.
Komplexer Schwierigkeitsgrad: Umformung und Prüfung großer Datenmengen mittels ausgedehnter logischer oder arithmetrischer Algorithmen.

ad 3. Ausnahmebehandlung manuell: das System arbeitet mit vermutlich korrekten Daten, Fehler werden nur festgestellt und für spätere manuelle Nachbearbeitung ausgesondert (z. B. durch Ausdrucken).

Automatisch: das System behandelt ein Maximum an Ausnahmen und Fehlern, führt selbst Korrekturen durch und trifft Annahmen (z. B. ein Übersetzungsprogramm).

ad 4. In manchen Systemen stellt die Datenmenge kein Problem dar. In anderen ist entweder die Menge der in kurzer Zeit anfallenden Daten ein Problem (z. B. Spitzenbelastungen im Dialogverkehr) oder die Gesamtmenge der Daten ist so groß, daß Wiederholungen nach Fehlern jeder Art ein Problem darstellen.

ad 5. Die Zahl der Subsysteme entspricht den Hauptanwendungsgebieten und sollte nicht kleiner als die Zahl der beteiligten Fachabteilungen sein. Wenn ein eigenes Team eine spezielle Funktion entwickelt (z. B. eine Zugriffsmethode) so ist das unabhängig von der zu erwartenden Programmgröße als Subsystem zu betrachten.

ad 6. Das zu entwickelnde System wird als Blackbox betrachtet in die Daten hineingebracht und aus der Daten wieder zurückgemeldet werden. Stammdatenbestände, Arbeitsbereiche und dergleichen sind vom Programm her gesehen meist Ein- oder Ausgabedatenbestände, stellen aber, weil sie sich innerhalb der Blackbox befinden keine Ein- oder Ausgaben dar. Sie sind unter 9 berücksichtigt. Verschiedenheit ergibt sich aus verschiedenem Format oder verschiedener Bearbeitung (z. B. zwei im Aufbau gleiche Datensätze, die als Eingabe für verschiedene Programme dienen, zählen als 2 Eingaben).

Als Eingabe zählt auch alles, das im gegenwärtigen System oder Arbeitsablauf als Eingabe verwendet wird, gleichgültig ob manuell oder automatisch, auch wenn im zukünftigen System mehrere der gegenwärtigen Eingaben zu einer zusammengefaßt werden.

ad 7. Als Ausgabe zählt jeder Bericht mit eigenem Format und jede verschieden formatierte Ausgabe für verschiedene Arten von Datenstationen.

ad 8. Zahl der Transaktionen: Jedes Paar von Ein/Ausgaben, die nicht dauerhaft dokumentiert sind (z. B. Lochkarten, Listen) bei Dialogsystemen. Darf also nicht unter den Punkten 6 und 7 mitgezählt worden sein.

ad 9. Hier zählen die Datenbestände, die der Benutzer als Zusammenstellung seiner Daten sieht (Stammdatenbestände, temporäre Dateien für die Übergabe an andere Systemteile oder Systeme usw.) Der Dateibegriff des Betriebssystems, unter dem jeder Datenbestand als Ein- oder Ausgabe zählt soll nicht verwendet werden.

Tab. 12–3. Schätzung der Komplexität.

1. Systemverfügbarkeit:
   normal = 0, wichtig = 4, kritisch = 8 .....
2. Backupverfahren:
   manuell = 0, automatisch = 6 .....
3. Werden bestehende Arbeitsverfahren automatisiert?
   ja = 0, nein = 10 .....
4. Existiert bereits ein EDV-System?
   ja = 0, nein = 6 .....
5. Ist das zu entwickelnde System das erste seiner Art?
   ja = 10, nein = 0 .....
6. Werden neue DV-Verfahren eingesetzt?
   ja = 10, nein = 0 .....
7. Wird ein Verbundsystem oder Netzwerk entwickelt?
   ja = 10, nein = 0 .....
8. Ist spätere Erweiterung auf Online- oder Dialogbetrieb geplant?
   ja = 10, nein = 0 .....
9. Geplante Hardwaregröße:
   bis z. B. /370-135 = 0, z. B. /370-145 = 4, größer als z. B. /370-158 = 8 .....

g_k = ...

ad 1. Überlegung, wie wichtig es ist, das System jederzeit verfügbar zu haben. Kann Arbeit zurückgestellt oder verzögert werden? In einem Batch-System wird die Verfügbarkeit üblicherweise normal, in einem Datensammelsystem meist wichtig, in einem Dialogsystem (z. B. Reservierungssystem) wahrscheinlich kritisch sein.

ad 2. Ein Backupverfahren muß eingesetzt werden, wenn das System nicht arbeitsfähig ist. Ist die Systemverfügbarkeit wichtig, dann wird meist auch ein Backupverfahren nötig sein.

ad 3. In welchem Umfang müssen Arbeitsverfahren umgestellt oder neu eingeführt werden?

ad 4. Ist man mit Datenverarbeitung bereits vertraut?

ad 5. Handelt es sich um ein für das Unternehmen neues Arbeitsverfahren oder Arbeitsgebiet?

ad 6. Wird neue Hardware oder Software eingesetzt?

ad 7. Verbundsystem bzw. Netzwerk bedeutet Übermittlung von Programmen und Daten zwischen Zentraleinheiten. Datenfernverarbeitung gilt nicht als Verbund, solange die Terminals nicht eigene Programmierung erfordern.

ad 8. Auch wenn der Systemanforderungskatalog noch nicht fertiggestellt ist, wird schon bekannt sein, ob der Benutzer ein Online-System braucht.

Tab. 12–4. Schätzung der Vertrautheit mit dem Arbeitsgebiet.

1. Wie vertraut ist das Projektteam mit dem Arbeitsgebiet? völlig neu = 30, einiges Wissen = 15, schon einmal gemacht = 0, mehr als einmal = - 20	.....
2. Haben die zukünftigen Benutzer an der Vorstudie mitgearbeitet? nein = 20, teilweise = 10, intensiv = 0	.....
3. Wo wird gearbeitet? Am gewohnten Arbeitsplatz = 0, in der selben Stadt = 10, in einer anderen Stadt = 20	.....
4. Wird die Zusammenarbeit mit dem zukünftigen Benutzer leicht sein? ja = 0, nein = 10	.....
ad 1. Beurteilung der bisherigen Erfahrungen auf dem Projektgebiet.	g_a = ...
ad 2. Wieviele mögliche Probleme wurden während der Vorstudie bereits erkannt und vorweggenommen? Dies ist vom Grad der Zusammenarbeit zwischen Benutzer und Projektteam bei der Durchführbarkeitsstudie abhängig.	
ad 3. Ein Wechsel des gewohnten Arbeitsplatzes wirkt sich erschwerend auf Kommunikation und den Zugriff zu Informationen und Handbüchern aus.	
ad 4. Hat der zukünftige Benutzer bereits mit EDV gearbeitet oder hat er keine Ahnung, welche Anforderungen ein EDV-Projekt und -system auch an ihn stellen. Sind andere Hindernisse in der Zusammenarbeit (z. B. Abteilungsrivalitäten) zu erwarten?	

Der Aufwand für die einzelnen Tätigkeiten kann nun aus den errechneten Angaben sowie aus Erfahrungswerten über die Verhältnisse des Arbeitsaufwands bestimmt werden.

Aufwand für Orientierung

$$T_0 = t_0 \times (1 + g_a)$$

Aufwand für Systemplanung

$$T_s = t_s \times (1 + g_a + g_k)$$

Aufwand für die Erstellung des Systemanforderungskatalogs (beträgt für jede Mannwoche der Systemplanung einen Manntag, also 20%)

$$T_k = T_s \times 0.2$$

Aufwand für Systementwicklung (beträgt weitere 75% des Aufwands für Systemplanung)

$$T_e = T_s \times 0.75$$

Aufwand für Erstellung der funktionellen Spezifikationen (beträgt 40% des Aufwands für Systemplanung)

$$T_f = T_s \times 0.4$$

Gesamtaufwand in Manntagen ohne Managementaufwand daher

$$T_t = T_0 + T_s + T_k + T_e + T_f$$

Aufwand für Management (beträgt etwa ein Sechstel des technischen Aufwands

$$T_g = T_t \times 1.16$$

Umrechnung in Mannwochen (Annahme 5-Tage-Woche)

$$T_W = T_g/5$$

Mit Hilfe des Wertes T_W wird in Tabelle 12-5. eine mögliche Kombination von Mitarbeiterzahl des Projektteams und Kalenderdauer bestimmt. Die Tabellenwerte stammen aus einer bis auf eine Dezimalstelle genauen Tabelle [51]. Es ist aber meine Ansicht, daß das Verfahren zur Bestimmung der Mann-Wochen Fehler von mindestens 10–20% beinhaltet.
Die Genauigkeit der Tabellenwerte der Quelle spiegelt daher eine falsche Exaktheit vor. Die ungleichmäßigen Differenzen entstanden durch Rundung. In der Tabelle 12-5. findet sich quantitativ der in Abb. 12-2. qualitativ dargestellte Sachverhalt, daß Zeit- und Aufwandskombinationen nur in einem bestimmten Bereich sinnvoll sind. Aus Abb. 12-4. [50] lassen sich diese gültigen Kombinationen ebenfalls leicht ablesen.

Tab. 12-5. Bestimmung der Dauer von Systemplanung und -entwicklung in Abhängigkeit von der Größe des Projektteams. (In dieser Tabelle sind eine Ankunftswoche und Verlustzeiten von 5 Wochen im Jahr (2 Wochen Urlaub, 10 Feiertage, 10 Krankheitstage) berücksichtigt.)

Kalenderdauer in Wochen	Zahl der Mitarbeiter des Projektteams 2	3	4	5	6	7
8	13	19	25	32	38	44
10	16	24	32	41	49	57
12	20	30	40	50	59	69
14	23	35	47	59	70	82
16	27	41	54	68	81	95
18	31	46	61	77	92	107
20	34	51	68	86	103	120
22	38	57	76	95	113	132
24	41	62	83	104	124	145
26	45	68	90	113	135	158
28	49	73	97	122	146	170
30	52	78	104	131	157	183
32	56	84	112	140	167	195

unterdotiert absolut zu groß überdotiert

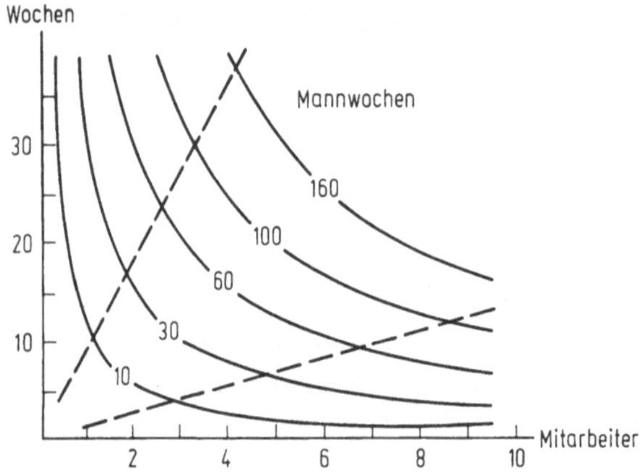

Abb. 12–4. Mögliche Kombinationen von Zeit und Mitarbeitern für die Projektphasen Systemplanung und -entwicklung.

Neben den Fragen nach Aufwand und Dauer für Systemplanung und Entwicklung ist es wesentlich, zu prüfen, ob das ganze Projekt bis zum geplanten Endtermin durchgeführt werden kann oder welcher Endtermin ins Auge gefaßt werden soll. Einen Anhalt hierzu liefern die Erfahrungen über die Verteilung des Aufwands auf die einzelnen Projektphasen (Abb. 12–5.).

Erfahrungsgemäß verschiebt sich das Schwergewicht des Aufwands mit verstärktem Einsatz der Improved Programming Techniques (IPT) in Richtung auf die Phasen Systemplanung und Systementwicklung. Hingegen bedeuten Großprojekte meist einen relativ stärkeren Aufwand für die Testphasen [11].

Für eine Umstellung, d. h. z. B. Codierung in einer anderen Sprache, muß man mit 35% des Aufwandes für die Erstentwicklung rechnen. Bei einer Weiterentwicklung, also dem Einbau zusätzlicher Funktionen, mit etwa 60% [51]. Der Arbeitsaufwand für Systemplanung und -entwicklung verhält sich danach zum Aufwand für Implementierung und Tests zwischen 30:70 bis 50:50, je nachdem, wie eingehend der Systementwurf durchgeführt wird [23].

An übrigen Kosten können anfallen:

- Reisekosten
- Aufenthaltsspesen
- Schulungskosten
- Literaturkosten
- Büromaterial
- Kopieren, Vervielfältigen, Drucken, Binden, Heften, Ordner
- Büroeinrichtung
- Gemeinkosten
- usw.

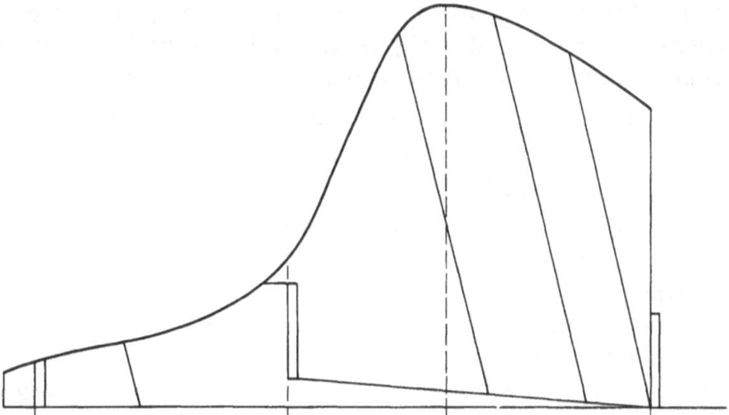

	Analyse/Planung	Kodierung	Test	
Erst-entwicklung	30%	40%	30%	100%
Umstellung	0%	20%	15%	35%
Weiter-entwicklung	10%	20%	30%	60%
Großprojekte	33%	17%	50%	
mit IPT	50%	20%	30%	

Abb. 12-5. Verteilung des Aufwands in % des gesamten Aufwands.

Alle diese Kosten werden in Schätzungen nur enthalten sein, wenn sie in Relation zu Personal- und Maschinenkosten hoch genug sind. In diesem Fall können vorhandene Parameter (Anzahl der Mitarbeiter, Zeiten der Dokumentation, usw.) zur Schätzung herangezogen werden.

12.2 Schätzung der Dauer der Programmentwicklung [49]

Zum Zeitpunkt des Projektfreigabe-Reviews ist die Systementwicklung bereits so weit fortgeschritten, daß die Moduln, aus denen das neue System besteht, definiert sind. Weiterhin ist die personelle Zusammensetzung des Projektteams bekannt, so daß auch Ausbildungsstand und Erfahrungen der Programmierer und Codierer abgeschätzt werden können. Die Schätzung zu Projektbeginn ist hier zur Überprüfung heranzuziehen. Wurde der geschätzte Aufwand für Systemplanung und -entwicklung überschritten, so muß besonders eingehend geprüft werden, ob nicht auch der Aufwand für Implementierung und Test unterschätzt worden sein könnte. Andererseits kann eine Unterschreitung des ursprünglich geschätzten Aufwands sowohl darauf hindeuten, daß die Aufgabe einfacher als angenommen ist, aber auch, daß die Systementwicklung nicht abgeschlossen ist und damit die funktionellen Spezifikationen nicht vollständig sind [23].

Um eine Schätzung nach der hier beschriebenen Methode vornehmen zu können, muß bekannt sein bzw. beurteilt werden:

- das zu entwickelnde System
- jeder der zu entwickelnden Moduln in bezug auf
  - Ein-/Ausgabe
  - Komplexität
- Die EDV-Erfahrung der beteiligten Projektmitarbeiter
- die Erfahrung der Projektmitarbeiter auf dem Anwendungsgebiet
- besondere oder einzigartige Anforderungen wie neue Programmiersprachen, neue Hardware, usw.

Der gesamte Entwicklungsaufwand wird bestimmt als Summe von:

  Programmentwicklungsaufwand
+ Aufwand für Systementwicklung
+ Aufwand für Projektverlustzeiten
+ Aufwand für nichtprojektbezogenen Arbeiten

= Entwicklungsaufwand bis Abnahmetest

Die hier dargestellte Methode beruht auf Erfahrungen mit DOS auf Systemen der Größenordnung /360-40. Ich glaube, daß diese Erfahrungen nach wie vor prinzipiell gültig und übertragbar sind. Es wurden aber Adaptierungen, die neue Programmiertechniken und virtuelle Systeme reflektieren, vorgenommen. Unbeschränkt gültig bleibt jedoch auch der Grundsatz, daß jede Methode an die Erfahrung des jeweiligen Unternehmens angepaßt werden muß.

12.2.1 Programmieraufwand

Als Voraussetzung für die Programmierung müssen die Aktivitäten der Systementwicklung abgeschlossen sein (Vgl. Abschn. 6 Systementwicklung). Diese sind im hier geschätzten Programmieraufwand nicht enthalten. Wahrscheinlich werden sich durch die Programmierung Änderungen im Systementwurf ergeben. Größere Änderungen, welche die Ein-/Ausgabe-Aktivitäten und Programmkomplexität betreffen, machen eine Neuschätzung des Programmieraufwandes nötig.

Folgende Aktivitäten sind im Programmieraufwand eingeschlossen:

- Entwurf der Programmlogik (Flußdiagramm oder Pseudosprache, Programmbeschreibung, Entscheidungstabellen, usw.)

Wenn später Änderungen davon notwendig sind, wird dies höchstwahrscheinlich im Zuge von Änderungen im Systementwurf sein.

- Kodierung
- Vorbereitung von Testdaten
- Vorbereitung von Testabläufen
- Schreibtischtest
- Umwandlung
- Einzeltest
- Analyse der Testergebnisse, Programmlisten und Dumps
- Weiterführung der Dokumentation

Für die Schätzung wird jeder Programm-Modul getrennt betrachtet. Entsprechend der „Vor-IPT-Zeit" liegen diesen Erfahrungen Programmgrößen um 10 K, also mit ca. 500–1000 ausführbaren Anweisungen zugrunde. Bei Reduzierung auf IPT-gerechte Modul-Größen sind die Ergebnisse durch 2–3 zu dividieren. Für jeden Modul werden

- Schwierigkeit der Ein-/Ausgabe (Tabelle 12-6.).
- Komplexität der Logik (Tabelle 12-7.).
- als Summe vom sogenannten „Schwierigkeitspunkten" geschätzt.

Die gesamte Schwierigkeit eines Programmes ist die Summe der Schwierigkeitspunkte für Ein-/Ausgabe und Logik.

Kenntnisse und Erfahrungen der Projektmitarbeiter werden in benötigter Arbeitszeit je Schwierigkeitspunkt geschätzt (Tabelle 12-8.).

Tab. 12-6. Schwierigkeit der Ein/Ausgabe.
Diese Schwierigkeitspunkte enthalten die Ausführung von Dateidefinitionen, Anlegen von Ein/Ausgabebereichen und die Datenbewegungen von und nach den Ein/Ausgabebereichen.

	„Schwierigkeitspunkte"
Sequentieller Datenbestand	
ein Datensatzformat	1
mehrere Datensatzformate	2
variable Satzlänge	3
Nichtsequentieller Datenbestand (indexiert, direkt, usw.)	
ein Datensatzformat	3
mehrere Datensatzformate	4
Datenbestand mit Nicht-Standard-Zugriffsmethode (z. B. im PIOCS* programmiert)	8
jedes Druckformat	1

* Physical Input Output Control System

Tab. 12-7. Schwierigkeit der Programmlogik.

	„Schwierigkeitspunkte" Minimum	einfach	mittel	komplex
COBOL				
Bearbeitung von Daten		1	3	4
Bedingungsprüfungen		1	4	7
Daten aufsuchen		2	5	8
Berechnungen		1	3	5
Programmverknüpfungen		1	2	3
	4	6	17	27
PL/I				
Bearbeitung von Daten		1	2	4
Bedingungsprüfungen		.5	3	6
Datenaufsuchen		.5	4	8
Berechnungen		1	2	4
Programmverknüpfungen		.5	1	2
	2	3.5	12	24
Assembler				
Bearbeitung von Daten		4	5	6
Bedingungsprüfungen		4	7	9
Daten aufsuchen		4	7	9
Berechnungen		3	5	8
Programmverknüpfungen		2	3	5
	12	17	27	37
RPG		2	8	13
Hilfsprogramme (z. B. SORT/MERGE, COPY usw.)				
Steuerkartenerstellung		1	–	–
eigene Routinen		2	3	4

Datenbearbeitung: Verknüpfen, Verdichten, Umordnen, Löschen. Der Aufbau von Ausgabeformaten bleibt unberücksichtigt, da bereits in Tab. 12-6. enthalten.

Bedingungsprüfungen: Plausibilitätsprüfungen, Grenzen, Prüfung von Kennsätzen, Modulus-Prüfungen und zugehörige Fehlerroutinen

Daten aufsuchen: Durchsuchen von Dateien und Tabellen, Aufbau von Schlüsselfeldern

Berechnungen: arithmetische und logische Verknüpfungen soweit nicht bereits berücksichtigt.

Programmverknüpfungen: Overlays, Checkpoints, Restart-Routinen, reenterable bzw. reusable Kodierung, Interfaces zu anderen Routinen.

Ausschlaggebend für die Komplexität der Logik ist jeweils der schwierigste Teil eines Moduls mit dem zugehörigen Wert von Schwierigkeitspunkten. (So ist z. B. die Schwierigkeit eines PL/I-Moduls mit drei einfachen Berechnungen mit 1 zu bewerten und nicht mit 3.)

Tab. 12-8. EDV-Erfahrung der Projektmitarbeiter.

	Manntage je „Schwierigkeitspunkt“
erfahrener Programmierer hat viele Programme auf verschiedenen Anlagen geschrieben und implementiert. Viel Erfahrung mit benutzter Konfiguration, Programmiersprache und Betriebssystemversion	0.5–0.75
durchschnittlicher Programmierer hat einige Programme von verschiedenem Schwierigkeitsgrad geschrieben und implementiert. Einige Erfahrung mit benutzter Konfiguration, Programmiersprache und Betriebssystemversion	1.0–1.5
unerfahrener Programmierer hat einige Programme geschrieben und implementiert. Wenig Erfahrung mit benutzter Konfiguration, Programmiersprache und Betriebssystemversion	2.0–3.0
Anfänger hat Übungsprogramme geschrieben. Keine Erfahrung bei Implementierung.	3.5–4.0

Bei der Beurteilung der Erfahrung auf dem Projektgebiet muß berücksichtigt werden, ob für die spezielle Aufgabenstellung eine Anwendungserfahrung nötig ist. Für Probleme genereller Natur, ähnlich den Übungsaufgaben der Ausbildung wird wenig oder keine Anwendungserfahrung gebraucht. Wenn das Problem nicht komplex, oder zwar komplex aber leicht erklärbar ist, oder lediglich die Kenntnis üblicher mathematischer, statistischer oder kaufmännischer Formeln voraussetzt, dann wird einige Anwendungserfahrung gebraucht. Bei komplexen, schwer verständlichen Problemen, zu deren Bearbeitung schwierige Formeln oder spezielle Programmiertechniken wie linieare Programmierung oder Operations Research eingesetzt werden, ist viel Anwendungserfahrung nötig.

Der gesamte benötigte Arbeitsaufwand je Schwierigkeitspunkt ist die Summe der Werte aus den Tabellen für Programmierkenntnisse und Anwendungserfahrung. Der Entwicklungsaufwand für ein Programm kann nun durch Einsetzen der geschätzten Werte in folgende Formel gewonnen werden:

$$MT = \frac{\text{Schw.Pkt.(E/A)} + \text{Schw.Pkt.(Logik)}}{\text{MT/Schw.Pkt. (EDV-Erf)} + \text{MT/Schw.Pkt.(Anw-Erf)}}$$

Die Schätzung kann entweder auf der Basis der Zuteilung von Programmen zu Mitarbeitern oder mittels Summe der Schwierigkeitspunkte × Durchschnitt der Mann-Tage je Punkt durchgeführt werden. Zur gegenseitigen Überprüfung der Schätzwerte sollte man beide Methoden anwenden. Starke Abweichungen im Ergebnis deuten auf Fehler oder Auslassungen hin.

In einigen Fällen wird es möglich sein, fertige Programme oder Programmteile zu verwenden (Vgl. Abschnitt 6.2 Designgrundsätze). Um den Arbeitsaufwand für die Übernahme zu schätzen, wird anhand der oben gezeigten Methode der Aufwand unter der Annahme der Eigenentwicklung bestimmt und aus einer Annahme über den Grad der Transferierbarkeit der Übernahmeaufwand geschätzt (Tabelle 12-10.).

Tab. 12-9. Anwendungserfahrung der Projektmitarbeiter.

Anwendungserfahrung nötig / vorhanden	Manntage je „Schwierigkeitspunkt“ viel	einige	keine
detailliert	0.75	0.25	0
sehr gute allgemeine Kenntnis, wenig bis kein Detailwissen	1.25	0.5	0
brauchbare allgemeine Kenntnis, wenig bis kein Detailwissen	1.5	0.75	0
keine Kenntnisse auf dem Anwendungsgebiet, aber allgemeine Kenntnisse verwandter Gebiete	1.75	1.0	0.25
keine	2.0	1.25	0.25

Tab. 12-10. Aufwand für Übernahme vorhandener Routinen und Adaptierung vorhandener Routinen.

Angenommener Grad der Transferierbarkeit in %	Übernahmeaufwand in % des Aufwands für die Eigenentwicklung
100 (= völlig transferierbar)	10
75	25
50	50
25 (nur logisch transferierbar, Änderungen nötig)	75

12.2.2 Aufwand für Systementwicklung

Zusätzlich zum reinen Programmieraufwand müssen folgende Aktivitäten durchgeführt werden

- Vervollständigung und Abstimmung von Systementwurf und Systembeschreibung (in der Darstellung des Projektszyklus als „Keil“ nach der Projektfreigabe dargestellt).
- Anpassung von Standard-Software bzw. Einbau von Änderungen
- Systemtest
- Systemeinführung und Umstellung

Durch Einsatz von IPT, insbesondere Top-Down-Entwicklung, kann dieser Aufwand für Systementwicklung stark eingeschränkt werden. Die ursprünglichen Erfahrungen (ohne Top-Down) liegen bei 70 bis 110% des Programmentwicklungsaufwandes. Mit Top-Down-Entwicklung beträgt er etwa 50–80% des Programmentwicklungsaufwandes.

Einflüsse auf diesen Prozentsatz:

↑ Ausführliche schriftliche Anweisungen für den Systembetrieb notwendig
↑ neues Anwendungsgebiet, keine Richtlinien und Beispiele vorhanden
↑ schwieriger Übergang von bestehendem auf neues System
↓ Sonder- und Studienprojekt für nur einmalige Durchführung
↓ klar definierte bzw. vorhandene Ein-/Ausgabe-Definitionen und Logik (Konversion), Aufwand erfahrungsgemäß ca. 30% der ursprünglichen Entwicklung. Diese Schätzung muß gegebenenfalls um den Ausbildungsstand der Programmierer korrigiert werden.
Vorsicht bei schlecht dokumentierten Systemen!

12.2.3 Projektverlustfaktor und nichtprojektbezogener Aufwand

Als Projektverlustfaktor sind 10% des Aufwands für Programm- und Systementwicklung anzusetzen. Er entsteht durch

- Mangel an Koordination mit anderen Abteilungen und daraus resultierenden Verzögerungen durch Warten auf Bestätigungen, Unmöglichkeit Arbeit mit einer anderen Gruppe zu koordinieren, bevor eine bestimmte Person verfügbar ist.
- Ausgedehntes Training der Projektmitarbeiter auf dem Gebiet der Anwendung.
- Präsentationen und Vorträge über das neue System für andere Abteilungen, Firmen oder Unternehmensleitung.
- Änderung der Aufgabenstellung, wodurch Arbeitswiederholungen notwendig werden.
- Nichtverfügbarkeit von Testzeit wegen Überlastung, Installationsarbeiten oder Fehlern.
- Administrative Tätigkeiten (Arbeitszeitabrechnung, Reisespesenabrechnung, usw.). Bei Verwendung neuer Hardware oder einem neuen Arbeitsgebiet kann der Projektverlustfaktor bis zu 20% steigen.

Der nichtprojektbezogene Aufwand beträgt erfahrungsgemäß 20–35% des Aufwandes für Programm- und Systementwicklung. Darin sind enthalten

- Schulung, besonders wesentlich bei neuer Hardware oder Software
- Urlaube, Feiertage, Krankenstand, Militärdienst

- Pausen
- sonstige kurzfristige, entschuldigte Abwesenheiten
- Meetings, die nicht projektbezogen sind
- Zuordnung von Personal zu anderen Projekten

Bei dringenden Projekten (sogenannte „Crash-Projekten") mit Urlaubssperre, Möglichkeit von Überstunden, usw., kann der Prozentsatz für nicht projektbezogenen Aufwand auch geringer sein.

Beispiel:	Programmentwicklungsaufwand	100 Manntage
	Systementwicklungsaufwand (60%)	60
		160
	Projektverlustfaktor (10%)	16
	nicht projektbezogener Aufwand (25%)	40
	Aufwand bis Abnahmetest	216 Manntage

13. Programmiererproduktivität

13.1 Produktivität bei herkömmlicher Programmierung

Für eine rasche und überschlagsmäßige Abschätzung der Produktivität eines Programmierers kann mit

10 Assembler-Instruktionen je Manntag
oder
20 Anweisungen in einer höheren Programmiersprache je Manntag

gerechnet werden. Dabei wird der Aufwand für Programmierung, Kodierung und Testen, jedoch ohne Management und Unterstützung betrachtet. Eiselt [23] setzt 3 bis 5 Kodierzeilen in einer höheren Programmiersprache als realistisch an, was mit etwa 25 Kodierzeilen am Tag mit den hier betrachteten Erfahrungen übereinstimmt. Eher an der unteren Grenze dürfte Corbato mit seinen Erfahrungen von 6 PL/I-Anweisungen je Tag liegen [19].

Eine differenziertere Schätzmöglichkeit gibt Aron [2] Tab. 13-1.

Tab. 13-1. Programmiererproduktivität.

Projektdauer (Jahre)	1/2–1	1–2	2
Komplexität	Assembler-Instruktionen je Manntag		
leicht	20	25	50
mittel	10	12	25
schwer	5	6	7
(nicht berücksichtigt Aufwand für Management und Unterstützung)			

Dabei bedeuten die drei Stufen der Komplexität:

leicht – wenige Wechselwirkungen mit anderen Systemelementen. In diese Klasse fallen die meisten Anwendungsprogramme, die hauptsächlich ein mathematisches oder logisches Problem behandeln. Leichte Programme haben üblicherweise nur Wechselwirkungen mit Ein/Ausgabe-Routinen und dem Betriebssystem.

mittel – einige Wechselwirkungen. In diese Klasse fallen die meisten Dienst- und Hilfsprogramme (Utilities) und Ein/Ausgabe-Routinen. Diese Programme haben Wechselwirkungen mit Hardwarefunktionen, Anwendungsprogrammen, Betriebssystem und anderen Programmen derselben Klasse. Sie werden zusätzlich dadurch kompliziert, daß sie generalisiert genug sein müssen, um z. B. Ein/Ausgabe von verschiedenen peripheren Geräten zu beherrschen.

schwer – viele Wechselwirkungen. Alle Betriebssysteme fallen in diese Klasse. Ebenfalls spezielle Programme wie Datenfernverarbeitungssteuerprogramme.

Die Leistungssteigerung mit zunehmender Projektdauer reflektiert den abnehmenden Anteil an Einarbeitungszeit für das spezielle Problem sowie die steigende Routine im Umgang mit Eigenheiten der Programmiersprache.

Die Produktivität in einer höheren Programmiersprache wie PL/I, FORTRAN oder COBOL wird von Aron [2] doppelt so hoch angesetzt, also z. B. 50 PL/I-Anweisungen je Manntag für ein 1 bis 2 Jahre dauerndes Projekt mit leichten Programmen. Die Gültigkeit dieser Annahme wird durch einen Versuch mit mehreren Programmen verschiedenen Schwierigkeitsgrade in den hauptsächlich angewandten Programmiersprachen bestätigt. (Tab. 13-2).

Tab. 13-2. Programmieraufwand typischer Benchmarkprogramme in Mannmonaten [3].

Sprache	Komplexität		
	einfach	komplex	sehr komplex
Assembler	17	27	37
COBOL	8	13	27
PL/I	3.5	11	24
FORTRAN	6	9	21
RPG	2	6	13
BASIC	2	5	11

Das Verhältnis von nur 2:1 zugunsten der höheren Programmiersprachen mag bei den zahlreichen Möglichkeiten, die diese Sprachen bieten enttäuschen. In der Praxis werden solche Möglichkeiten aber nur wenig genutzt. Dies zeigt eine Studie von Knuth [59] (Abb. 13-1.). Deren Ergebnisse wurden etwa 5 Jahre später durch Robinson und Torsun mit praktisch den gleichen Verteilungen bestätigt [79].

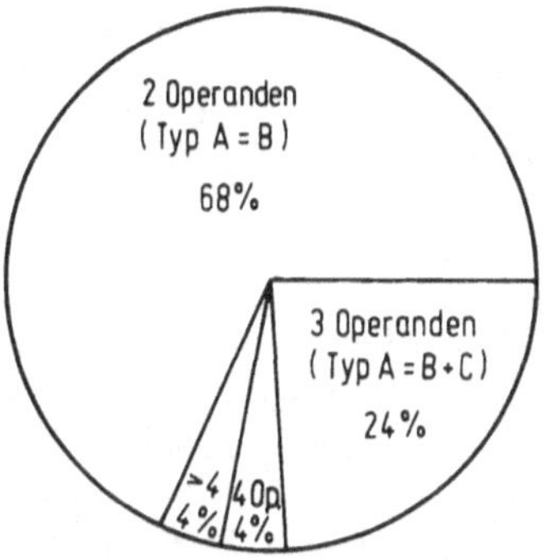

Arrays: Einfach indiziert (Typ A(10)): 58%
Zweifach indiziert (Typ B(20,5)): 30%

Do - loops: Tiefe 1: 54%
Tiefe 2: 23%
Nur eine Anweisung zwischen do und end: 39%

Abb. 13–1. Ausnutzung der Möglichkeiten höherer Programmiersprachen.

Der Arbeitsaufwand für System- und Abnahmetest muß mit einem Zuschlag von etwa 15% berücksichtigt werden. Der Aufwand für Management und Unterstützung wird entsprechend der Systemgröße geschätzt (vgl. Abschn. 13.3 Unterstützung).

Diese Schätzmethode wird von Aron für alle Projekte ab einem Aufwand von 5 Mannjahren empfohlen. Bei kleineren Projekten müssen jedenfalls Einflüsse auf die Genauigkeit der Schätzung (vgl. Abschn. 14) berücksichtigt werden. In jedem Fall ist zu prüfen, ob das Projekt auf irgendeine Weise offensichtlich von der Norm abweicht (z. B. daß nur unerfahrene Mitarbeiter im Projektteam vertreten sind oder daß völlig neue Hardware eines noch nie praktisch erprobten Systems eingesetzt werden soll).

Die besprochenen Erfahrungen sind nicht nur auf IBM-Programmiersprachen und -Betriebssysteme beschränkt (Tab. 13-3. und 13-4.).

Nach einer, nicht vollständig vorliegenden Umfrage durch Infratest in Deutschland [57] wurde festgestellt, daß

- das „typische" kommerzielle Programm aus 5400 Anweisungen besteht
- 4 Läufe zur Beseitigung formaler Fehler benötigt
- 17 Läufe zur Beseitigung logischer Fehler benötigt

Tab. 13–3. Programmiererproduktivität bei der Entwicklung von Siemens-Software [39].

Projekt	Programm-größe (BAL-Anweisung)	Aufwand (Mann-monate)	Zeilen/Manntag	Dauer (Monate)
Dateikatalog Siemens 4004-PBS	7000	25	14	6
Spoolsystem Siemens 4004-PBS	24000	70	18	9
Datenbankübersetzer DBS-86	7000	9	39	4

Tab. 13–4. Programmiererproduktivität bei Bell Telephone Lab [34].

Projekt	Programm-größe (Worte)	Aufwand (Mann-tag)	Worte/Mann-tag	Dauer (Mo-nate)	Zahl der Pro-gram-mierer
Systemsteuerungsprogramm	52000	101	3	48	83
Systemsteuerungsprogramm	51000	81	3	48	60
Übersetzer	38000	17	12	27	9
Übersetzer	25000	11	12	30	13

- insgesamt 33 Stunden Maschinenzeit zum Test nötig waren (eine allerdings vage Angabe, wenn man die unterschiedlichen Hardware- und Softwareeigenschaften bedenkt).
- die Tests 49 Manntage benötigten (allerdings mit lückenfüllenden anderen Tätigkeiten gemischt)
- für die Dokumentation 36 Manntage aufgewendet wurden.

Wenn auch der Aufwand für Analyse und Programmierung allein nicht bekannt ist, so ergibt sich, unter Zugrundelegung des (äußerst günstigen) Verhältnisses von 1:1 zwischen Analyse und Programmierung einerseits und Test andererseits ein Gesamtaufwand von 134 Manntagen. Das entspricht einer Produktivität von etwa 40 Anweisungen je Manntag, was wieder gut mit den vorher besprochenen Angaben übereinstimmt.

13.2 Produktivitätssteigerung durch Einsatz der Improved Programming Techniques (IPT)

Der Einsatz der Improved Programming Techniques vermag die Produktivität des Projektteams fast zu verdoppeln. Dies wurde erstmals beim sog. „New York

Times" Projekt [51, 4] erprobt. In diesem Projekt wurde ein Informationssystem für das Archiv dieser Zeitung, die sog. „Leichenhalle" entwickelt. Das Projekt dauerte 22 Monate, und es wurden insgesamt 83324 Zeilen Quellencode in DOS-PL/I entwickelt. Dabei konnte eine Programmiererproduktivität von 65 Zeilen Quellencode je Manntag, einschließlich Programmierung, Kodierung, Test und Fehlersuche erreicht werden (Tab. 13-5.).

Tab. 13-5. Produktivität beim New York Times-Projekt.

Projektphase bzw. Aufwandsart	Mannmonate	Zeilen/ Manntag
Design, Kodieren, Test und Fehlersuche	64.5	65
plus: Systemdesign, Benutzerdokumentation, Benutzertraining und Systemdokumentation	89	47
plus: Development Support Library	96.5	43
plus: Management und Sekretariat	120	35

Wichtiger noch als die quantitative Leistung ist die Qualität. So wurden beim Abnahmetest nur mehr 21 Fehler und in 18 Monaten Betrieb nur weitere 25 Fehler entdeckt. Durch den Einsatz von Strukturierter Programmierung und verschiedenen Hilfsprogrammen für das Datenbank/Datenkommunikationssystem CICS mußten nur 2000 Kodierzeilen, also etwa 2% des gesamten Codes neugeschrieben werden.

Ähnliche Erfahrungen konnten im Safeguard-Projekt der amerikanischen Streitkräfte [51] gemacht werden. Von einem Programmpaket mit über 30000 Kodierzeilen wurden etwa 10000 in konventioneller Technik mit einer Leistung von 15 Assembleranweisungen je Tag, etwa 20000 in Strukturierter Programmierung mit einer Leistung von 39 Assembleranweisungen je Tag erstellt. Im Skylab-Projekt der NASA wurde ein Simulationspaket in Assembler mit TopDown-Entwicklung, Strukturierter Programmierung und Development Support Library in 2 Jahren erstellt [51]. Bei diesem Projekt mußten 1200 Änderungen akzeptiert werden, 1100 davon sogar im letzten Viertel des Projekts. Trotzdem waren um 14% weniger Maschinenzeit und 8% weniger Arbeitszeit als ursprünglich geschätzt nötig.

Ein 14-Mannmonat-Projekt mit 31000 Kodierzeilen in COBOL/DL/I, entwickelt unter TSO auf einer IBM/370-145 wurde mit einer Produktivität von 11 Anweisungen in der Stunde (entsprechend also etwa 80 Anweisungen/Tag) durchgeführt [54].

13.3 Aufwand für Management und Unterstützung

Zusätzlich zu den fachlichen Aufgaben müssen in einer Aufwandschätzung auch der Aufwand für die Führung der Mitarbeiter sowie der Aufwand durch nicht im Projektteam mitarbeitende unterstützende Fachleute geschätzt werden. Auch hier steigt dieser Aufwand mit zunehmender Projektgröße stark an (Tab. 13-6.).

Tab. 13-6. Abhängigkeit des Management- und Unterstützungsaufwands von der Projektgröße.

Programmierer	4	18	80	200
Unterstützung	1	12	80	600
Management	1	6	40	100
Teamgröße	6	36	200	900
„span of control"	1:4	1:3	1:2	1:2
Unterstützung je Programmierer	0.25	0.67	1	3
Verhältnis Gesamtaufwand zu reinem Erstellungsaufwand	1.5	2	2.5	4.5

Der Management- und Unterstützungsaufwand, der bei großen Projekten den reinen fachlichen Aufwand leicht übertrifft, entsteht durch die wachsende Zahl von Wechselwirkungen und somit wachsende Komplexität größerer Projekte. Dieser Aufwand, der hauptsächlich in Koordination einerseits und Informationsbeschaffung andererseits besteht, muß während der Projektdurchführung jedenfalls erbracht werden. Sind ungenügende Hilfskräfte zugeordnet, dann leidet die Produktivität der eingesetzten Fachleute. Es ist ein häufiger Grund für Verzögerungen in einem Projekt, daß nur die rein fachlichen Tätigkeiten des Programmieren, Kodieren und Testens in Betracht gezogen werden.

13.4 Aufwandschätzung für die Testphase

Der Arbeitsaufwand für den Systemtest [50] (auch Test eines Teilsystems) hängt ab von

- Aufwand für die Vorbereitung des Testpakets (P)
- Aufwand für die Vorbereitung jedes Testlaufs (R)
- Gesamtgröße der Programme gemessen in Zahl der Anweisungen (S)
- Zahl der Anweisungen je Fehler (N).
  Erfahrungsgemäß beträgt die Zahl der Anweisungen je Fehler bei Testbeginn etwa 40 und steigt auf etwa 250 wenn bereits eingehend getestet wurde. Für die Schätzung wird 100 eine brauchbare Annahme sein.

- Zahl der je Testlauf bereinigten Fehler.
  Diese beträgt zu Beginn etwa 0.8, da durch Ausbesserungen zusätzlich Fehler entstehen, steigt während des Systemtests auf 1.8 und sinkt gegen Ende wieder auf 1 ab, wenn die Fehler komplizierter werden. Für die Schätzung wird 1 eine gute Annahme sein.

Arbeitsaufwand für den Systemtest

$$U = P + R \frac{S/N}{B}$$

oder für die vereinfachten, nicht an spezielle Erfahrungen angepaßte Schätzungen

$$U' = P + R(S/100)$$

Zur Schätzung der für den Systemtest nötigen Maschinenzeit muß der Aufwand zur Vorbereitung des Testpakets durch die benötigte Maschinenzeit (M) und der Aufwand für jede Durchführung durch die Maschinenzeit für einen Testlauf (T) ersetzt werden.

Maschinenzeit für den Systemtest

$$V = M + T \frac{S/N}{B}$$

Diese Schätzung läßt sich durch die bisherigen Erfahrungen über den Maschinenzeitbedarf [75] überprüfen (Tab. 13-7).

Tab. 13-7. Erfahrungswerte für Maschinenzeitbedarf (auf Basis IBM/360-40).

Durchschnitt	0.5	Stunden Maschinenzeit/Manntag
für vertraute Projekte	6	Stunden Maschinenzeit/Mannmonat
für nicht vertraute Projekte	8	Stunden Maschinenzeit/Mannmonat
für Entwicklung von Realtime-Systemen	12	Stunden Maschinenzeit/Mannmonat

Die *Dauer des Systemtests* läßt sich ebenso abschätzen, mit

$$W = P + C \frac{S/N}{B}$$

wobei P die Dauer der Vorbereitung der Testphase und C die Turnaroundzeit sind.

Ein durchschnittlicher Programmodul von etwa 1000 Anweisungen ist durch ungefähr 30 Seiten dokumentiert (einschließlich Diagrammen, Listbildern usw.). Die Erstellung erfolgt mit einer Leistung von 1 Seite je Stunde, also etwa 8 Seiten je Tag. Wenn nur einfache Diagramme benötigt werden und mit automatisch erstellten Listen gearbeitet werden kann, ist der Aufwand nur etwa halb so groß.

Müssen hingegen besondere Benutzerstandards berücksichtigt werden, dann muß mit etwa 25% Mehraufwand gerechnet werden.

14. Einflüsse auf die Genauigkeit von Schätzungen

Erfahrungsgemäß gibt es kaum ein Projekt, bei dem nicht ernstliche zeitliche und aufwandsmäßige Schwierigkeiten auftreten. Es ist daher durchaus interessant, sich nicht nur mit den Schätzmethoden an sich, sondern auch mit den Ursachen für falsche Schätzungen zu befassen.

Hauptursachen für falsche oder grob ungenaue Schätzungen sind erfahrungsgemäß [75, 15]:

- Übersehen von Aktivitäten. So wertvoll Schätzmethoden auch sind, so soll doch ihrer Genauigkeit keine zu große Bedeutung beigemessen werden. Die wichtigste Ursache für Schätzfehler liegt nicht im Unter- oder Überschätzen von Aktivitäten, sondern in ihrer schlichten Vernachlässigung. Bei Schätzung des Entwicklungsaufwands wird oft nur von der reinen Kodier- und Datenerfassungsarbeit ausgegangen, der Aufwand für Test und Integration aber übersehen und der Aufwand für Unterstützung, Beratung, Sekretariatsarbeit, Dokumentation usw. bleibt gänzlich außer Betracht.
- die trügerische Annahme, alles würde glatt gehen. Zuschläge von 30%, 50% oder gar 100% als sogenannte „contingency"-Faktoren oder Sicherheitsspielräume (je nach Selbstvertrauen des Projektleiters) sind das Eingeständnis, daß es in einem Projekt Einflüsse gibt, die sich der Beurteilung durch den Projektleiter entziehen.
- Verwechslung von Aufwand und Fortschritt. Der Zusammenhang zwischen Zeit, Geld, Mitarbeitern und Maschinenzeit ist nicht linear. Allzuoft wird angenommen, diese Hilfsmittel seien untereinander einfach austauschbar.
- Unsicherheit der Schätzungen. Die meisten Schätzungen basieren auf einem Gefühl nicht fixierter oder reproduzierbarer Erfahrung. Daher lassen sie sich in Diskussionen nur schwer begründen. Auf diese Weise färbt das Drän-

gen der Unternehmensleitung oder einer anderen Instanz auf den Schätzwert ab, wenn dieser nicht überhaupt nur dadurch festgelegt wird.

Selbst für sorgfältig durchgeführte Schätzungen gibt es Fehler durch

- unterschiedliche Produktivität der einzelnen Projektmitarbeiter
- Einfluß der Aufgabenstellung
- Grad der geplanten und tatsächlichen Systemauslastung
- Zeitraum, auf den sich die Schätzung erstreckt

Wie stark die Produktivität von Programmierern schwanken kann, zeigt Tab. 14-1. Die zitierte Untersuchung wurde mit einer Gruppe von 12 Programmierern durchgeführt, die zwischen zwei und elf Jahren Erfahrung hatten.

Tab. 14-1. Verhältnis der Leistungen einzelner Mitarbeiter einer Programmierergruppe [30].

Beurteilungskriterium	Bester	Schlechtester
benötigte Zeit für Analyse von Programmfehlern und zur Berichtigung	1	26
Zeit für Kodierung	1	25
für Programmentwicklung benutzte Maschinenzeit	1	11
Programmgröße	1	5
Laufzeit	1	13

Abgesehen von den starken Unterschieden in der Leistung einzelner Programmierer, erstellte zwar in einem von mehreren Tests der Programmierer, der die kürzeste Zeit brauchte auch das beste Programm (es ist hier nicht bekannt, ob an Laufzeit oder Größe gemessen), andererseits aber stammte einmal das beste und einmal das schlechteste Ergebnis von dem Programmierer mit elf Jahren Erfahrung.

Der Schluß, den der Projektleiter daraus ziehen muß, ist, alle Regeln und Schätzverfahren nur auf eine genügend große Zahl von Programmierern und somit auf ein genügend großes Projekt mit mehreren Programmierern anzuwenden (vgl. auch die Einschränkung durch Aron, Abschn. 13.1). Es wäre Unsinn Durchschnittswerte auf einen einzelnen Programmierer anzuwenden.

Der Einfluß der Aufgabenstellung wirkt sich besonders bei Eigenschätzungen durch die Programmierer aus, doch unterliegt ihm natürlich auch der Projektleiter selbst, je nach dem Ziel, das er sich und dem Projekt setzt. So wird der Aufwand zur Erstellung eines effizienten Programms, egal wie die Effizienz gemessen werden soll, unterschätzt, hingegen ist ein Programm, das rasch zum Laufen gebracht werden soll im allgemeinen etwas schneller fertig, als nach der ursprünglichen Schätzung zu erwarten gewesen wäre (Tab. 14-2.).

Tab. 14-2. Einfluß der Zielvorgabe auf die eigene Schätzung [93].

Zielvorgabe	Testläufe		Entwicklungsdauer (Tage)	
	geschätzt	tatsächlich	geschätzt	tatsächlich
effizientes Programm	22	69	48	76
rasch erstelltes Programm	39	29	68	65

Auch auf die tatsächliche Durchführung übt die Zielvorgabe großen Einfluß aus. So erfordert die Zielsetzung eines effizienten Programms etwa den doppelten Realisierungsaufwand wie das rasch zu erstellende Programm. (Tab. 14-3.) Sicherlich werden damit auch wesentliche Verbesserungen erzielt, aber es ist Aufgabe des Projektleiters, sicherzustellen, daß nur bei kritischen Programmen oder Programmteilen effizient programmiert wird. Solche Zielsetzungen sind von Zeit zu Zeit neu in Erinnerung zu rufen, damit keine schleichende Veränderungen in den Meinungen und Erwartungen der Projektmitarbeiter eintreten.

Tab. 14-3. Einfluß der Zielvorgabe auf die tatsächliche Durchführung eines EDV-Projekts. [93]

Zielvorgabe	Indizierungsproblem		Zugriffsproblem	
	Zahl der Tests	Laufzeit	Zahl der Tests	Laufzeit
effizientes Programm	78	1	60	1
rasch erstelltes Programm	31	10	27	2

Bei mehrmaliger Durchführung ähnlicher Projekte wächst natürlich auch die Erfahrung, und wie kaum anders zu erwarten, wächst auch die Genauigkeit der Schätzung (Tab. 14-4.). Krasse Unterschätzungen, besonders durch unerfahrene Mitarbeiter, müssen vom Projektleiter besonders vorsichtig behandelt werden, da Außenstehende sich gerne aus mehreren Schätzungen die angenehmsten Werte heraussuchen und die Projektmitarbeiter gegeneinander ausspielen wollen.

Tab. 14-4. Einfluß der Erfahrung auf die Genauigkeit einer Schätzung [66].

Projekt	Mannmonate geschätzt	Mannmonate tatsächlich	Fehler %
1	36	72	100
2	24	36	50
3	12	14	17

Interessanterweise scheinen sich Fehlschätzungen nicht mit dem Abstand zum Beginn der Tätigkeit zu ändern, das heißt, ein Schätzwert vom Projektbeginn und einer wenige Tage vor Beginn der betreffenden Tätigkeit unterscheiden sich kaum. Während der Durchführung gleichbleibende Schätzungen dürften auf eine Unterschätzung hindeuten, die erst etwa ein Monat vor Ende der Tätigkeit nach oben korrigiert wird. Hingegen werden Überschätzungen während der Durchführung laufend nach unten korrigiert [14].

Die Erfahrung zeigt, daß eine Planung, bei der Prozessorgeschwindigkeit und Speicherkapazität (sowohl Hauptspeicher als auch peripherer Speicher) über etwa 50% hinaus ausgenutzt werden sollen, den späteren Entwicklungsaufwand stark erhöht. In einer solchen geplanten starken Ausnützung kann ja auch die oben besprochene Forderung nach effizienten Programmen begründet sein. Komplexe Strukturen bewirken nicht nur einen höheren Designaufwand, sondern auch größere Fehleranfälligkeit und damit erhöhten Testaufwand. Der Einsatz virtueller Systeme hat zwar die Beschränkungen durch Hauptspeichergrößen stark gelockert, doch kommt den Überlegungen hinsichtlich Durchführungszeit eine umso größere Bedeutung zu.

Aus der Queuingtheorie und ihren Anwendungen besonders bei Problemen der Datenfernverarbeitung sind diese Verhältnisse bereits länger bekannt. Bei über 50% Auslastung einer Resource ist ihr Verhalten nur mehr ungenau vorhersagbar und nähert sich einem Punkt der sprungartigen Verschlechterung.

Fast selbstverständlich ist der Einfluß des Zeitraums auf den sich eine Schätzung erstreckt, obwohl er oft genug nicht beachtet wird. Eine Schätzung über einen kurzen Zeitraum wird genauer sein, als eine über einen langen. Nicht nur das, mehrere Schritte bieten auch eher Korrekturmöglichkeiten, da in Reviews Abweichungen festgestellt werden können.

14.1 „Manntag"

Der Durchführungsaufwand wird üblicherweise in Manntagen, -wochen, -monaten oder -jahren ausgedrückt. Zur Bestimmung der kalendermäßigen Dauer eines Projekts müssen diese Werte entsprechend der Größe des Projektteams in Tage, Wochen, Monate und Jahre umgerechnet werden. Dabei entspricht allerdings ein Mannjahr keineswegs 365 Manntagen (Tab. 14-5).

Der Begriff des Manntags, usw. ist zwar zur Aufwandsschätzung sehr brauchbar, verführt aber zur fälschlichen Annahme, daß Mitarbeiter und Zeit gegeneinander austauschbar seien, in der Art, daß eine Aufgabe für die ein Mann sechs Monate braucht, von sechs Mann in einem Monat erledigt werden kann. Diese Annahme ist dann gültig, wenn

- es sich um eine teilbare Aufgabe handelt

- keine Beschränkung bei den Hilfsmitteln vorliegt (wenn ein EDV-System nur eine bestimmte Zahl von Tests in der Zeiteinheit zuläßt, dann kann dieser Engpaß auch durch mehr Mitarbeiter nicht beseitigt werden)
- keine Kommunikation zwischen Teilaufgaben und Mitarbeitern nötig ist.

Tab. 14–5. Zusammenhang Mannjahr–Kalenderjahr.

Tage im Jahr	365
– Wochenende	104
– Feiertage	10
– Urlaub	20
– Krankheit	10
Arbeitstage netto	221
– Ausbildung (im EDV-Bereich mindestens 10%)	21
produktive Arbeitstage	200
Mannmonate/Jahr	10
Manntage/Monat	20

Wenn Kommunikation überhaupt zu einem wesentlichen Bestandteil der Aufgabe wird, und bei EDV-Projekten ist das zweifellos der Fall, so erhöht sich der Kommunikationsaufwand entsprechend der Formel für die Zahl der Wechselwirkungen (vgl. Abschn. 5.3) mit dem Quadrat dieser Zahl. Daher wird ab einer bestimmten Gruppengröße die Erweiterung der Gruppe um zusätzliche Mitarbeiter mehr Arbeitszeit kosten, als die zusätzlichen Mitarbeiter in die Gruppe einbringen (Abb. 14-1.).

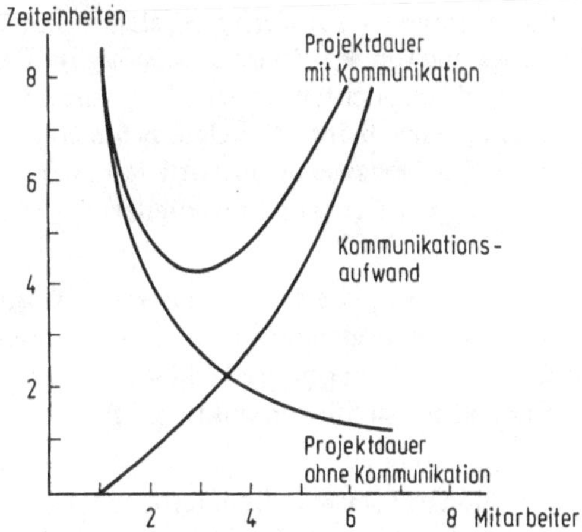

Abb. 14–1. Grundsätzlicher Zusammenhang zwischen Projektdauer und Zahl der Mitarbeiter.

Der Fehler Mitarbeiter und Zeit für linear austauschbar zu halten, wirkt sich besonders tragisch im Fall von Verzögerungen aus. Dies soll am folgenden Beispiel gezeigt werden.

Annahme: Für ein Projekt sei ein Aufwand von 12 Mannmonaten geschätzt, eine Dauer von vier Kalendermonaten geplant und eine Projektgruppe von 3 Mitarbeitern zugeordnet worden. Nach jedem Monat ist die Erreichung eines Meilensteins geplant (Abb. 14-2.).

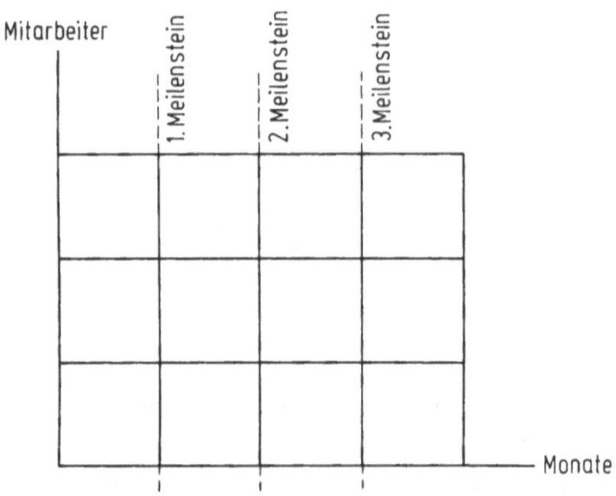

Abb. 14-2. Geplante Aufwandsverteilung.

Nach zwei Monaten stellt sich heraus, daß erst die Ergebnisse des ersten Meilensteins erreicht wurden (Abb. 14-3), sodaß für den noch zu erbringenden Aufwand von 9 Mannmonaten nur 2 Kalendermonate zur Verfügung stehen. Dies scheint zu bedeuten, daß die Arbeitsleistung von 4.5 Mitarbeitern nötig ist. Der Projektleiter gesteht die Verzögerung und verspricht, nach Zuteilung zusätzlicher Mitarbeiter den geplanten Endtermin einzuhalten. Die Unternehmensleitung ist leutselig und interessiert, zufällig stehen zwei qualifizierte Mitarbeiter auf Abruf bereit und melden sich am nächsten Tag beim Projektleiter. Die rechtzeitige Fertigstellung ist gesichert?

Bei soviel Glück kann man nicht noch verlangen, daß die zwei zusätzlichen Mitarbeiter mit dem Projekt vertraut sind. Daher werden sie von zwei „alten" Programmierern ein Monat lang in ihre neue Arbeit eingewiesen und laufend unterstützt. Alle vier können aus diesem Grund nur zu 50% produktiv am Projekt arbeiten.

Somit ergibt sich am Ende des dritten Monats folgendes Bild: (Abb. 14-4.):
noch zu erbringender Arbeitsaufwand 6 Mannmonate, Zeit bis zum geplanten Ende 1 Kalendermonat, es fehlt offensichtlich schon wieder ein Mitarbeiter!

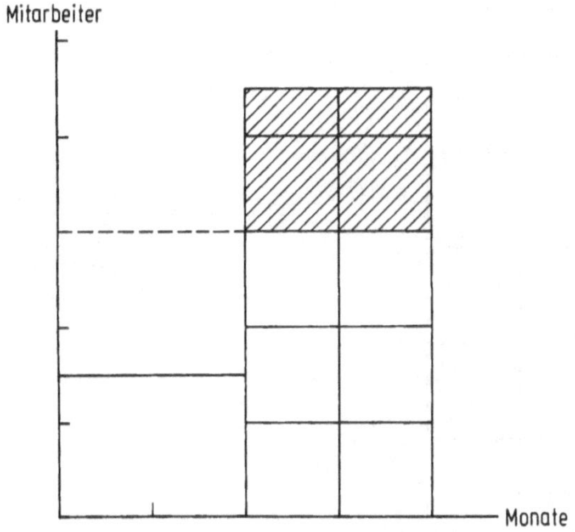

Abb. 14-3. Projektfortschritt nach 2 Monaten.

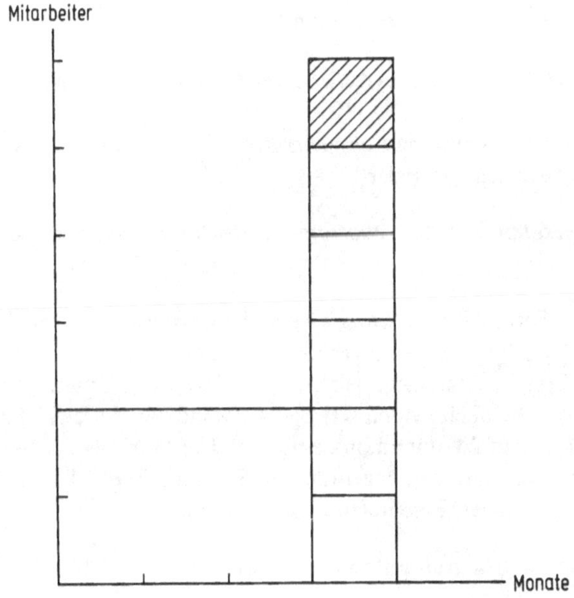

Abb. 14-4. Projektfortschritt nach 3 Monaten und Vergrößerung des Projektteams.

In diesem Moment platzt der Unternehmensleitung oft der Kragen, der Projektleiter wird entlassen und ein neuer Mann als „trouble-shooter" von außen hereingeholt. Mit dem Erfolg, daß auch dieser sich einarbeiten muß, und damit die Arbeitskraft „alter" Mitarbeiter blockiert.

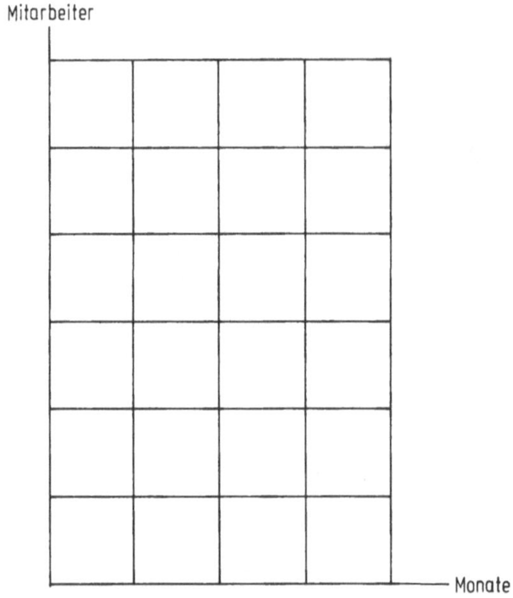

Abb. 14-5. Mögliche tatsächliche Verteilung des Aufwands im Projekt aus Abb. 14-2.

Diesen Ablauf von Ereignissen nennt man „*regeneratives Disaster*", und er ist durch das Brook'sche Gesetz charakterisiert:

„*Manpower einem verspäteten Projekt zuzuordnen, bedeutet, es weiter zu verspäten.*"

Dabei liegt dieser milden Form der Katastrophe noch die optimistische Annahme zugrunde, daß die erste Verzögerung durch verspäteten Beginn wegen Krankheit, Unabkömmlichkeit der Projektmitarbeiter, Nichtverfügbarkeit von Unterlagen usw. bewirkt wurde. Wahrscheinlich jedoch war der Aufwand von Anfang an zu niedrig geschätzt, z. B. statt auf 24 Mannmonate nur auf 12 (Abb. 14-6.). In diesem Fall stehen nach 2 Monaten den zugeordneten 5 Mitarbeitern 21 zu erbringende Mannmonate gegenüber. Eine hoffnungslose Sache!

Im Fall einer Verzögerung stehen grundsätzlich 2 Alternativen zur Wahl:

- Neuplanung. Keine Verzögerung um eine Woche oder so, sondern Neuplanung von Grund auf, um eine sorgfältige Durchführung sicherzustellen.
- Adaptierung des Projektziels. Abstriche vom ursprünglichen Projektziel mögen eine Realisierung in der noch zur Verfügung stehenden Zeit ermöglichen. Hier erweist sich jetzt ein Katalog von Prioritäten aus dem Projektkontrakt als wertvoll.

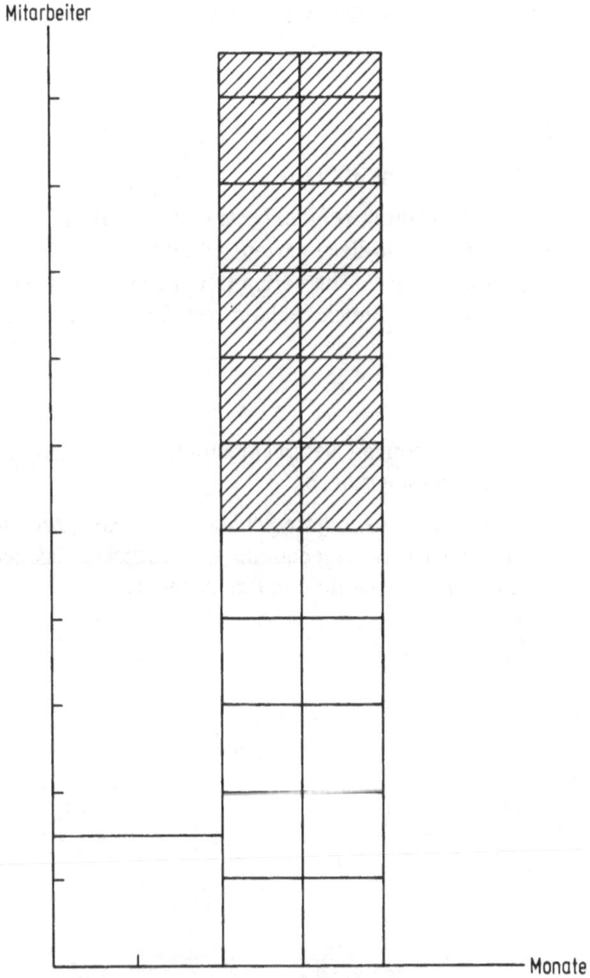

Abb. 14–6. Tatsächlicher Fortschritt und noch offener Aufwand, dem Projektleiter allerdings nicht bekannt.

Kann man sich weder zur Neuplanung noch zur Adaptierung entschließen, so passiert eine heimliche Adjustierung des Projektziels trotzdem, nur eben heimlich, sei es als schlampiges Design oder unvollständiges Testen [15].

14.2 Schätzungen und Fehlergrenzen

Eine Schätzung muß eigentlich aus zwei Schätzungen bestehen, dem Schätzwert, wie er bisher besprochen wurde, selbst und einer Angabe über mögliche

Abweichungen. Eine Schätzung eines Realisierungsaufwands müßte dann z. B. so aussehen:

150 Mannmonate ± 30 Mannmonate

Oder die Schätzung von Kosten:

250000,–, mindestens 220000, höchstens 300000.

Die Grenzen sind durch mehrmaliges Durchrechnen bestimmbar, z. B. indem die Fragebögen aus Abschnitt 12.1 einmal für die erwarteten Werte, einmal für die erhofften (= günstigsten Fall) und einmal für die befürchteten Werte (= ungünstigster Fall) ausgefüllt werden. Der wahrscheinliche Schätzwert läßt sich dann nach der Formel

$$S_w = (S_g + 4S_d + S_u)/6$$

ermitteln. Diese Formel wird auch in einigen Netzplantechnikprogrammen zur Ermittlung wahrscheinlicher Werte herangezogen.

Die Unfähigkeit, eine zuverlässige und annehmbare Schätzung von Grenzen und damit Risiken in einem Projekt anzugeben, ist jedenfalls ein deutliches Zeichen des Informationsmangels und ein Warnsignal für den Projektleiter.

15. Fortschrittskontrolle

Um rechtzeitig mögliche Schwierigkeiten und Verzögerungen erkennen zu können, muß der erzielte Arbeitsfortschritt quantifizierbar sein. Dies ist besonders wichtig ab der Phase der Detailentwicklung, weil spätestens ab dann mehrere Aktivitäten parallel verlaufen und der Durchschnitt des Fortschritts sich einer intuitiven Einschätzung entzieht.

Es wurde bereits früher gesagt, daß Mitteilungen wie „... das Programm ist zu 50% fertig" bestenfalls nichtssagend, meist aber trügerisch (um nicht zu sagen betrügerisch) sind, da keine allgemeingültigen Maßstäbe vorliegen, was 50% bei Programmierung oder Kodierung bedeuten. Allenfalls spiegelt eine solche Aussage die Hoffnung wider, in 50% der geplanten Zeit möge auch die Hälfte der Arbeit erledigt worden sein. Aus den Erfahrungen bei EDV-Projekten war es möglich, einen Maßstab zu entwickeln, in dem beurteilbare Ereignisse in Zahlenwerte umgesetzt werden, die sich zur Fortschrittskontrolle zusammenfassen lassen [50].

In den Tabellen 15-1., 15-2. und 15-3. ist der Zusammenhang zwischen durchgeführten Tätigkeiten und dem Fortschritt, gemessen in Prozent der gesamten Durchführung dargestellt.

Tab. 15-1. Bewertung des Fortschritts bei der Detailentwicklung.

Ereignis bzw. abgeschlossene Aktivität	Fortschritt in %
1. Ist der Designer vertraut mit dem Projekt, der Anwendung, Standards, usw.?	0
2. Hat er den Systemanforderungskatalog und funktionelle Spezifikationen gelesen?	0

3. Wurden Fragen mit dem Systemdesigner und/oder der Benutzerabteilung geklärt, und wurden die entsprechenden Änderungen durchgeführt?	5
4. Wurden die äußeren Programm-, (Modul-, Funktions-) -eigenschaften vollständig definiert?	15
5. Wurde eine Beschreibung der internen Logik erstellt?	30
6. Sind Flußdiagramme oder Pseudocode für alle Moduln entworfen?	75
7. Sind die Leistungsanforderungen spezifiziert?	85
8. Sind Testfälle spezifiziert, einschließlich der nötigen Testdaten?	90
9. Sind die vollständigen Detailspezifikationen mit dem Systemdesigner abgestimmt?	95
10. Sind die Fragen des Kodierers beantwortet und die entsprechenden Änderungen durchgeführt?	100

Tab. 15–2. Bewertung des Fortschritts bei Kodierung und Einzeltest.

Ereignis bzw. abgeschlossene Aktivität	Fortschritt in %
1. Ist der Kodierer vertraut mit dem Projekt, der Anwendung, Standards usw.?	0
2. Hat er die Programmspezifikation gelesen, wurden seine Fragen vom Programmierer beantwortet und die entsprechenden Änderungen durchgeführt?	5
3. Ist die Kodierung fertig?	10
4. Abgelocht und Schreibtischtest durchgeführt?	15
5. Ist die Umwandlung formal richtig?	20
6. War der Test der Hauptlogik zufriedenstellend?	40
7. War der Test der Ausnahmeroutinen zufriedenstellend?	65
8. Konnte der Modul erfolgreich mit den bisher erstellten integriert werden?	90
9. Ist die Dokumentation fertig?	95
10. Ist alles Material an die Testgruppe übergeben?	100

Tab. 15-3. Bewertung des Fortschritts bei Systemtest.

Zahl der benötigten Tests:

- einer je Format einer Parameterliste
- eine je möglicher Returncode
  bis zum Ende jedes Programmzweigs und wieder zurück

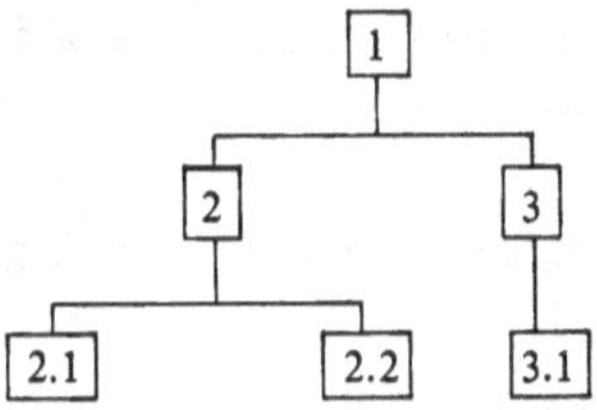

Annahme: Für jeden Modul sind zwei Formate der Parameterliste und drei Returncodes möglich.

Zweig	nötige Tests	
1	6	
2.1	12 bis 25	(abhängig von gültigen Kombinationen im jeweiligen Pro-
2.2	12 bis 25	gramm)
3.1	6 bis 10	

Punktewertung für die Schwierigkeit jedes Tests:

- 1 Punkt für normalen Aufruf
- 2 Punkte für Non-Standard-Interface (z. B. asynchrone Verarbeitung)

Fortschritt = erledigte Punkte/Gesamtpunkte

Zur Fortschrittskontrolle gehören auch die Beurteilung der Verhältnisse von geplanten zu erreichten Zielen, sowie von geplantem zu verbrauchtem Aufwand. Zur Charakterisierung des Fortschritts werden

- erzielter Fortschritt
- geplanter Fortschritt
- verbrauchter Aufwand
- geplanter Aufwand

zu einem Statusindex zusammengefaßt.

$$\text{Statusindex} = \frac{\text{erzielter Fortschritt}}{\text{geplanter Fortschritt}} \times \frac{\text{geplanter Aufwand}}{\text{verbrauchter Aufwand}}$$

Beispiel: Geplant bis zu einem bestimmten Zeitpunkt ist die Fertigstellung von Pseudocodebeschreibungen mit einem Aufwand von 15 Manntagen. Der tatsächlich erzielte Fortschritt besteht aber nur in der Definition der äußeren Moduleigenschaften nach einem verbrauchten Aufwand von 5 Manntagen. Der Statusindex beträgt in diesem Fall 0.6

$$SI = \frac{15\%}{75\%} \times \frac{15MT}{5MT} = 0.6$$

Jedes Absinken des Statusindex unter 1 zeigt an, daß das Projekt hinter der Planung zurückbleibt. Ein Statusindex größer als 1 scheint zwar auf einen schnelleren Fortschritt hinzuweisen, ist aber sorgfältig auf Auslassungen und Schätzfehler zu prüfen*.

Damit der Statusindex eine gültige Angabe ist, müssen einige Regeln strikt befolgt werden

- keine Aktivität als fertig markieren, bevor die zugehörigen Teilaktivitäten abgeschlossen sind (ein Programm ist erst dann fertig getestet, wenn alle Tests erfolgreich durchgeführt wurden)
- wird ein Programm wegen eines Fehlers geändert, dann müssen auch alle anderen, damit zusammenhängenden und bereits als fertig gekennzeichneten nochmals getestet werden. Dadurch ändert sich natürlich auch der Statusindex. Große Bedeutung, um dabei nicht die Übersicht zu verlieren spielen die Development Support Library (vgl. Abschn. 8.1) und das Systemtestpaket (vgl. Abschn. 9.2).
- auch wenn zusätzliche Tests benötigt werden, ändert sich der Statusindex
- der Fortschritt ist nicht linear, sondern zu Beginn und am Ende einer Aktivität oder Phase langsamer (Abb. 15-1.).

Allerdings garantiert auch die Kontrolle einzelner Statusindizes nicht den Projekterfolg. Ein Maß für die Wahrscheinlichkeit der Termineinhaltung ist nicht

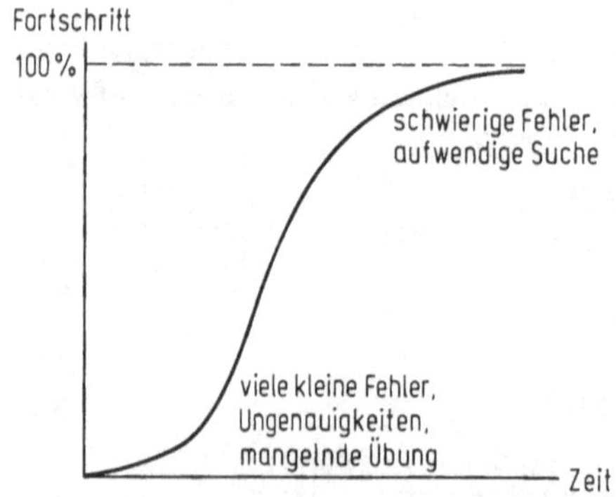

Abb. 15-1. Üblicher, nicht-linearer Fortschritt bei Testarbeiten.

* Eine alte Buchhalterregel besagt, daß ein Überschuß im Haben eine doppelt so große Differenz im Soll bedeutet. Dieselbe Überlegung ist hier angebracht.

nur das rechtzeitige Erreichen von Teilzielen, sondern auch wie sie erreicht wurden (Abb. 15-2.).

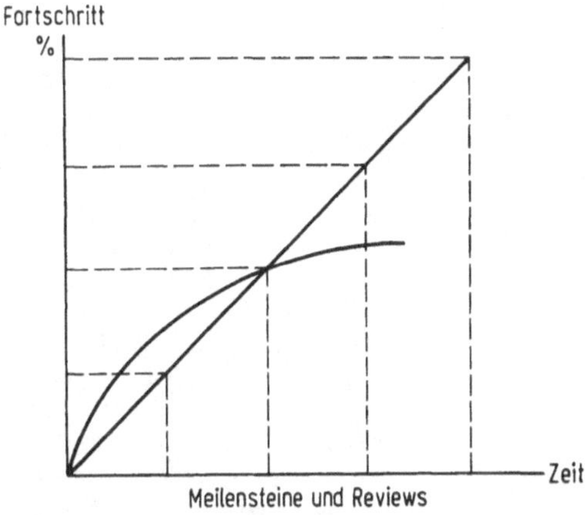

Abb. 15-2. Gefahr der statischen Fortschrittskontrolle.

Bei Reviews darf daher nicht nur eine statische Betrachtung durchgeführt werden, sondern aus dem bisherigen Verlauf des Fortschritts muß extrapoliert werden.

Schließlich darf von korrigierenden Maßnahmen keine sofortige Wirkung erwartet werden (Abb. 15-3.).

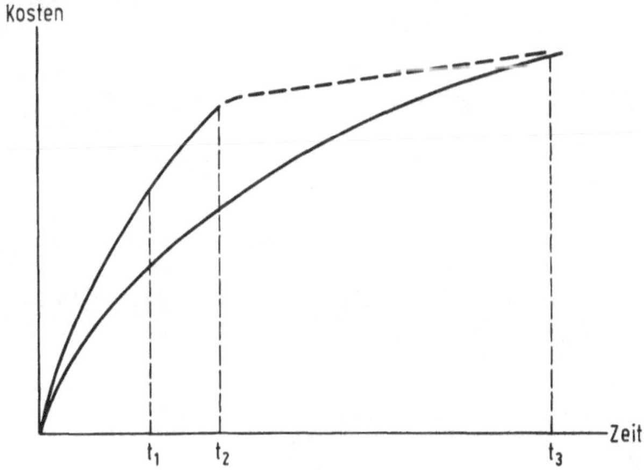

t_1 ... Zeitpunkt zu dem eine Abweichung erkannt und eine korrigierende Aktion eingeleitet wird.

t_2 ... Zeitpunkt ab dem die Korrektur sich auszuwirken beginnt.

t_3 ... Zeitpunkt, zu dem der Verlauf wieder nach Plan ist.

Abb. 15-3. Verzögerte Wirkung von Fehlerkorrekturen.

16. Schlußbemerkung

Zum Abschluß soll nochmals die Wichtigkeit einer Feststellung aus dem ersten Kapitel unterstrichen werden.

„Regeln und ihre Einhaltung garantieren den Erfolg nicht, sondern machen ihn lediglich wahrscheinlicher."

In diesem Sinn sollte dieses Buch

- eine umfassende Darstellung aller in einem EDV-Projekt erforderlichen Aktivitäten geben,
- die Bewertung und Schätzung bisher nicht durchgeführter Tätigkeiten ermöglichen,
- eine Argumentationshilfe bieten, um das Gefühl von Durchführbarkeit und Undurchführbarkeit, das jeder EDV-Fachmann hat, auch dem Außenstehenden begreiflich und beweisbar zu machen,
- einige Verbindungen zu anderen Wissensgebieten wie Gruppendynamik und Führungstechniken aufzeigen.

Literaturverzeichnis

[1] Armer, P.: Computer Aspects of Technological Change, Automation and Economic Progress. 1976.

[2] Aron, J. D.: Estimating Resources for Large Programming Systems. IBM 1974.

[3] Programmieraufwand typischer Benchmark-Programme. In: Online 6 (1974)

[4] Baker, F. T.: Chief Programmer Team of Production Programming. In: IBM Systems Journal 1 (1972).

[5] Baumgartner, H.: Interaktiver Testbetrieb unter CMS. In: Protokoll des Symposiums „Neue Wege der Programmierung und die Zukunft des Programmierers." Wien 1975.

[6] Bemer, R. W.: Managable Software Engineering. In: Software Engineering. New York, London 1970.

[7] Berkmann, R. E.: Selecting a Business Computer. Decision Criteria.In: Computers and People, June 1975.

[8] Berzheim, H.: Fernwirkungsfreie, strukturierte Programmierung – ein neuer Kalkül für die Software-Technologie. In: Online 3 (1975).

[9] Bloom, A. M.: The Else Must Go, Too. In: Datamation, May 1975.

[10] Boehm, B. W.: Software and its Impact: A Quantitative Assessment. In: Datamation May 1973.

[11] Boehm, B. W.: Some Information Processing Implications of Airforce Space Missions, 1970–1980. In: Astronautics and Aeronautics, January 1971.

[12] Böhm, C., und G. Jacopini: Flow Diagramms, Turing Machines and Languages with only two Formation Rules. In: Communication of the ACM, May 1966.

[13] Braverman, P. H.: Managing Change. In: Datamation, October 1976.

[14] Brooks, F. P.: The Mythical Manmonth. In: Datamation, December 1974.

[15] Brooks, F. P.: Why is the Software Late? In: Data Management, August 1971.

[16] Calingaert, P.: System Performance Evaluation: Survey and Appraisal. In: Communications of ACM, January 1967.

[17] Cooke, L. H.: Programming Time versus Running Time. In: Datamation, December 1974.

[18] Cooke, L. H.: The Chief Programmer Team Administrator. In: Datamation, June 1976.

[19] Corbato, F. J.: Sensitive Issues in the Decision of Multiuse Systems. Lecture at the Opening of the Honeywell EDP Technology Center. 1968.

[20] Dreger, W.: Die Anwendbarkeit der Systemtechnik. In: IBM-Nachrichten 221 (1975).

[21] Dreger, W.: Grundlagen des Systemtechnik. In: IBM-Nachrichten 218 (1974).

[22] Dworatschek, S., und H. Donike: Wirtschaftlichkeitsanalyse von Informationssystemen. Berlin, New York 1972.

[23] Eiselt, H.: Die Schätzung der Programmierzeit. In: BTA + BTO 12 (1975).

[24] Endres, A. E.: Software als Qualitätsprodukt. In: IBM-Nachrichten, 227 (1975).

[25] Floyd, C.: Prinzipien der strukturierten Programmierung. In: Softlab-Seminar, moderne Software-Technologie für EDV-Führungskräfte. Düsseldorf, München, Wien 1974.

[26] Floyd, C., und M. Brockhaus: Neue Wege der Programmierung. In: Protokoll des Symposiums „Neue Wege der Programmierung und die Zukunft des Programmierers". Wien 1975.

[27] Frank, J.: Selektion von Standardsoftware. In: ADL-Nachrichten 81 (1973).

[28] Frost, D.: Designing for Generality. In: Datamation, December 1974.

[29] Gerich, K. (Herausgeber): Einführung in die Methoden der System Design Analyse von IBM Datenverarbeitungssystemen. IBM 1973.

[30] Gilbert, T.: Kontrolle der EDV durch das Management. In: Online 4 (1974).

[31] Ginzberg, M. G.: Notes on Testing Realtime System Programs. In: IBM Systems Journal, 1 (1965).

[32] Grochla, E.: Grundprobleme der Wirtschaftlichkeit in automatisierten Datenverarbeitungssystemen (Vortrag Fachtagung). In: Grochla, E.: Die Wirtschaftlichkeit in automatisierten Datenverarbeitungssystemen. Wiesbaden 1970.

[33] Gruenberger, F.: Program Testing and Validating. In: Datamation, July 1968.

[34] Harr, J.: Referat über Entwicklungen bei Bell Telephone Laboratory. Spring Joint Computer Conference 1969.

[35] Hartmann, F. H.: Verfahren zur Überprüfung, Beurteilung und Auswahl von Anwendungssoftware. In: DV-Aktuell (1975).

[36] Heinrich, L. J.: Computer-Bewertungsverfahren. Baden-Baden 1971.

[37] Heinrich, L. J.: Entscheidungstabellen. Skriptum zur Betriebsinformatik 1972.

[38] Heinrich, L. J.: Systemplanung, Band I: Analyse und Grobprojektierung von Informationssystemen. Berlin, New York 1976.

[39] Heldmann, G.: Software-Projektmanagement. In: Softlab-Seminar, moderne Software-Technologie für EDV-Führungskräfte. Düsseldorf, München, Wien 1974.

[40] Hoch, P.: Netzplantechnik und Datenverarbeitung. In: Computerunterstützte Planungsverfahren und Entscheidungshilfen, IBM 1973.

[41] Hofstätter, P. R.: Gruppendynamik. Hamburg 1957.

[42] Humphrey, T. A.: Estimating Systems Cost. Presentation to Volunteer State Chapter of the Association for Systems Management. Nashville 1972.

[43] IBM: Decision Tables – A Systems Analysis and Documentation Technique. 1962.

[44] IBM: Handbuch der EDV-Organisation. IBM 1972.

[45] IBM: HIPO: A Design Aid and Documentation Technique. 1975.

[46] IBM: IBM Practices and Guidelines Overview for Managing Programming Projects. New York 1972.

[47] IBM: IPT Management Overview. Zoetermeer 1975.

[48] IBM: Management Control of Electronic Data Processing. 1965.

[49] IBM: Management Planning Guides for a Manual of Data Processing Standards. 1971.

[50] IBM: Project Management. London 1974.

[51] IBM: Projektmanagement-Techniken. Wien 1975.

[52] IBM: Structured Walk Throughs: A Project Management Tool. 1973.

[53] IBM-UK: Seminarunterlagen Project Management. London 1973.

[54] Inmon, B.: An Example of Structured Design. In: Datamation, March 1976.

[55] Jonas, H., Langenheder, W., und H. Züllighoven: Informations- und Beschaffungsquellen für Anwendersoftware. In: Angewandte Informatik 10 (1975).

[56] Jones, M. N.: HIPO for Developing Specifications. In: Datamation, March 1976.

[57] Interaktiv programmieren. In: Online 10 (1975).

[58] Klahr, L.: Stretching OS-Utilities. In: Datamation, October 1975.

[59] Knuth, D. E.: An Empirical Study of Fortran-Programs. In: Software Practice and Experience 1 (1971).

[60] Kopetz, H.: Programmieren als Teilbereich einer Gesamtaufgabe. In: Protokoll des Symposiums „Neue Wege der Programmierung und die Zukunft des Programmierers". Wien 1975.

[61] Koreimann, D. S.: Systemanalyse. Berlin, New York 1972.

[62] Krekel, D., und G. Platz: Ein Modell zur Auswahl eines Anwender-Software-Systeme. Köln 1975.

[63] Kwiatkowski, J.: EDV-Project Management. In: BTA + BTO 5 (1974).

[64] Larsen, G. H.: Software: Man in the Middle. In: Datamation, November 1973.

[65] Lucas, H. C., und R. B. Kaplan: A Structured Programming Experiment. In: The Computer Journal, Oktober 1974.

[66] McClure, R. M.: Projection versus Performance in Software Engineering. NATO, January 1969.

[67] McGonagle, A.: A Study of a Software Development Project. New York 1971.

[68] Meier, A.: Ökonomische Entscheidungskriterien beim Einsatz von ADV-Anlagen (Vortrag Fachtagung). In: Grochla, E.: Die Wirtschaftlichkeit in automatisierten Datenverarbeitungssystemen. Wiesbaden 1970.

[69] Metzger, P.: Programming Project Management Guide. IBM 1969.

[70] Mooney, J. W.: Organized Program Maintenance. In: Datamation, February 1975.

[71] Parisini, E., und O. Wächter: Organisationshandbuch für die Einführung von ADV-Systemen. Berlin, New York 1971.

[72] Parkinson, C. N.: Parkinson's Gesetz. Hamburg 1958.

[73] Partch, H. B.: The Programming Dilemma: Maintenance versus Development. Zoetermeer 1975.

[74] Peters, L.: Managing the Transition to Structured Programming. In: Datamation, May 1975.

[75] Pietrasanta, A. M.: Resource Analysis of Computer Program System Development. IBM 1968.

[76] Pomeroy, J. N.: A Guide to Programming Tools and Techniques. In: IBM Systems Journal 3 (1972).

[77] Rhee, H. A.: Office Automation in Social Perspectives. Oxford 1968.

[78] Rieks, G. E.: Structured Programming in Assembler Languages. In: Datamation, July 1976.

[79] Robinson, S. K., und I. S. Torsun: An Empirical Analysis of Fortran Programs. In: The Computer Journal 1 (1975).

[80] Rubey, R. J.: Comparative Evaluation of PL/I. US Airforce Report 1968.

[81] Rubey, R. J.: Study of Software Quantitative Aspects. US Airforce Report 1971.

[82] Rüsberg, K.: Die Praxis des Project Management. München 1973.

[83] Schmitz, P., Schwichtenberg, G., und W. Sodeur: Ein Kombinationsverfahren für Rangfolgeentscheidungen unter besonderer Berücksichtigung der Auswahlproblematik bei Rechensystemen. Köln 1975.

[84] Sneed, H. M.: Balanceakt Programmoptimierung. In: Online 9 (1976).

[85] Stevens, W. P., Myers, G. J., und L. L. Constantine: Structured Design. In: IBM Systems Journal 2 (1974).

[86] Stommel, H. J.: Betriebliche Terminplanung. Berlin, New York 1976.

[87] Strunz, H.: Eine Methode zur Zergliederung von Entscheidungstabellen. In: Angewandte Informatik 3 (1971).

[88] Surböck, E. K.: Schutz und Sicherheit bei EDV-Projekten. In: Datenschutz und Datensicherheit (Tagungsband). Köln 1976.

[89] Tietze, R.: Analytische Betrachtungen bei der Auswahl eines EDV-Systems. In: ADL-Nachrichten 80 (1973).

[90] Timmreck, E. M.: Computer Selection Methodology. In: ACM Computing Surveys, December 1973.

[91] Waller, R. R.: Code of Conduct for Electronic Data Base Personnel. In: Computer Bulletin 12 (1974).

[92] Walters, R. E.: Benchmark Techniques: A Constructive Approach. In: The Computer Journal 1 (1975).

[93] Weinberg, G. M.: The Psychology of Computer Programming. New York 1971.

[94] William, A. O., und C. O'Donnel: Through The Central Multiprocessor Avionics enters the Computer Area. In: Astronautics and Aeronautics, July 1970.

[95] Yourdon, E.: Making the Move to Structured Programming. In: Datamation, June 1975.

[96] Zimmermann, H. J.: Netzplantechnik. Berlin, New York 1971.

Sachregister

Kolibri 360 GmbH
Ferdinand-Jühlke-Straße 7
99095 Erfurt, Deutschland
produktsicherheit@kolibri360.de